ギリシャの音楽、レベティコ

ある下層文化の履歴

Ρεμπέτικο

イオアニス・ゼレポス
黒田晴之 訳

風響社

Rebetiko: Die Karriere einer Subkultur
By Ioannis Zelepos

目次

目次

装丁：オーバードライブ・前田幸江

凡例

・本書はイオアニス・ゼレポス著『レベティコ——ある下層文化の履歴』（Ioannis Zelepos, „Rebetiko – Die Karriere einer Subkultur", Köln (Romiosini) 2001）の全訳である。タイトルは著者と相談のうえで『ギリシャの音楽、レベティコ——ある下層文化の履歴』に変えた。

・本書でのギリシャ文字表記とそのローマ字表記、さらにはそのカナ表記も決定的なものではない。本書で用いたギリシャ文字表記からローマ字への転記も、rebetiko だけではなく rembetiko など、ギリシャ国内外でも揺れのあるものがある。

・本書でギリシャ語をカナ表記するさい、わずかな例外を除いて長音を避けた。たとえば本書の対象「レベティコ」は、「レベーティコ」（アクセントの箇所を長音にした）ともされるが、本書では「レベティコ」にしてある。

・本書にはかなり多くの概念が出てくるが、原書ではもちろん文脈に応じて、単数形と複数形が使い分けられている。このような使い分けは日本の読者には煩雑なので、なるだけ単数の主格で挙げることにした。「レベティコ」の複数形は「レベティカ」となるが、書名などの例外を除いて「レベティコ」とした。「ライコ」も「ライカ」と呼ばれるときがあるが、本書ではすべて「ライコ」に統一してある。

・ギリシャ語のカナ表記は現地の発音になるだけ近づけたが、「アテネ」など慣例となっているものはそれに従った。

・イスタンブールではなくコンスタンティノープル、イズミルではなくスミルナというように、トルコの地名はギリシャ側の言い方に倣った。

・本文にローマ字およびギリシャ文字を挙げることは、歌詞など必要な場合を除いて避けることにした。人名・概念・曲名は巻末の「索引」と「曲目一覧」を参照していただきたい。これらの「索引」と「曲目一覧」は、風響社のウェブサイトにアップし、人名・概念・歌・曲をインターネットなどで検索するさい、読者の助けとなるように便宜を図った。

・本書に出てくる「ライコ」「ディモティコ」「コズモス」は、簡単に言えばいずれも「人々(の)」を意味する。原書はドイツ語圏の読者向けなので、「フォルク」という言葉も用いられている。原書で「フォルク」とされている語には、これに相当する英語の「フォーク」というルビを適宜補った。

・歌詞は著者がレコードやCDから直接聴き取ったものが多く、サイト上のものとはかならずしも一致しない。

・原書ではギリシャ語の歌詞が詩節ごとに分けられているが、この歌詞をドイツ語に訳した部分はそうなっていない。日本語訳ではギリシャ語の歌詞に合わせて詩節に分けたが、改行までは忠実に反映していないものもある。

・本文中に入れた訳注は［　］のようなかたちで表わした。原注の表記は原書のドイツ語の書式に従っている。

・リズムと旋法は第3部で扱われるが、これ以外の本文で歌を紹介するさい、説明もなしにリズムと旋法がいきなり出てきて、読者が戸惑うかもしれないので、あらかじめ簡単なリストを左に挙げておく(五十音順)。

【リズム】アプタリコス、カルシラマス、シルトス、ゼイベキコ、ツィフテテリ、ハサピコス、ハサポセルヴィコス

【旋　法】ウサク、キウルディ、サバハ、短調、長調、ニアヴェンド、ヒヅャス、ヒヅャスキャル、ピレオティコス、マヅォレ、ラスト

ギリシャの音楽、レベティコ——ある下層文化の履歴

序論

こんにちレベティコは一般に、ギリシャの音楽文化のなかでも、押しも押されもしない要素の一つに数えられ、ギリシャ国内ばかりか、少しまえからはアメリカや西ヨーロッパでも、たいへんな人気を博している。これはいくつかの点で注目すべきことである。なにしろレベティコは全盛期が半世紀以上もまえの音楽ジャンルで「本書の刊行は二〇〇一年」、歴史的展開も一九五〇年代には終わったと通常は見なされる。おまけに社会の周辺集団との繋がりがあり、「いかがわしい下層社会《アンダーワールド》」を連想させるなど、レベティコにはもともと芳しからぬ評判があった。民族主義的な文化イデオロギーの文脈では、西ヨーロッパの一員たるギリシャがなんとしても解決しなければならない、東方由来《オリエンタル》の忌々しい負の遺産の現われだとまで見なされてきた。ちなみにそれは人々のあいだに広く行き渡った見方で、政治的に右の立場の者だけに限ったものではなかった。ギリシャの共産主義者でさえ躍起になってそう主張した――この音楽はどう見ても「社会主義的な人間」の理想とは相容れなかった。

　現在のレベティコ人気は、一九七〇年代から数々の波となって始まった「ルネッサンス」の結果で、ギリシャ国外にまで影響を及ぼした、Ｋ・フェリス監督による一九八三年のヒット映画『レベティコ』はとくに重要である。レベティコにたいして人々が向ける関心は、博物館の展示物を見て有り難がるようなものではなく、このことはアテネやテッサロニキはもちろん、ギリシャのどの地方都市でもかまわないが、タヴェルナ［ギリシャの庶民的な飲食店］にでも行けばすぐ分かる。さきほど触れたその前史を見たとき、レベティコが享受している現在の活況は、なぜそうなったのかという問いを抱かせる現象であり、本書もそれがアクチュアルなきっかけとなって生まれた。

本書の目的

本書はレベティコという音楽ジャンルのイメージを提供しようとする試みである。このイメージによってその音楽の展開を、歴史的および社会的な観点《パースペクティヴ》から辿るだけでなく、音楽の内実も含めて今まで以上に理解しやすくしたい。なぜなら一般に流布している「レベティコ」概念の用法は、内容に不明確な点のあることが否めないからだ。レベティコとはなんなのか？

この問いについては夥しい数の異なる意見があり、完璧な答えを探そうとしても結局は無駄で、以下に続く本書のページでもそうした答えは出せない。たとえば他ジャンルとの違いは言うまでもなく、この音楽の由来や内容や担った人々といった、基本的な相《アスペクト》についても、わりと最近のことなのに明確なイメージがないのは、驚くべきことだと思われるにちがいない。

このように至った重要な理由の一つとして、レベティコはギリシャの国内でも国外でも、さまざまな神話が染みついているということがあり、この神話のしつこさたるや他の音楽ジャンルは比較にならない。「クツァヴァキス」「マンガス」「レベティス」といった者［後述］や、かれらが「テケス（ハシッシュ吸引窟）」、タヴェルナ、監獄などで送っていた生活、かれらの文化や気質について、雑多な伝説や逸話がやたらと流布し、こんにちのファンにとってはそれが、レベティコから得られる魅力の重要な要素ともなっている。

こうした現在のレベティコ神話の形成には、演奏をしてきた長老も大いに関わってきた。かれらは一九七〇年代初めから自伝を書きはじめ、たしかにそこでは個人的な思い出を語っているのだが、たくさんの矛盾することばかりかときには紛れもない嘘まで述べ、故意だったかどうかは別にして、過去のイメージを捏造する結果となった。かれらをたいていは積極的に支えて自伝を書かせた者が、こうした自伝を書いた長老に劣らぬ大きな関与をしたことは、少なくとも見過ごすべきではないだろう。これらの支援者はレベティコ最初のルネッサンスの立役者だが、かれらは例外なくレベティコが生まれた社会環境の出身ではなく、基本的にはアカデミックな専門教育を経てきた者である。かれらにとってレベティコへの取り組みとは、忘れられたエキゾティックな下層文化《サブカルチャー》の再発見だった。かれらの対象への取り組みは基本的には慎重だったが、ある全体像の再構築を目指そうという研究的関心にしばしば導かれていた。おそらくはそういった形式での全体像を、過去の音楽家は一度たりとも思い描かなかった。このときの「再発見者」が先駆的な業績をもたらしたのは疑いない。放っておけば永遠に失われたであろう、多くの情報を救ったということは、かれらの成し遂げた偉大な功績である。たとえばアテネのがらくた市では二束三文の値でまだいくらでも見つかった古い78回転レコードを、体系的に探してきて収集するということが始まったのもこの時期である。こんにちでもレベティコの歌が聴けるのは、これらのレコードを元にしてLPやCDが新たにリリースされたおかげだ。本書がまさに問題にしているものの定義、レベティコという音楽ジャンルの呼び名も、ある程度まではその先駆的な業績の一つである。だがそれは基本的に後世になって作られた呼び名である。こんにちそう称されている音楽の代表者は一九三〇年代や一九四〇年代に、自分たちの音楽を「レベティコ」と呼ぼうとは思いもしなかった。たしかにその言葉が存在したことは事実だが、ある漠然とした生き方や気質を呼びこそすれ、当時はまだ特定の音楽を表わす呼び名ではなかった。レベティコとはなんなのか?

この問いにたいする「再発見者」の答えは数多くあるが、かならずしも説得力があるというわけでなく、観察する者それぞれのイデオロギーに基づく見方を、観察する対象以上に強く反映しているということがあまりに多い。たとえば「マンガス」は、ギリシャの浮浪無産者層《ルンペンプロレタリア》の社会革命家だと解釈され、マンガスの下層文化は、家父長的なギリシャ社会でいつも抑圧されている女性が、抑圧から解放されて自己実現のできる自由な余地のある、社会的な小生活圏《ビオトープ》だと解釈された。あるいはまたギリシャの下層社会は、「大きな組《ファミリー》」に結集した「レベティス」だとする、矮小化するようなイメージまで育まれた。かれらは第二次世界大戦時の占領期になると、民衆の味方ロビン・フッドの現代版として活躍し、かれらならではの抵抗を行なったとさえ言われる。「サルタドロス」という「トラック強盗」「トラック泥棒」のなかに、人々はレベティスの姿を見たのである。サルタドロスは占領期のアテネその他の都市で、ドイツ軍が走らせている輸送車を襲い、積み荷——たいていは燃料と食料だった——を丸ごとかっぱらって闇市で売りさばいた。レベティコとある種の親近性のある麻薬摂取の文脈も、たしかにそれらしく取り繕ってはいるが、近東の伝統的なハシッシュ摂取に関係するというよりは、西側のヒッピー世代が当時流行らせていた習慣との関係で見るべきだ。こんにちまでレベティコ音楽が広範囲で、不当にもハシッシュの歌だとされている所以だが、これらの歌はレベティコの題材すべてのうちで、実はわずかな部分を占めているにすぎないのだ。こうした歪みやその他の歪みは個々に検討していかなければならない。

研究状況

この再発見者が出てきた時期のレベティコ関連の文献で、最初に挙げなければならないのは伝記で、なかでもその筆頭となっているのが、レベティコの「総主教」ことマルコス・ヴァンヴァカリスの自伝である。一九六〇年代に準備されて、一九七八年にA・ヴェル＝カイルが出版し、かなりの長さになる序文もそなえている。このあと他の自伝がそれに続いた。ステラキス・ペルピニャディスやミハリス・イェニツァリス（後者は『ガキのころからマンガスになる定め』というタイトルで、一九九二年に新たな増補版が出た）、ニコス・マセシス、ヤニス・レラキス、ヴァシリス・ツィツァニス、イオアニス・パパイオアヌ、ロザ・エスケナジ、ディミトリス・ゴンゴス・「バヤンデラス」、ステリオス・キロミティスの自伝がそれである。これらはすべてK・ハヅィドゥリスによる出版で、かれは一九七五年から有名な六枚組LP『レベティコの歴史』をリリースし、『レベティコの巨匠』というシリーズも世に出している。一九九〇年代になってからは、ヨルゴス・ミツァキス、セヴァス・ハヌム、ソティリア・ベル、ヨルゴス・ザベタス、ニコス・マセシス（一九九八年に増補改訂版）の伝記が出され、レベティコの支配的な人物だったヴァシリス・ツィツァニスについては、その生涯をめぐる数多くの個別研究も出ている。これらのツィツァニス研究のなかでも、ディオニシス・マニャティスによる一九九四年の仕事、『ヴァシリス・ツィツァニス、止まるところを知らない男』は特筆に値する。ここでは伝記への貢献ということを超えて、かれの膨大な音楽作品の全体が、初めて体系的にディスコグラフィー化され、人々の手に届くようになった。

Ｉ・ペトロプロスの民俗学的研究、『レベティコの歌《レベティカ・トラグディア》』が出版されたのは一九六七年で（一九八二年には大幅に増補された第二版が出た）、ヴァンヴァカリスの自伝の出版と同様、時期がレベティコ・ルネッサンスの第一波と重なっている。この研究はそれまでのものとは決定的に異なっている点で特筆に値する。ペトロプロスは人物に方向を定めるのではなく、音楽ジャンルそのものの定義と記述に努めたのだ。かれは歌詞を主題別に分類した膨大なアンソロジーや、ギリシャ下層社会のイディオム「隠語《アルゴ》」の語彙集ばかりか、膨大な量の写真資料までその本で提供している。歌詞には不正確な点が多々含まれ、古びた見方がいくつかあるにしても、これこそ基礎的な研究だと言えよう。おまけにペトロプロスには、エッセイ「レベティコ学《レベトロギア》」（一九九〇年にアテネで出版されたが、ドイツ語訳が同年の『レッテル・アンテルナシオナル』誌春号七六〜八一ページに掲載）や、一九九一年にアテネで出版された『聖なるハシッシュ《ト・アギオ・ハシサキ》』というタイトルの論集など、レベティコに関わる別の研究も出している。

これまでで最も浩瀚な歌集はT・スホレリスの『レベティコ・アンソロジー』で、一九七七年から一九八一年までに四巻本で刊行され、歌を人物ごとに分けて、項目の最初には略歴も添えられている。一九七〇年代の研究には、G・ホルストによる一九七五年の『レベティコへの道《ロード・トゥー・レベティカ》』（一九七九年に『レベティコ――ギリシャ下層文化の音楽』というタイトルでドイツ語訳も出た）、S・ダミヤナコスによる一九七六年の『レベティコの社会学』、M・コンスタンディニドゥによる『レベティコの社会史』があり、最後に挙げたものはテッサロニキのアリストテリオ大学に提出された博士論文である。こうした研究の流れを汲むものとしては、N・イェオルヤディスが一九九三年にアテネで出した『レベティコと政治』も、挙げておかなければならない。この研究ではレベティコの歌詞がその社会政治史の基礎資料に用いられている。

一九七〇年代の終わりからは、レベティコの歌詞を、文献学の相で学問的に分析することが始まった。こうした分析のきっかけは興味深いことに、ギリシャ国外からしばしばもたらされている。これらに属すのが、S・ガウントレットが一九七八年にオックスフォード大学に提出した博士論文『レベティコ――近代ギリシャの歌』、デンマークの文献学者O・スミスの一連の研究、かれの学生だったS・アウリーンとP・ヴァイレスコーフが、一九九一年にデンマークで出した『ハシッシュのレベティコ《ハシクリディカ・レベティカ》』である。

これらの研究によってもたらされた成果は、レベティコについて展開され育まれてきた見解のいくつかを、疑問視したり否定したりすることになった。古い78回転レコードが数多く復刻されたことで、資料調査の環境が抜本的に改善したということも、ここでは考慮しておかなければならない。一九八〇年代半ば以降は、十年前であればまったく未知のものだった数多くの歌が、聴けるようになったのだ。ギリシャではファリレアス兄弟が、二〇世紀前半の多くの78回転録音をLPでリリースし［「ファリレアス兄弟」というレーベル名］、一九九〇年代初めからは、以前をはるかに凌駕する量のアンソロジーが、CDでのリリースとなって続いた。こうしたリリースは現在、アメリカ合衆国やカナダでなされ、たいていはデジタル処理がされているので、レコードに付きものの傷音がないという長所がある。ギリシャ側のCDリリースの例としては、ミノスEMI社による『ギリシャ・レコードプロダクション・アーカイヴ』のシリーズがあり、これは『レベティコの作曲家』編と『レベティコの歌手』編とに分かれている。これらはともにP・クナディスがリリースし、個々の歌だけでなく作曲家や音楽家についても、詳細に解説したライナー・ノートが添えられている。このような仕方のリリースは模範となるようなもので、ギリシャには似たような例がそれまでなかった。一点だけ不満を述べるとすれば、たいていの録音はラベル上の宣伝文句とは裏腹に、デジタル処理がされてない。クナディスは二〇〇〇年に、『魅力にあふれた時代の思い出――レベティコをめぐるテキスト』というタイトルの、浩瀚な資料集の第一巻も出版している。これは個々の人物の説明だけでなく、レベティコのさまざまな個別の相や、ギリシャのレコード制作一般をめぐる、さまざまな文章も収録している。

以上で挙げたタイトルはレベティコ文献のスケッチにすぎず、エッセイや論文や新聞記事などに触れることは断念した。なぜならそれはレベティコという主題を扱っているにもかかわらず、あいにくその膨大な点数に見合う内容にはなってないからでもある。

こうした文献の状況を見ると、レベティコ研究の前提条件は、整ったためしが一度もなかったに等しい一方で、情報のひどい欠落のあることが明確に浮かび上がってくる。この欠落は今後もけっして埋められることがない。なぜなら録音されることが一度もなかった歌は別にしても、わたしたちがこんにちでも聴ける録音というのは、二〇世紀前半に制作されたもののごく一部にすぎないからだ。さらに言えばそれはまだしも、当事者の信頼できるオーラルな証言となると、多くの人がもはや存命ではないので、得られるものはほとんどない。たとえ得られたとしてもたいていは一九五〇年代以降のもので、レベティコの時代がすでに終わりつつあったときのものだ。これとは別に当時の人たちが発言していることはすべて基本的に、伝記でも観察できたレベティコ神話の形成という問題から免れられず、慎重のうえにも慎重を期して受け取らなければならない。ここでスケッチしたような状況こそがまさに、レベティコ研究がなにかの主張をするときに晒される、根本的な限界となっている。かくしてレベティコ研究というのはおしなべて、然るべき留保なしには妥当な成果とは言えない。

本書の構成

本書は重点の異なる二つの本編［歴史編と音楽編］からなる。こうした構成によってレベティコについて、社会史的な意味を探究するとともに、音楽的な構造をも理解しようとする。歌詞は方法上と内容上の理由から、独立させずに音楽編に組み込み、音楽構造の相の一つとして扱う。たしかに歌詞はメロディーやリズムと並ぶ地位にあるが、これらに勝るというわけではないからだ。

1　第1部［定義］では研究の対象となる概念とその対象の及ぶ範囲を検討する。「レベティコ」「レベティス」という言葉はなにを意味し、これらの言葉はどこから来たのか？　レベティコで中心的な役割を果たした「クツァヴァキス」「マンガス」といった概念は、かつてなにを意味したのか？　これらはこんにちなにを意味するのか？　なにがレベティコという音楽の内容を記述したり、他ジャンルから区別したりする基準になるのか？　この音楽はどこから来て、いつから存在し、歴史的展開が終わったのはいつなのか？　さまざまな説明の試みを提示して議論していくが、これらの問いに疑問の余地なく答えることができないということは、あらかじめお断りしておかなければならない。

2　第2部［歴史編］は年代順に書かれている。レベティコの成立と展開を歴史的な視点から辿る。ここではまず社会的な条件を考察する。レベティコ音楽を担ったのはだれか、かれらはどこから来て、暮らしていたのはどこで、他の社会集団とどの点で異なっていたのか？　小アジアでの大災厄《カタストロフィー》［小アジアは地中海と黒海に挟まれた地域で、「アナトリア」とも呼ばれ、大災厄についてはを56ページ以下を参照］、メタクサスの独裁［一九三六年〜一九四一年］、第二次世界大戦のように、時代を画する政治的事件には、どのような意味があったのか？　これらのことと平行して、レコード製作の開始によってレベティコの展開史を時代区分し、レベティコから他の音楽ジャンルへの影響を概観する。さらにはその次の部［第3部の音楽編］で扱う音楽内容の検討のために、歴史的および社会学的な枠組みを設定しておき、必要なときはいつでもその枠組みに戻ってこられるようにする。

3　第3部の音楽編では実際の音楽内容を検討し、歌の調査をした結果の分析を試みる。この歌がレベティコにとって異論の余地のない唯一の、かくしてまた本来的な基礎資料となる。なぜなら異なる時代の異なる人物が、過去や現在にどのような発言をしていようが、音楽作品は録音によって保存されているかぎりは不変だからだ。

この音楽編は、音楽の基本要素、すなわちａリズム、ｂメロディー、ｃ歌詞、ｄ楽器という相に沿って、四つの章に分かれている。これら四つの相からのアプローチは同時に、歴史編で提示したレベティコ展開史の骨格を補完する。

ａ　リズムの相を扱う章は、ソロの楽器で演奏され、レベティコ音楽で特別の機能と意味のあった「タクシミ」の考察から開始する。歌の主部から区別された——すなわち「分割された《タクシミ》」——場合でも、タクシミはけっして恣意的なリズムにはならず、さまざまなルールに従っているが、これらのルールの構造上の特徴を明らかにする。これに続いて、レベティコで用いられるリズムを概観していく。ここではそうした特徴のうちでも、ことに頻繁に現われて代表的と見なせるリズムはどれか、個々のダンスを実現させるのはどのような機能か、このことが翻って歌詞とメロディーの両方と、あるいはその一方とどう関係しているのか、という問題を追求していく。

このリズムの領域で起こったさまざまな変化は、レベティコの展開にとってもとりわけ重要で、たとえばそれぞれの時期に好まれたリズムはどれか、逆に衰退したり消滅したりしたリズムはどれか、という問いが重要になってくる。このことと密接に関わるのが演奏するさいの速度の変化である。この速度の変化が目下のところすさまじく、なぜそうなったのかという理由が問われる。

b　メロディーの相をめぐる章ではまず、レベティコで用いられる旋法を紹介し、頻繁に使われる旋法やとくに好まれる旋法を問う。次にそれらの旋法の起源について検討し、ギリシャ国内外の他の音楽ジャンルとの関係を明らかにする。さらにはそれぞれの旋法の特徴を議論し、旋法とリズム構造との関係も問題にしていく。このリズムの構造は恣意的ではない。こうした旋法とは別に楽曲のメロディー構造も考察する。これらの曲は基本的に、最初から最後まですべてが作曲されたのではなく、決まった型《ステレオタイプ》すなわち「パターン」から組み立てられ、このパターンには膨大な数の変種《ヴァリアント》がある。以上の考察によって、レベティコの歌の作曲メカニズムが明らかになり、メロディーとリズム構造との密接な関係が示される。こうすることで同時に、レベティコ音楽の個々の様式の変種と、この音楽の展開の諸段階を、適切に辿っていくことができ、あるいはまたそれを実際の作品に即して、裏付けていくこともできる。

c　歌詞の相はとても多岐にわたっていて問題があるので、本来ならガウントレットが企てたような、独立した文献学的研究が必要であろう。歌詞は千差万別という点だけを取ってみても、ペトロプロスが試みたような主題別の分類は不可能に近い。ただその一方で言葉で表現する歌詞の領域ではとくに、レベティコを担っていた集団について、かれらの生活状況や気質をめぐる問いに答えが与えられ、さらにまたどのような政治的方向性をもっていたのか、なにが「レベティス」固有の生活の仕方とされるのか、という問いへの答えも与えられるかもしれない。レベティコを歌詞の解釈によってのみ定義することは、一見魅力的に思われるかもしれないが、有効ではないということがたちまち明らかになる。なにしろどの歌詞内容がレベティコに特徴的なのか、客観的に定義するのはほぼ不可能だからだ。歌詞を通じてそうしたモデル作りをする試みはどれも、モデルに合致しないでせいぜい俗流《プソイド》レベティコとしか言えない歌を、必然的に排除してしまうことにもなりかねない。アウリーンとヴァイレスコーフが、「ハシッシュのレベティコ」の研究で示したように、この音楽ジャンルの下位グループであればモデル作りもまだ可能だろうが、レベティコという音楽遺産のすべてでそうできるわけでなく生産的でもない。

　本書ではレベティコの歌詞について、確認できる範囲内でその構造の外見上の特徴を観察するが、現在は数々の先行研究を参照できる。なかでもガウントレットの仕事はその筆頭である。ただし本書では主題の網羅的な分類や歌詞の体系的な解釈は断念する。これは研究の方法からして避けられない限界である。歌詞によるレベティコの定義には前述のような困難があったが、これらの困難とは別の重要な根拠がその限界を擁護してくれる。

　なぜならレベティコの歌はその作曲のメカニズムから言って、リズムとメロディーと歌詞が一体になったものとして理解しなければならず、これら三つの要素のうちのどれかを優先することはできないが、歌詞はその優先順位のうちでも最後に来るものだからである。この音楽ジャンルの少なくとも初期においては、歌詞がリズム構造に完全に従属していたことを示す、たくさんの証拠が存在している。たとえば初期の歌では正確な拍節を取るために、アクセントを間違った音節に置くことはまったくの合法で、初期の歌詞にあった数多くの変種もそうした方向を示している。この現象にガウントレットは大きな関心を払い、初期のレベティコは「歌」ではなく、たとえば「マンディナダ」［ヴェネチアの「朝の歌」に由来し、クレタ島などで歌われた］など、伝統音楽の分野で行なわれていた作詞とまったく同様、開かれた「歌の使い回し《ソング・サイクル》」だったと論じている。こうした作詞法はレコードによる歌の画一化によって初めて終わり、この画一化がきっかけとなって従来とは異なる作詞の仕方が始まった。かならずしも歌詞はレベティコでは、副次的なものでも従属的なものでもないが、中心的なものでも支配的なものでもない。本書で試みるさまざまな面からのアプローチでは、歌詞の相が過小評価されがちになることは認めるが、以上のような事情によってそれも正当化されるだろう。

d　最後の相はレベティコ音楽の演奏で用いられた楽器をめぐるものだが、これらの楽器のうちのいくつかは本ジャンル特有のものだ。なかでもジャンル特有の楽器としては、ブズキ、およびその「挿し木用の若枝」だったバグラマス、ヴゥラスすなわちミソブズコ［「ミソ」は半分という意味］が挙げられる。ブズキはレベティコ音楽で支配的な地位を占め、広い範囲でこの音楽と同一視さえされてきた。二〇世紀の後半から目覚ましい出世を遂げ、こんにちではまさにギリシャ・フォークロアの楽器と見なされている。この楽器を最初に演奏していた人がほとんど予測もしなかった展開である。

ブズキがどのようにして生まれたかという歴史は明らかではない。ブズキはどこから来ていつ生まれたのか明らかではないのだ。このテーマをめぐる議論はレベティコ音楽の一般の評価に関わり、レベティコは「ギリシャ」の音楽なのかという問いがそこでは中心となるため、さまざまなイデオロギーが染み付いてしまっている。「ブズキ」という名前にトルコ語の起源があるのは、レベティコが価値の劣った東方《オリエンタル》の文化である証拠だと言って、レベティコに敵対する者がブズキを中傷する一方で、レベティコの支持者は可能なかぎり過去に遡って、ブズキの起源は古代にあることを示そうとしてきた。なぜならギリシャではとくにそうだが、歴史的に古いことが以前からずっと、対象に品と格を与えてくれるこの上ない論拠となってきたからだ。

この章ではブズキの展開史について、確実に知られていることを述べるとともに、若干の仮説も示してみたい。この楽器の展開を考察することはレベティコの時代区分に役立ち、このジャンルが一九五〇年代に終わったことの説明ももたらしてくれる。さまざまな楽器の分野で生じた一連の重大な変化に、以上のことは無視しえないほどの程度で関わっている。

4　結論部ではそれまでになされた考察をたがいに比較し、これらの諸考察をレベティコについての命題にまとめることを試みる。たしかにその命題はレベティコの定義ではないが、なるだけ正確なレベティコの記述となるように、かくしてまた対象へのなるだけ正確な接近となるようにしたい。

5　本書の最後の部分はドキュメント的な性格のもので、さまざまな人物たちにページを割いている。ここではレベティコを代表する作曲家と演奏家を紹介する。これらの人物をアルファベット順に挙げ［本書では五十音順にした］、若干の伝記的情報と代表曲の簡単なリストも添えた。ささやかなガイド程度のものしか提供できないし、大きな漏れが避けられないことについては、あらかじめこの場を借りて読者にご理解をお願いする。

歌詞のアンソロジーを別立てで設けることは二つの理由から断念した。第一に、代表的な歌詞を集めることでアンソロジーを正当化し、わずかでも満足できるようなものにするだけでも、本研究の枠をはるかにはみ出るのは必至である。これはペトロプロスやスホレリスの浩瀚な歌集を見れば一目瞭然で、関心のある読者はどうかそちらのほうを参照していただきたい。第二に、歌にとって歌詞というのはつねに部分的な相でしかなく、所詮それだけでは聴くことによってのみその素晴らしさが開かれる、さまざまな相の総合である歌という作品の影にすぎないのだ。

レベティコのもつ比類のない素晴らしさを、一冊の本によって再現しようという試みは、失敗をあらかじめ運命付けられており、本研究でもそれが不可能であることに変わりはない。本書はそれにもかかわらず可能な範囲内でなされた研究である。

第1部　定義

概念

「レベティコ」（rebetiko ないし rembetiko）[1]という概念がどこから来たかは不明である。ある通説によるとその言葉はトルコ語起源で、元々はオスマン軍の非正規部隊「レベト・アスケル」（rebet-asker）を意味したが、これが社会の周辺にいた無法の荒くれ者を表わす一般名称となり、ギリシャ語では「レベティス」（rebetis）と称されるようになったという。だがトルコ語に「レベト」（rebet）なる概念があることは裏付けられず、こうした関係を証明してくれるような証拠もない。このような問題はガウントレットが指摘していて[2]、世間に広まっている一連の語源を列挙しているが、あまりにも違いがありすぎることがかえって、この言葉の起源をはっきり復元するのは、解決のほとんど不可能な問題である、ということを示すなによりの証拠となっている。これらの語源たるや、イタリア語の rebelio（暴動）から始まって、ギリシャ語のカサレヴサ［純正語］の ρεμβάζω（無為に過ごす）、スラヴ語の rebenok（複数形は rabiata）すなわち「成人した男」、セルビア・クロアチア語の arabatija（大酒飲み）や rabatan（落ちぶれた、年を取った）を経て、トルコ語の harabati（アラビア語の kharab（廃墟）に由来し、転じて「落ちぶれた者」）、元々はペルシャ語だった ru-beit ないし ru-baiat（四行詩という意味だが、レベティコの歌では主として四行詩が用いられたという、きわめて疑わしい仮説に基づいている）に及んでいる。

これらの変種は元の言語がてんでばらばらだが、「従順でない」「騒ぎを起こす」と言い換えられる、共通の動機《モティーフ》のあることが窺える。この動機からは必然的に次の疑いが浮かんでくる。こうした語源を思い付いた者たちは、最終的に作られた「レベティス」の概念から出発して、言語学的な調査の結果も顧みずに、この言葉で自分たちがイメージする内容ととくに合致するものを、遡及的に思い描いてみたのではないのか？「レベティコ」や「レベティス」の語源をめぐる問いは、かくして満足のいくような答えは得られないが、おそらくは前述のような語源を動機付けたであろう、ギリシャ語での使い方を問うことは、意味があるかもしれない。

これらの語がようやく特定の音楽形式と結び付いたのは第二次世界大戦後で、こんにちではむしろこのジャンルの歴史的展開が終わったとされる時期に相当する。[3] こうした調査の結果はまさに重要である。なぜならそれによって「レベティス」の意味範囲を、社会的な領域に有意義に限定できるようになるからだ。辞書における「レベティス」への言及は一九五〇年に、動詞 ρεμπετεύω との関連で挙げられたのが最初である[4]［カペタナキスの辞書による］。この動詞は次のように説明されている。「放浪者の生活を送る《アリテヴォ》、一生をあちこちであてどなく過ごす、度を超した遊びに耽る、働かない、悪い仲間がいる」。

これに続くものとしては、［ギリシャ語学者］アンドリオティスが「レベティス」を、「放蕩者《アソトス》、放浪者《アリティス》」としたものがある。[5] この説を裏付ける典拠として［ギリシャ語学者］バビニョティスはいみじくも、一九三七年の歌、ヴァシリス・ツィツァニスが「聖コンスタンディノの地で」という題名で発表し、デイジー・スタヴロプルが歌った、短調のハサピコス［後述］を引き合いに出している。[6] ここでは次のように歌われている。

Για σένα εγώ αλήτεψα και έγινα ρεμπέτης –
ξενύχτης και μπερμπάντης και σερέτης.
Και δεν σου καίγεται καρφί για τον δικό μου πόνο –
που κάθε μέρα πνίγομαι και λιώνο

おれが浮浪者《アリテプサ》になったのは、レベティスになったのは、おまえのせいだ
毎晩徹夜で遊んで、あちこちほっつき歩き《ベルバンディス》、ならず者《セレティス》になっちまった
おれの心の痛みなんか、おまえには屁でもない
おれは毎日窒息して破滅していく(7)

ここで男が言葉を向けている相手は明らかに、自分が「レベティス」になる原因となった女である。これがこんにち「レベティコ」と称される歌であることは二つの点で理解に役立つ。「レベティス」という概念が意味する内容は、音楽に繋がることとは関係がまったくないことが、この歌によってまず裏付けられる。ここでの語り手ないし歌い手は、音楽家として「レベティス」になったのではなく、満たされぬ愛ゆえに「正しい道」を踏み外して「レベティス」となったのである。だがそれとは逆に、戦後になって「レベティス」の形容詞「レベティコ」を、ある音楽ジャンルと同一視するに至った、「レベティス」と「レベティコ」の意味の近さも示されている。「レベティコ」という音楽ジャンルは、周囲のギリシャ人社会からは、「放蕩に耽っている放浪者」と見なされた、下層文化の人たちの好む表現形式だったのではないかと思われる。

この下層文化の内部では「マンガス」という人物が中心的な意味をもち、「レベティス」と比べて圧倒的な差で

主役の地位を占めたが、このことは両者が歌詞に登場する頻度を較べたとき、前者のほうが後者を上回っているということからも窺える。[8]「マンガス」のほうが少なくとも語源がやや明らかなように思われるが、この言葉の概念を解明することが「レベティス」と同様、難しいことに変わりはない。アンドリオティスは、ラテン語の「マンゴ」（mango）が語源で、以前は「非正規の戦士からなる分隊」という意味だったが、現在は「放浪者《アリティス》、詐欺師」を意味する、女性名詞「イ・マンガ」（i manga）を参照するよう指示している。[9] こうした意味をもった言葉は一九世紀には、ギリシャ独立後の数十年に現われた政治的集団、いわゆる「モスホマンガス」（moschomangas）との関連で伝わっていた。[10] なぜ「イ・マンガ」という集団を表わす女性名詞が、「オ・マンガス」（o mangas）という個人を表わす男性名詞になったのかについては、後者はその集団の一員ないしは指導者を意味したのではないか、という可能性が考えられる[11]［「イ」と「オ」はそれぞれ女性と男性の定冠詞］。アンドリオティスが「レベティス」の意味に挙げていた「放浪者」という概念との一致だけでなく、「非正規の闘士集団」だった「レベト・アスケル」との類似も顕著だが、言語的には裏付けられない。

「マンガス」はその語源が武器の携帯を示してもいるが、二〇世紀のギリシャ語に、以前とは明らかに異なる使われ方があることは、これではまだ説明が付かない。ここで再びカペタナキスを引いてみる。かれは一九五〇年の辞書などで次のような意味を挙げている[12]（ちなみに μάγκας（magkas）ではなく μάγγας（maggas）という綴りになっている）。「巧妙な男、経験豊かな男、熟練した男ないしは抜け目ない男、怪しげで無法者の生活をする人間」。この概念がすでに二〇世紀半ばには、幅広い解釈がされていたことは明らかだが、さきの語義でも肯定的な評価と否定的な評価が拮抗している。こうした解釈の幅がこんにち極端に広がっているのは、特殊な下層文化をもった人物集団「マンガス」が、ギリシャの社会からその姿を消したことに原因がある。近年の辞書はそうした事情を考慮して、次のような異なる意味を挙げている。「挑発的な振る舞いをする下層社会の人間」、「一般に力と男らしさを見せつけることで、要求を押し通そうとする男」、「意志をどう達成すべきか知っている男」（「無銭飲食のマンガス《ヅァバ・マンガス》」〔周囲から一目置かれて、店では無料で飲食が振る舞われる、別格のマンガス〕）、だがまた「わたしたちが敬意を払ったり称賛したりする、親切な好人物」、あるいは相手に呼びかける呼格の付け足しにのみ用いるものだが、たとえば「おい、マンガス野郎《レ・マンガ》！」[13]。このような事情を踏まえると、「マンガス」を明確に定義できると考えるのは、「レベティス」の場合と同様、錯覚なのではないかと思われる。この両者と密接に関係する人物を示す一連の別称もあるため事態は複雑である。こうした別称をペトロプロスはいくつか挙げている。レベティコを担った人々、「レベトコズモス」（rebetokosmos）を説明するために、かれは「レベティス」や「マンガス」に関連して、両者に一部だけ重なる数々の別称にも触れている。この現象のもつ概念的な枠を補うためにそれを以下で紹介してみる[14]。

　最初に挙げられるのが、オスマン帝国内の都市の中心部にいた「カパダイス」（kapantais）〔トルコ語で kabadayı〕である。ペトロプロスによれば都市には、「地区《マハレ》」（mahalle）ごとにカパダイスがいたという。これは治安を守る警察と敵対しながら、地区のみかじめを行なっていた人物と呼んでよい。だがそのさいカパダイスは社会調整的な機能も果たし、警察とカパダイスは実は奇妙な仕方で補完しあっていた。このカパダイスのなかにペトロプロスは、オスマン時代の遺物としてギリシャの都市にいた人物、「マハロマンガス」（machalomangas）の起源を見ている。マハロマンガスがようやく軽蔑的な意味（「二流のマンガス」）になったのは、かれらと結び付いていた社会的機能がその意味を失ってからだ、ともペトロプロスは述べている。オスマンの地区の掟のなかで、カパダイス以上に名うてだったのが、「チリバシス」（tsiribasis）で、複数の一等地をなわばりにした頭目だった。この言葉はトルコ語の çeribaşı に由来し、元々はスィパーヒー（オスマン封建制下の騎兵隊）の隊長だったが、転じてスルタンの馬丁頭を意味するようになった。ペトロプロスが最後に挙げる「クツァヴァキス」という人物は、さきに挙げた二つの人物とは違って、レベティコの歌にも登場している。「マンガス」はどちらかと言うと戦間期に優勢を占め、クツァヴァキスの「全盛期」は一九世紀の最後の二〇年で、マンガスよりもまえにその全盛期を迎えていたのだが、両者の概念には内容の重なるところもある。ペトロプロスによると、語源はディミトリオス・クツァヴァキスなる人物で、オットー・フォン・ヴィッテルスバッハ国王の治世［ギリシャ独立後の初代国王オソンのことで、在位は一八三三年〜一八六二年］のとき、この人物はギリシャ騎兵隊の兵卒をしていたという。(15) これら以外にレベティコの歌にしばしば登場する人物の名称としては、イタリア語起源であることが明らかな「モルティス」(mortis)と「ベルバンディス」(berbantis)、「アラニ」(alani)、「セレティス」(16)(seretis 前掲の歌詞を参照)、「ダイス」(dais 前述の「カパダイス」を参照)、トルコ語起源の「デルヴィシ」(dervisi)と「デルベデリス」(derbenteris)がある。これらの概念はすべて、恐れ知らずで喧嘩っ早いといった「男らしさ」(「セレティス」や「ダイス」に顕著)に、「あちこちを彷徨う」ということが組み合わさった動機が中心となっている。「デルヴィシ」はトルコ語の「デルヴィシュ」をそのまま借用した語で、踊り(たとえば歌の途中で「いいぞ《ヤス》、デルヴィシ」というように、演奏者を鼓舞する呼びかけ)、ハシッシュの吸引(たとえば「水ギセル《アルギレス》のがん首を真ん中に置いて、デルヴィシたちがとぐろを巻いている」といった、有名な歌詞の一節がある)を示唆するときに用いられる。これらの異なる概念からは、「レベティス」の明確な定義は導けないものの、「レベティコ」を担っていた人々の傾向、多少なりとも理解のできる手がかりのようなものが全体的に窺える。

ただし以上の概念はレベティコと結び付けられはしても、音楽ジャンルの記述にとっては適したものではない。この音楽ジャンルは実際にそれが現われる内容上の形式を用いて、要するに歌詞や音楽といった範疇で理解するしかないのだ。だからペトロプロスの提示した、レベティコは「普通の人々のための普通の音楽」だという定義は、たしかにそれはそれで正しいのだが、さほど理解の役には立ってくれない。このような関連でガウントレットはより正確な見方を求めて、レベティコ初期の歌の特徴と見なせる基本要素を三つ挙げている。作者不詳、口伝、形式の流動性というのがそれだ(17)。形式の流動性というのは、半ば口伝の結果でもあり、半ば実際の演奏の結果でもある。かくして「歌」という言い方は不正確であるばかりか誤解さえ招く。なにしろそれは閉じた作曲なのではなく、歌詞と音楽の「パターン」がたえず変化する潜在力《ポテンシャル》だからで、「歌の使い回し《ソング・サイクル》」と言い換えるべきものなのである。だがここに挙げられている要素にしても、伝統的な民謡の基本的定義と変わらず、ガウントレットによれば違いと言っても、下層社会《アンダーワールド》ならではの活動やエロティックな内容、社会の底辺での生活を強調する、歌詞の主題といったような特徴ぐらいしかない。この非常に要素を絞った定義からすると、レベティコ音楽は伝統音楽の慣習の文脈で考えるしかなく、レコード録音が伝える歌のすべてが「レベティコ」というわけでなく、「レベティコ的」としかせいぜい言えないような歌もあるということになる。さすがにガウントレットもそこまでは言っていないが、突き詰めて言えば以上のような厳しい結論になる。こうした問題を手がかりにして言えば、レベティコ初期の形式と二〇世紀のその後の展開の諸段階は、少なくとも区別をしなければならないことが明らかだ。

対象

レベティコが生まれたのは一般に、時期は一九世紀の後半で、場所はギリシャ語話者が圧倒的多数を占める都会——なかでも港町——だとされる。刑務所と「テケス」（ハシッシュ吸引窟）が、レベティコ発祥の地だった、とペトロプロスは主張している。

レベティコ展開の第一段階の始まりは、一九二二年の小アジアでの大災厄［56ページ以下を参照］に遡り、元々はコンスタンティノープルとスミルナの音楽様式「カフェ・アマン」（café aman）が、難民によってまず持ち込まれ、これがギリシャの広い範囲に流布した。「スミルネイコ」（smyrneiko「スミルナの」という意味）とも称される「カフェ・アマン」様式の歌が、ギリシャでは一九二四年に生産が始まった初期のレコードで多くを占めた所以である。レベティコは小アジアからの難民によって最初に生み出され、ギリシャ音楽は東方《オリエンタル》の要素が加わって豊かになった。こうした現在も広く流布している見解はしかしながら根拠が薄弱である。第一に、資料を調査した結果に反する。一九二二年以前にそれに触れた記録があることを別にしても、ギリシャからアメリカに渡った移民によって、レベティコというジャンル名のある78回転のレコードが、二〇世紀の最初の二〇年間にすでに録音されている。だがその見解は第二に、「ギリシャ音楽」は「東方の音楽《オリエンタル》」から切り離されたジャンルだ、とする誤ったイメージに基づき、暗黙の了解になっていると同時に問題点も多い、東方と西方を対立的に見る構図がその背景に隠されていて、こちらのほうが第一の見解よりも深刻かもしれない。こうした見解とは反対に、少なくともここで問題にしている時期に限れば、南東ヨーロッパと近東を、音楽的な点では一体の大きな地域と見なしたほうが、実際の状況からしても有意義である。エーゲ海の東と西で演奏されていた音楽に違いはあったが、かならずしもそれは決定的な性格のものではない。かくして東方の要素がギリシャの音楽に浸透したのは当然である。なぜならギリシャは音楽的に、かつてはいわゆる「東方」の一部だったし、現在もなおそうだからだ。このテーマはそのイデオロギー的な含意も相まって、二〇世紀におけるギリシャ音楽の展開にとって、大きな意味をもっていたが、この場でその議論を先走って行なうことは控えたい。ただし小アジアからの難民が全体として、ギリシャのポピュラー音楽をとても豊かにし、あらゆるジャンルがそうなったことは疑いない。一九二〇年代と一九三〇年代のギリシャでは、真に確かな知識をそなえたポピュラー音楽の音楽家なら、およそそのほとんどの者に小アジアの背景があった、と言うことさえできるだろう。だがここで重要な事実となっているのは、コンスタンティノープルとスミルナはエーゲ海の東に位置し、だから「東方」に属しているということではなく、これらの大都市《メトロポール》では一九二二年までは、国際的《コスモポリタン》できわめて多様な音楽文化が展開し、地方と言っても過言でなかったギリシャは、この点では比較にならなかったということだ。

レベティコの第二段階が始まったのは、「スミルネイコ」とは大きく異なる、「ピレウス様式」と言われる歌が、一九三三年にレコードに録音されたときである［ピレウスについては後述］。この様式で支配的だった楽器はブズキとバグラマスで、マルコス・ヴァンヴァカリスが最初の主役だった。一九三三年以降の時期は「古典」期と称され、ギリシャが第二次世界大戦に巻き込まれて、枢軸国による占領へと至る期間の最初の年、すなわち一九四〇年にその終わりを迎えたのだが、独裁者メタクサスが権力を掌握して、歌詞の検閲局［八人程度からなる内務省の部局で、ビザンティン教会音楽の研究者、シモン・カラスが中心となって検閲した］を設けた一九三六年にはすでに終わっていたとしてもよい。

次の第三の展開段階はレベティコの「ライコ」（laiko）期という名称でとくに呼ばれ、若い世代の音楽家によってジャンルが大きく広がったのがその特徴だ。ヴァシリス・ツィツァニスがその主役だった。この段階は一九五〇年代に終わった。これで独立した音楽ジャンルとしてのレベティコは終わった、と見る向きもあろうし、一九六〇年ぐらいまで続いた「アルホンドレベティコ［「上品な」レベティコぐらいの意、121ページ以下を参照］」や「俗流《ブツイド》レベティコ」という第四の段階が始まった、と見る向きもあろう。この時期にレベティコは「ライコ・ソング」すなわち「民衆の」歌に移行したというのが一般の見方である。

本書は基本的に以上のような一般的な時代区分に従うが、この分け方には短所もあるのでここでコメントしておく。たしかにその始まりと終わりは依然として明確ではないが、三つの大きな転換点を取り出すことができるだろう。ａ一九二二年の小アジアでの大災厄、ｂ一九三三年の「ピレウス様式」の登場、ｃ一九四〇年以降の戦争と占領がそれである。これらの転換点のうち、政治的な出来事とは関係なく、音楽的な展開にのみ関係するのは、一九三三年だけである。このように政治と文化史という、二つのまったく異なる面を、密接に結び付けようとする姿勢にあるのは、かならずしも調査結果とは合致しない、ことがらを単純化しようとする意図である。だから最初の転換点を小アジアへの侵攻（一九二二年）ではなく、たとえばギリシャにおけるレコード生産の開始（一九二四年）とし、第三の転換点はギリシャの参戦（一九四〇年）ではなく、レコード生産の中止（一九四一年）としたほうが有意義かもしれない。メタクサスの独裁制による検閲局の設置（遅くとも一九三七年に始まったことは明らかだ）がどの程度までレベティコの構造を転換させた主要因と見なせるか、このことも今後は精査していかなければならない。あらかじめこの場で以上の点について問題提起しておきたい。

一九三三年が転換点だったことは間違いない。「ピレウス様式」の出現はその後の路線を決定付けたばかりか、「古典」期の始まりとも結び付けられている。「ピレウスの《ピレオティコ》レベティコ」（peiraiotiko rebetiko）は形式の点でも内容の点でも、ガウントレットが一九世紀に遡る「初期」のレベティコについて述べたものに近い。これはまず下層社会を主題にした歌詞に当てはまる。だがそれと同時に初期のレコード録音を聴くと、口伝に基づく形式の流動性がとてもよく認められ、レコード・ラベル上の作者名が「アデスポト」（「持ち主のいない」という意味）となっていることは、基本的にはヴァース構造の特徴を示しているが［「ヴァース」は歌詞の「行」で、188ページや注22を参照］、これらの歌がもともとは作者不詳だったことも示している。レコード生産の開始とともに真っ先に消えたのがもちろんその要素だった。こうした性質もその比較的単純な音楽形式も、一九二〇年代に優勢だった「スミルネイコ」とは対照的である。リズムやメロディーの構造、歌詞の主題、使用楽器といった領域に、きわめて豊かなヴァリエーションがあったという点で、スミルネイコは際立っていた。

このような事情からは根本的な疑問が生じてくる。「スミルネイコ」という名称そのものがすでに、問題のある単純化ではないかということは別にしても、「スミルネイコ」ないし「カフェ・アマン」様式の歌が、レベティコのグループに分類されるのはなぜなのか？　両者には重なる時期があったということを除けば、「スミルネイコ」

がレベティコに属すことの根拠は多くない。こうした分類の仕方はむしろ、「レベティコ」という概念が音楽に結び付けられたのにも似た、後世の認識の型に基づいているのではないか、という推測が当然ながら生じてくる。たとえばそうした証拠に挙げられるいい加減な見方が、戦間期の78回転レコードをリイシューしたLPやCDにはとくに見られる。西ヨーロッパ様式の方向やいわゆる「ディモティコ」(dimotiko 一般にギリシャ本土の「民族音楽」を指す)との目立った類似性がないかぎり、およそほとんどの曲が一緒くたにされて「レベティコ」と称されている。[18] こうしたやり方が一九七〇年代からその概念の弱体化をやたらと招いたことは疑いない。さしあたり「レベティコ」という言葉はすでに示したように、明確な定義には絞れない作業概念でしかないので、この概念を一般にそうされている以上に限定するのは、方法上の理由から言っても正当である。本書の第3部［音楽編］で行なう実際に現われた音楽の考察によって、これまで以上にレベティコが明確になるようにしたい。

かくして本書では「レベティコ」を都市の音楽形式として理解する。この形式の初期の様子を不正確ながらも現在に伝えてくれるのは、いわゆる「ピレウス様式」を録音した初期のレコードだけだ。歌詞には下層社会の特殊な主題が目立ち（ガウントレットの説による）、演奏はブズキとバグラマスという二つの楽器が主役である。［ピレウスの］レベティコはその商業録音の開始（ギリシャでは一九三三年）によって大きな変化の過程が始まり、他の音楽ジャンルとの多様な相互関係も生じるようになった。こうした他のジャンルに入るのは、伝統的な歌の遺産と「スミルネイコ」である。ここでの伝統的な歌としては、エーゲ海島嶼部の音楽「ニシオティコ」、小アジア西部とカッパドキアの音楽の上位概念「ミクラシアティコ［「小アジア」に因む］」がある。「ポンディアコ［黒海南岸東部のギリシャ人、「ポンドス人」「ポントス人」に因む］」、「ディモティコ」（前述）などはそれに属さない。さらにレベティコはいわゆる「カンダダ」「プラキョティコ」、それに「レヴュー」の「エピセオリシ」［これらについては後述］などとも関係し、要するに、ギリシャで当時演奏されていたほとんどすべての音楽と関係しあっていた。レコードで伝えられるレベティコは例外なく、こうした複雑な変化の動きに巻き込まれて影響を受けただけでなく、逆にその動きを促しもした音楽表現の形式として理解しなければならない。かくしてそうした文脈で「本物のレベティコ」を、「俗流レベティコ」と対立的に扱うのは滑稽である。これと同じようにレベティコを、そこから生じたいわゆる「ライコ」すなわち「民衆の《ライコ》」歌と区別するのも、困難であるどころか不可能ですらある。なぜならライコは概念が曖昧であるばかりか、レベティコからライコに移行したのがいつだったのか、確定することに問題があるからでもある。レベティコの歴史的展開は一九五〇年代に終わったという推測も、通説であることに変わりはないが、本書では研究の範囲をはっきりさせるためにのみその通説を取り入れる。

かくして不断の変化という過程こそが、レベティコの主たる特徴であり、レベティコを定義するうえでの基礎である。こうした不断の過程が本書の扱う期間に一貫している。レベティコとは以上の点から言えば、音楽現象としても社会現象としても、伝統というよりは近代《モデルネ》に属している。ここで問題となっているのは、都市の文化が展開していく過程であり、この過程がギリシャの広範囲で進んだということ、だからこそそれはギシリアの音楽なのだ、という事実だけは動かしがたい要素となっている。

ここで提案するレベティコの動的《ダイナミック》な見方は、さしあたり最少主義者《ミニマリスト》のものであるようにも、説得力がないようにも思われるかもしれない。静的《スタティック》な観点よりもその見方のほうが優れている点は、対象の捉え方を抜本的に容易にすることにある。さもなければ「真正の」と「真正ではない」という区別を、あまりにも頻繁にせざるをえなくなってくる。なにがどうなっているかということを認識するには、なにがどう変化したかを観察しなければならないということは、およそ生きた現象のすべてに当てはまることなのである。

第2部　歴史編

過ぎ去らない過去――一九世紀のギリシャ

第1部で紹介したレベティコに関係する数々の概念は、多かれ少なかれ社会の周辺にいた人々を、さらにはその外部にいた人々までも、さまざまなかたちで繰り返し引き合いに出していた。レベティコを担っていた人たちを理解するには、こうした役割を果たしていたと考えられたのが、ギリシャ社会のどのような集団だったのか、問われなければならない所以である。そのためには一九世紀の状況を観察することが必要である。なぜならこの音楽ジャンルの起源もその時代にあったとされるからだ。

一八三二年からは正式な独立も認められたギリシャという国は、こんにちの面積で言うとその一部でしかなかった。ギリシャの領土だったのは、ペロポネソス半島の他は、ギリシャ中部（ルメリア）の一部、キクラデス諸島だけだった。農業が主たる産業で、戦争で荒廃した当の地域には、都市らしい都市と言えるところがほとんどなく、わずかながらに残っていた都市も、スミルナ、テッサロニキ、コンスタンティノープルに比べると、片田舎の寂れた村のようだった。スミルナ以下の三つの都市はすべてオスマン帝国に属し、かなりの割合を占めるギリシャ系住民がそこにいた。ギリシャ側の都市には、ギリシャ最初の首都となったナフプリオ、エヴィア島のハルキス、［一八三四年に］首都に選定されたのちのアテネがあった［テッサロニキがギリシャに統合されたのは一九一三年］。当時はまったく大したことのなかったピレウス［アテネの南西一〇キロに位置し、現在はギリシャ最大の港］もその一つである。この世紀の終わりまでギリシャで最も重要な貿易港だったのは、キクラデス諸島のシロス島に一八三五年に築かれたエルムポリだった。

　ギリシャ人の生活習慣は国境の内外を問わず、オスマンの社会体制が何百年も課してきた大枠の条件に、なによりも影響されていた。この条件はいずれにしても大多数のギリシャ人、すなわち国境外にいたギリシャ人をその後も縛りつづけ、この人たちにとってギリシャ国家の樹立というのは、さしずめ遠くで起きた出来事にすぎなかった。オスマンの都市——この地域にはどこに行ってもそれしかなかったのだが——は、多民族によって作られ、並外れた複数性の際立つものだった。これらの都市の各地区（「マハレ」ないしはギリシャ語で「マハラス」）には、言葉も宗教も民族も著しく異なる集団が、あるいは隣り合って、あるいは一緒になって生活していた。この社会を現代的な意味で多元主義的《プルラリズム》と称すのは的外れで、「多文化的《マルチカルチュラル》」という形容詞のほうが実態に合っている。ここでギリシャ人は一つの集団として、トルコ人、ユダヤ人、アルメニア人、ジプシー［自称「ロマ」］などの隣りに暮らしていた。こうしたことを背景にして考えると、本書で問題となる「周辺集団」という概念は、規定するのが難しいように思われるかもしれない。なぜならそれは同質性を原理とした構造を前提にしていて、異質性をその特徴とするオスマンの社会体制とは、真っ向から対立するものだったからだ。一九世紀の終わりにはその存在が裏付けられている、スミルナのクツァヴァキスはしたがって、ペトロプロスが触れているカパダイスやチリバシス［29ページを参照］と同様、真の意味での周辺集団ではなく、たくさんのカット面のあるモザイクを構成する、欠かすことのできないピースだったのだ。このモザイクこそがすなわちオスマンの社会だった。このことをしっかりと押さえておくことは、レベティコを社会的で文化的な現象として理解するうえで、中心的な重要性がある。

ただしギリシャ国内のこととなると事情は違っていた。当地では独立とともに、イデオロギーに動機付けられた、広範囲におよぶ変化の過程が始まり、きわめて多岐にわたる分野にそれが影響した。行政や公用語やその他多くのことに講じられた、たくさんの立法上の措置ばかりか、新しい首都の公共建築物ですらその過程に巻き込まれた。新古典主義をその特徴として、新しいギリシャ性と古代という偉大な過去との歴史的結び付き、さらにはヨーロッパの一員であるというアイデンティティーをも象徴する建築である。こうしたことはすべて、ヨーロッパを手本とした「模範国」として、ギリシャを表象するということと軌を一にしていて、東方を文明化しようという壮大な計画もまた、ヨーロッパを手本にしたことに端を発していた。この場合の「文明」というのはもちろんヨーロッパの、正確には西ヨーロッパの文化だとされた一方で、「東方《オリエント》」は十把一絡げに未開だとされたのである。支配的なイデオロギーによれば西ヨーロッパこそがギリシャ性のあるべき場所で、ギリシャ社会はその西ヨーロッパに向かう道に乗り出したのであり、国民にその道を歩ませることももちろん必要だった。こんにちの視点からすると以上のことはすべて、あまたの点で幻影《キメラ》［実現しそうにない考え］を追っていたと言えるが、社会にとってやっかいな結果をもたらす部分もあった。たとえばギリシャ語の「正しい」形式を、標準語の「カサレヴサ［「純正語」ともいう文語]」にするか、あるいは民衆語の「ディモティキ」にするか、といった論争もその一つだったが、さらには過ぎ去って久しいとはまだとても言えない、オスマンの過去とその文化遺産の扱いも、広い意味でそれに数えられる［ナチス時代という「過ぎ去らぬ過去」をめぐる西ドイツの「歴史家論争」を踏まえた言い方］。このことがはっきり現われたのは日常の文化で、なかでも音楽にはとくにそれが当てはまる。

さきほど挙げたイデオロギーのせいで、「東方的」と思われるものはすべて価値が劣るとされ、可能なかぎり取り除くか押さえ込むかされた。一八三〇年代の初めにはまだアテネの景観に色を添えていた、本来は罪のない椰子の木までがそんな目で見られ、首都がナフプリオからペリクレスの故郷［アテネ］に遷《うつ》されたのちは、「トルコの木《トゥルコゼンドラ》」として姿を消さなければならなかった。だがそうしたヨーロッパ化への努力が全体として、比較的緩やかに進行したということは、世紀の半ばに首都のアテネで流行っていた、服装の習慣を手掛かりにすると上手く説明できる。一八五〇年代の終わりごろは住民の大多数が、伝統衣装（「フスタネラ」という）を着ていて、ヨーロッパ風の「フランク《フラゴ》」の衣装［ギリシャでは「フランク」がヨーロッパを意味した］、すなわち、靴、ズボン、上着、帽子が一般にようやく広まるのは、それから数十年後のことだった【図1】。これにともなって、「仕立屋《ラプティス》」と「フランク式仕立屋《フラゴラプティス》」という、職業名の区別がされるようになり、専門職と見なされたのは後者のほうである。さらに音楽ということになると首都の住民ですら、相も変わらぬ音楽の聴き方から脱せられなかった証拠に、アテネには一九世紀の終わりまで、オペラ劇場がなかったということが挙げられる。この時期は西ヨーロッパの音楽が首都の住民にすら、根をほとんど下ろしていなかったことは明らかだ——首都以外の住民となるとそれはなおさらだった[19]。

このように全体として鄙《ひな》びていて、小国然とした舞台にいた周辺的な人物とは、だれだったのか？なかんずくルメリアの北の国境で悪事を働き、世紀の終わりまでは実質的に鎮圧されなかった盗賊［クレフティス］が、真っ先にそれに挙げられるだろう。「クレフトゥリャ」という略奪行為は、この地域に広く見られた社会現象で、オスマンの支配の仕方にそのいわれがある。「アルマトリキア」という封土を、声望のある頭領に分け与えることで、容易には近付けない山岳地域を間接的に支配する。このような盗賊集団は独立戦争のさい［独立側への］軍事的支援さえ行ない、国民的英雄にまでなった首領も何人かいる。こうした理由からギリシャ語の「クレフティス」には、「泥棒」という否定的な本来の意味と、肯定的でロマンティックな意味との、二重の意味が与えられている。独立不羈で山岳に暮らす自由の戦士というのが、後者と結び付いたイメージである。かれらはフスタネ

図1　19世紀に描かれた路上の光景。ここに描かれている人のほとんどが伝統衣装を着ている。制服を着ている2人のうちの1人［左上の左から2番目］が「フランク」の衣装で、見たところやはり軍隊の一員のようなもう1人の人物［その左］はフスタネラを着ている。かれらの手前にしゃがんでいる男［左下］は、「フランク」の上着（以前の制服の一部だったのだろうか？）を着ているが、［白黒の印刷からは分かりづらいが］伝統的な頭巾を被っていて、ネックの長いリュートのような楽器を弾きながら歌を歌っている。かれはレベティコを担った人たちを形成した周辺的な人物の1人だったのかもしれない。

ラを身にまとい、チャミコス［ツァミコスとも］というダンスを踊り、トルコ人を襲っていないかぎりは、主として子羊の焼肉で栄養を蓄えている、といったイメージである。

たしかに盗賊が社会の周辺的人物であることは間違いないが、かれらがいたのはむしろ地方のような場所だったので、都市で生まれた「レベティコ」をめぐる問題では、これ以上その考察をしてもまずは無駄である。だが盗賊行為「クレフトゥリヤ」と、少なくとも間接的には結びつく周辺的人物が、都市にもいたと考えられなくはない。建国後の最初の数年間で、こうした人物に数えられるのは、独立戦争を戦った者たちで、かれらは新設された警察にも軍隊にも、働き口を求めることができず、与えられて然るべき社会的な受け皿もなかった一方で、独立戦争から十年も経つと根無し草になってしまい、元の農民生活の世界にも戻れなかった。かれらは都市で生活していたが職は少なく、社会にも統合されずにその日暮らしをしていたので、犯罪行為にしばしば走ってもおかしくない。こうした人物たちを成員として、悪名高い「トラブコス」という暴力集団も生まれ、ギリシャの諸政党がたがいに抗争したり、なかんずく選挙戦を戦ったりするときは、かれらがその手先に使われた。クリミア戦争［一八五三年〜一八五六年］のころからは、自分たちの住む地域をギリシャに復帰させようとする、相当数のギリシャ人失地回復主義者《イレデンティスト》が、周辺集団として形成され、かれらは一九世紀に頻発した暴動に加わったことなどから、生まれ育った地で迫害されてギリシャに移ってきた。かれらがことに好んで移住した先がピレウスとエルムポリで、これらの港はとても興味深く思われることに、「レベティコ」の重要な揺籃地となったとされている。

こうした人物たちは社会学的にどのように分類されるのか？ ギリシャは産業化されていなかったことからしても、「プロレタリアート」と呼ぶのがまったくの不適切であるのは確かだ。だからレベティスを最下層《ルンペン》のプロレタリアートだとする解釈を、ペトロプロスが最低《ルンペン》の説と称しているのは正しい[20]。ただし［さきに触れたような］根無し草の人というのは、産業化や近代化が進んでいなくても生じるので、かれらの検討をしてみることは少なくとも可能である。このような人たちは職が少なかったり、社会的に悲惨な状況にあったりすることで、たしかに「下層社会《アンダーワールド》」と重なる部分はあったものの、この社会と同一視するのは容認しがたい一般化である。これらの人物は自分たちは欺かれた独立戦争の英雄だとか、虐げられた自由の戦士だとか言いつのれば、ある程度の社会的名誉をいつでも要求できたのだ。なおかつそれはだれも文句が付けられないほど、当然だということが珍しくなかった。こうした点をここでは考慮しておかなければならない。かれらのそうした評価は武器の携帯や好戦的な姿勢とも結び付いて、これらはしかも下層社会をとくに特徴付けるものでもあった。

以上からはギリシャでレベティコを支えていたらしい集団の第一印象が得られる。かれらは下層社会とは一体ではなかったものの、この社会との繋がりがあって根無し草で職も少なく、なるほどそのかぎりでは社会の「周辺」にはいたが、高い自尊心があって名声への欲求もあったような印象を与える。かれらが自分たちの名声を求めるのは、過去に英雄行為を行なったという理由、現在もなおいつでも戦う覚悟があって、英雄主義を重んじるという理由の両方、あるいはその一方の理由に基づいている。こうしたことの背景にあった社会というのは、さまざまなイデオロギーが理由となって、ヨーロッパ化という荒療治を受け、一九世紀の半ば以降はそのさまざまな影響が、日常の文化にも出はじめてきた社会である。おそらく以上で挙げた数々の相は、一九世紀の終わりからしばしば描かれてきた、「クツァヴァキス」たちの像に反映されている。大衆的な影絵芝居「カラギョジス」の、「スタヴラカス」【図2】という登場人物のなかで、こうした人物たちの像は永遠のものとなった。ここでそれを少し詳しく紹介してみよう。

クツァヴァキスはまずその異様な出で立ちが目立った。かれは主として「フランク」すなわちヨーロッパ風の服装をしていたが（ズボン、ワイシャツ、上着、帽子）、伝統的な幅広の帯（「ゾナリ」とも「セラヒ」ともいう）も腹に巻いていた。この帯に煙草やら金やらの持ち物を入れていたが、なによりも重要なのは武器だった（「カマ」

図2　影絵芝居に使われたスタヴラカスの人形。踵の高い靴、幅広の帯、右腕を通していない上着が見て取れる［影絵なので左右が反対になる］。

というナイフやときには「クフョ」という銃も）。「カマ」はしばしば両刃になっていて、たとえば「おお《アハ》、ああ《ヴァハ》」といった銘や、ナイフそのものに付けた名前が、刀身にしばしば刻まれていた。帯は一方の端が地面を引きずるように身に付け、他人にそれを踏まれるのは侮辱だとされ、決闘にまで発展することが必至だった。靴は踵がとくに高かった（踵と靴底のあいだの隙間を、鼠が通り抜けられるくらい、踵が高くなければならなかった）。黒のズボンは極端な下すぼまりだった。クツァヴァキスは歩き方が遅くて鈍重で、わざと足を引きずるような真似をして歩いた。上着は左側だけ着て右腕は袖を通さなかった。こうした着方をしておけば、上半身を一回後ろに捻るだけで、上着を左腕にぐるぐるに巻けて、ナイフでのとっさの対決の防御となった。右手には数珠《コンボロイ》（「ベグレリ」とも）をもち、右脇で硬い木の棍棒（「マングラ」）を挟んでいた。クツァヴァキスは口髭を生やし、髪をポマードで固め、入れ墨をしていた。入れ墨は手の甲にすることが多かったが、身体の他の場所にすることもあった。

　こうした外見はヨーロッパのファッションのカリカチュアで、一九世紀の終わりごろは挑発的な印象を与えた。このことはとくに上着の着方に当てはまり、アテネ警察はしばらくのあいだ罰として、腕を通していないほうの右袖を裁《た》ってしまった。こうした措置はバイラクタリスというアテネ警察署長の行なった本格的な捜査に関連している。ギリシャの首都の治安を守るためにクツァヴァキスにたいして行なわれた捜査である。このような文脈では、ミハイル・ミツァキスが一八八九年に書いた、『争い』という題名の小説が、生々しい様子を伝えてくれる資料となる。[21]二人のクツァヴァキスによる夜中の対決が、微に入り細に入り描かれていて、かれらの外見もさきほど細かく述べたのと同じだ。ミツァキスの物語では二人が実際の喧嘩をするまえに、たがいに相手を罵りあう長い言い争いが行なわれる。このような見方は一般化のしすぎになるおそれはあるが、こうした集団の儀式ばった暴力沙汰の一端と解釈することができる。

　以上で挙げた数々の要素はその多くが、戦間期のマンガスにも相変わらず必要とされたが、服装の仕来りは簡素になっていくばかりで、たとえば帯はごくたまにしか締めなかった。マンガスは時代が近いということもあって、クツァヴァキス以上に多くのことが知られている。かれらの暴力沙汰の衝突は一連の歌でも題材にされ、アネスティス・デリャス作（一九三五年の作品だが、作者不詳時代の形式に遡る可能性がとても高い）のヒヴャス旋法のゼイベキコ「密告者」ないし「おい、マンガス野郎、おまえのナイフ」、エマヌイル・フリサファキス作のウサク旋法のゼイベキコ「二人のならず者《セレティス》」（一九二二年）が、例として役立つかもしれない。後者の歌では、アンドニス・ダルガスの演じるプシリのヤニス（プシリはアテネのいかがわしい地区）と、ザハリアス・カシマティスの演じるヴァンゲリスという、二人のマンガスの争いが描かれている［下線と傍線については注22を参照］。

“Σούρας είμαι και χαρμάνης, είμαι ο Γιάννης του Ψυρρή
δέκα χρόνια δικασμένος – στου Συγγρού την φυλακή”

“Κι εγώ είμαι ο Βαγγέλης, και μ’ αυτό τι θές να πεις
μες στην Σίρα στο Βροντάδο σκότωσα έναν, δυο, τρεις”

“Βλάμης είσαι, ρε Βαγγέλη, και γι’ αυτά μη συζητάς
ούτε καν σε λογαριάζω, και αν είσαι εσύ φονιάς”

“Και μ’ αυτά τι θες, ρε Γιάννη, μήπως θες να ξηγηθείς
Αν τολμήσεις και απλώσεις στη στιγμή θε να χαθείς”

Και τραβάνε τα μαχαίρια και χτυπιόνται στα γερά
Και ο Γιάννης ξεμπερδεύει τον Βαγγέλη τον φονιά.
Κι έτσι ο Γιάννης ησυχάζει από τούτον τον μπελιά
Ξανατρώει δέκα χρόνια στη στρατώνα την παλιά

「おれは酔っ払っているが、ヤクはもう長いことご無沙汰だ
おれはプシリのヤニスだ、シングルのムショに十年食らってた」

「で、おれはヴァンゲリスだ、で、なんのつもりだ？

シロス島のヴロンタドン（という教会の）近くで、一人、二人、三人、殺《や》ったことあんだぜ」

「ヴァンゲリス兄弟よ、で、下らねえ話は沢山だ
で、おめえが人殺しでも屁でもない」

「で、なんだと、ヤニス、やろうって気か？

おめえが手を出したら、一発でお陀仏だからな」

そして、二人はナイフを取り出す、そして、相手を激しく刺しあう

図3　これは1930年代の写真で、写っているのは、テッサロニキ警察の押収物、すなわち、銃剣、3本のナイフ、拳銃、2本の水ギセルで、水ギセルは、一方はココナッツで、他方はブリキ缶でできている。

そして、ヤニスは人殺しのヴァンゲリスを始末する
そして、ヤニスもまた大人しくなる
かれは古巣のムショにまた十年食らう

ハーフヴァースの繰り返しはなく、[22] 楽器は一本のギターだけで、ブズキの演奏もない。こうした特徴と、他人の作曲した歌を歌い［後述するように当時は自作自演が多かった］、二人の歌手がいる［この時期の歌は基本的に一人で歌った］ということが、「二人のならず者」という歌を、普通ではない形式の歌にしている（第3部を参照）。ここに描かれている内容はしかし、この歌が成立した時期に、プシリやその他のアテネ市内の、あるいはピレウスのいかがわしい地区で、日常茶飯事になっていたことであり、歌が録音される四〇年ほどまえに、ミツァキスが小説に書いた内容とまったく同じで、歌の物語の展開も小説とよく似ている。

マンガスの特異な暴力沙汰は、個々のマンガスに関するものでも、マンガスを一般化しようとしたものでも、多くの記述によって裏付けられる。戦間期にヒットしたレベティコの歌を数多く作り、かつ「マンガス」を自称したニコス・マセシス【図4】の自伝が、かれらの暴力沙汰を理解するのに役立つ。

以下はその自伝の「マンガスの仲間《キクロス》」という章からいくつかの部分を抜粋したものだ。[23]

だれだってそのまえでは震えあがる、悪名高いマンガスで荒っぽい男たちがいた、おたくが連中と話をしたかったら、自分が相手に言う台詞を、一ヶ月前から練習して、準備しておかなきゃなんない……。ケファラス、カツォス、頭のてっぺんからつま先までマンガス、「掃除をする」ときは手しか使わない（武器は使わない）。おたくがそういう連中と一悶着起こしたいっていうなら、どっかの教会に寄って告解しといたほうがましだ

図4　ニコス・マセシス（左）、マリノス・「ムスタキアス」（「口髭」の意）。飲食店で水ギセルとコーヒーを楽しんでいる。1930年代のピレウスで撮影。

ぜ。あの人は一世を風靡していた！　カライスカキス（ピレウスのいかがわしい地区）で、ババシカな（正々堂々とした決闘とは逆の卑怯なという意味）殺され方をしたんだ、一九三三年にな。さっきそういう連中の話をしたよな、ああいう「残飯」のマンガス《アポファヤ・マンガス》のどっかの連中が、ケファラスを妬んだんだろ、連中を毎日やっつけてたからな、あいつらときたら「屁」のマンガス《ポルドマンガス》、最低のマンガスのなかでもとくにひどいのを連れてきて、こいつが通りすがりにケファラスを背後から撃ったんだ、背中がぱっくり開いて……。ケファラスはそれぐらいピレウスじゃ有名で……、「派手に立ち回る《ダイリキ》」ってことで、有名になったんじゃない、だれかに突っかかることも、だれかを襲うってこともなかった、ただその「マンガス魂」で有名だったんだ。……ある晩のことだったが、六人か七人のクツァヴァキスに、おれは襲われたことがある……おれが殺されそうになっても、だれも加勢してくれなかった。次の日にバラバラ死体で発見されて、だれの仕業かお蔵入りになってたろうさ。当時はそんなもんだった。おれにとって運が良かったことに、ちょうどそのときケファラスが、ゴツィスと一緒にその場を通りかかった。ゴツィスはケファラスのダチで、こいつもマンガスだったんだ。ゴツィスは武器をもってた。この二人が近くにやってきて、連中がケファラスの姿を見ると、あっと言う間に一件落着ってわけさ。あの人は一言も口にする必要がなかった、だって連中はケファラスだって分かると、姿をくらましちまったんだからな。ケファラスはそのときからおれの命の恩人で、あの人のためならおれはなんでもする覚悟だった、だれにでも「マンガス」の態度が取れたからな、相手がマンガスでもどうでもいい人間［堅気］でも関係なく。神よ、あの人の魂を憐れみたまえ！

ここに引用したくだりの風俗描写は、信頼できる資料として特別の価値がある。これをいくらか観察して一般化しても許されるだろう。なぜならマセシスはその説明と評価において、「マンガスの仲間」を拘束している特殊な行動規範と価値観を、おそらくは意図しないでスケッチしているからだ。マンガスは他の人々とは明確に異なる一目瞭然の集団として登場しているが【図5】、「屁」のマンガスという最低の者でもそれが分かるというのがその証拠だ。この仲間のあいだでは暴力が重要な役割を果たし、マンガスの名声というのは基本的に、暴力をどう上手く使うかにはっきりと左右されている。だからケファラスが手だけで「掃除をする」ことや、これ見よがしの攻撃性がなかった――明らかに他のマンガスとは違う――という事実を、マセシスは特別なこととして心に留めている。この社会空間では名声と栄誉が暴力に次ぐ中心的要素である。マセシスがケファラスの敵に栄誉を認めないのは、ケファラスを殺したからではなく、「バベシカ」すなわち卑怯な殺し方をしたからである。ここでは栄誉が価値のあるものとして現われているが、この価値はその評価を下す審級として機能する、なにか世間の目のようなものとの関係でしかありえない。なにしろ自分たちの集団以外の人々というのは、マンガスにとっては「どうでもいい人間」だから、この世間というのは現実ないしは想像上のマンガス集団だ。このような関係で目に付くのは、マンガスとの争いを描くさい、自分がだれにも知られずに殺されて、だれの仕業か知られずに終わったかもしれない可能性を、マセシスが心配していた様子があることだ。かれの名前すなわち名声はそのことで、忘れられてしまったかもしれないし、取り戻せなくなったかもしれない。だからこそケファラスに救われたことが、かれにたいするマセシスの忠誠心を築き、だからこそまたマセシスは子分となったのである。

ここから浮かび上がってくる行動規範というのは、ギリシャやそれ以外のバルカン半島の、あるいは小アジア西部の特定地域に、少なくとも二〇世紀初めまで存在していたのと同じ、さまざまな戦士集団に特徴的だったものである。ここではすでに触れたクレフティスやアルマトリ［40ページのアルマトリキアをオスマンから与えられた、ギリシャ本土内にいたアルバニア系住民の民兵だが、独立戦争ではクレフティスと同じくギリシャ側についた」を

図5　ニコス・マセシスと別の3人のマンガス。1933年のピレウスで撮影。かれらは見たところ写真スタジオ用の盛装をしているが、自分たちの仕来りでカラーもネクタイも着用していない。

思い出していただきたいが、ハイドゥク［匪賊や義賊ともされるバルカンの地方勢力］やスミルナ周辺のゼイベキス［後述］というのもいた。これらはすべて異なる時代に繰り返しオスマン軍の非正規部隊となった集団である。一九世紀半ばのギリシャ社会の周辺集団として描かれた一味も考慮に入れると、ある内容上の繋がりがくっきり浮かび上がってくるし、これは「マンガス」という言葉の語源によっても確証が得られる。この繋がりはレベティコのある歌の歌詞の二つの箇所からも裏付けられ、この歌は一九世紀の「クレフティス」と二〇世紀の「マンガス」との繋がりを示す、真の原資料となる可能性もあるかもしれない。この歌でブズキを弾いているアネスティス・デリャスの名前で一九三五年に録音された、「よくもやってくれたな、議長さんよ」という題名の歌である。ラスト旋法のゼイベキコで、ストラトス・パユムヴィスが歌っている。おそらく歌詞は作者不詳時代の古い原型に遡るだろう[24]。題名は第1詩節の始まりと一致し、歌詞を意訳すると次のようになる。

「よくもやってくれたな、議長さんよ（裁判長の意）、あんたは見事にやってくれたぜ。四五人のお仲間（陪審員）と組んで、おれをエギナ島送りにする（流刑にする）とはな、四五人のお仲間と組んで、おれをオロポス送りにする（投獄する）とはな」。だが次のようなヴァースがそれに続く。

Μάγκες, πιάστε τα βουνά και θυμηθείτε τα παλιά

マンガスらよ、山々を押さえろ（山に登れ）、昔の時代を思い出せ

さらに次の詩節にはこういうくだりがある。

Γιατί μας στην πολιτεία, βρε, φυλακή και εξορία, φυλακή και εξορία
βρε, που έχει η χασισοποτεία φυλακή και εξορία

なぜって国ってもののなかには、おまえらな、監獄と流刑地があるからさ、監獄と流刑地があるからさ
おまえらな、ハシッシュを喫《す》った罰に、監獄と流刑地があるからさ

「山々を押さえ」てそこで邪魔されずにハシッシュを喫えと促すのは、「歌が作られた」当時の文脈からでもまだ説明することができるが、ギリシャ語の特殊な言い回しでは「クレフティスのような」山岳地帯の戦士のことを指す。「山々を押さえろ」というのは一九世紀からすでに、失地回復主義者の義勇軍による、数多くの活動を表わす民間表現で、第二次世界大戦の時代になっても、パルティザンを表わす意味で用いられていた。ここに挙げたヴァースではしかし、マンガスは「山々を押さえ」なければならないのみか、「昔の時代」も思い出さなければならない。だがどの時代を思い出せというのか？　答えは次の詩節に隠れている。なぜなら「国ってもののなか」ではハシッシュを喫うことが、監獄や流刑地での刑を課せられるからである。このことが意味するのはまさに、「山々」はまず地理的概念として理解されたのではなく、法律や裁判官や監獄などをそなえた国家の埒外にあった、ちょうど「昔の時代」のクレフティスがいたような空間として、理解されたということである。

ことがらの性質に内在する不明確さにもかかわらず、初期のレベティコを支えていた人々、「レベトコズモス」のイメージは、南ヨーロッパや小アジアの西部にあった、オスマン期ないしはそれ以降の社会秩序の現象として描くことができる。言い換えれば［二〇世紀の二〇年代以前は］、人々が社会に統合される度合いが低く、国家による権力の行使も比較的弱かったおかげで、レベトコズモスは放置されたままでいられ、独自の行動規範と価値体系

をもった下層集団を形成し、本書が扱っている対象の場合のように、独自の下層文化も成立させることができた。南ヨーロッパが二〇世紀の二〇年代に経験した政治的な大転換は、こうした状況に深刻な変化をもたらす結果となった。なぜならこの地域の国々が一九一二年から一九二三年に［バルカン戦争からローザンヌ条約まで］、国民国家をその原理とする政策を推し進めたことが、以前は通用していた社会の大枠の条件を変えてしまったからだ。下層文化の存在は、中央集権化した国民国家による、社会全体を統合して均質化させようという努力とは、矛盾するものだったのである。さらにはそうした下層文化が、国家による権力の独占を危うくするときは、一九世紀終わりのアテネ警察とクツァヴァキスの対立で、早くも明らかになっていたように、衝突はどうしても避けられなかったのだ。

ギリシャのなかの小アジア――一九二二年の大災厄

ギリシャで戦争の続いた十年間は結果的に、最初と最後とがまるで異なる、見方によれば正反対とも言える方向に進んだ。一九一二年と一九一三年の二回のバルカン戦争は、ギリシャにとってはきわめて大きな成功に終わり、国土が倍近くも大きくなった。第一次世界大戦も終戦時には戦勝国側につき、一九一九年のセーヴル講和条約によって、南東ヨーロッパに国土を広げたばかりか、小アジア西岸のスミルナを暫定保護領にまでした。これによって「二つの大陸と五つの海洋」［大陸はヨーロッパとアジア、海洋は地中海やエーゲ海やイオニア海だけではなく、マルマラ海や黒海まで指す］という、大国としてのギリシャを目指す計画［「大ギリシャ主義《メガリ・イデア》」と呼ばれる］は、実現に近づいたかに見えた。だがギリシャ軍が一九二〇年にスミルナに上陸したときは、ゲリラ戦がすでに始まっていて、これがやがて規模はそのままに正式の戦争へと発展し、トルコ側はムスタファ・ケマルの指揮で軍隊を組織して、ギリシャ軍をアナトリアの内陸まで首尾よくおびき寄せた。ギリシャ軍は進撃はしたものの、アンカラの五〇キロ手前のサカルヤ川で押しとどめられて、逃げるように撤退し、一九二二年には完全な軍事的敗北に終わった。背後から迫ってきたトルコ軍によるスミルナの破壊は、ギリシャの敗北を示す号火《のろし》だったとも言えよう。敗北はギリシャでは「小アジアの大災厄《カタストロフィ》」と呼ばれる。このときの戦争は、犠牲となった多数の死者だけでなく、戦争が直接の原因で逃げたり追放されたりしたにせよ、ギリシャとトルコがローザンヌ講和条約［一九二三年］を結んで合意した、組織的な「民族浄化」によるにせよ、数十万もの人々に強制退去をもたらしたという意味で、「小アジアの大災厄」という概念はとても的を射ている。「民族浄化」は表現を和らげるために「住民交換」と呼ばれた。ギリシャはそれによって一九二三年の時点で、約一五〇万もの正教徒の難民を、国境内に迎えなければならなかった[25]［諸説あるが当時のギリシャの人口の四分の一に相当］。「トゥルコスポリ」ないし「ヤウルトヴァプティズメニ」（「トルコ生まれ」ないし「ヨーグルトで洗礼を受けた連中」という意味で、以前からの住民は小アジアから来た難民を、このような蔑称で呼んだ）は、地理的な意味だけでなく、文化的な意味でもよそ者だった。なぜならそのギリシャ語は――かれらがそもそもギリシャ語を話せたらというかぎりでだが――強い訛りをしばしば帯びていて、日常生活の習慣は食事から音楽まで、以前からギリシャにいた人々のものとは異なっていたからだ。なかには移住が上手くできた者も一部にはいて――少なくともいまや民族的には「部分的に浄化された」北ギリシャでとくに――、そのかぎりで社会に統合されたとは言え、大多数の人々は最初の数年間、きわめて厳しい条件下で生活しなければならなかった。このような条件下では、かれらを国民国家に統合して均質化させることなど、さしあたりほとんど不可能だった。小アジアからの難民の多くは、アテネやピレウスの周辺に叢生するように建ちはじめた、一時しのぎのバラックに住みついた。こうした場所で生じた、疎外感や貧困、職の少なさ、軽犯罪をその特徴とする環境は、レベティコを担う人々の範囲を著しく押し広げ、この音楽と結び付いたイメージを形成して、あとあとまで影響を及ぼしたばかりか、ここにこそレベティコの起源がある、と後世の視点から誤って考えられもした。たしかにレベティコの特徴となっているある要素は、難民の生活環境の背景に小アジアの文化があったことをとくに窺わせる。ゼイベキコというダンスがそれである。ハシッシュを喫うという嗜好もときにはその方向で解釈される。なぜならそれはムスリム社会やオスマン帝国の現象だったからだ。ハシッシュを喫う場所を表わす、「テケス」というギリシャ語の単語の元々の意味も、このことを裏付ける有力な証拠になるだろう。この言葉はトルコ語に由来し、本来は修行僧《デルヴィシュ》の修道場を意味した。ただしオスマンの支配から解かれたとは言え、ハシッシュが「大量の難民が押し寄せる」一九二二年以前から、ギリシャ社会で喫われていたことは間違いないし、「テケス」もハシッシュ絡みの意味ですでに用いられていた、と異を唱えることもできる。なにもかも難民が持ち込んだと言うのは無理なのだ。

だがゼイベキコというダンスの場合は小アジアの文脈が明確である。なにしろ名前そのものがスミルナ周辺の山岳地帯に住んでいた「ゼイベキス」[トルコ語では「ゼイベク」]を指している。トルコを間近に臨む東エーゲ海の島々、なかんずくレスボス島でもしかしながら、ゼイベキコの変種アプタリコスが、伝統的なダンスの一つに数えられていた。これらのダンスはギリシャの他の地域では、少なくとも「レベトコズモス」以外の人々には、知られていなかったと言ってよく、同時代の多くの人々には、エキゾティックに思われたにちがいない。作家のパヴロス・ニルヴァナス[一八六六年〜一九三七年]が、一九二五年に発表した短編を手がかりにすると、このことを上手く説明することができる。「新手のスリル」は短編集『時がもたらすもの』に収録され、レベティコの歴史にとって多くの点でとても示唆に富んだ資料となっている。なので以下にその抜粋を再現する。(26)

一台の派手なメルセデスが、わが家の窓のしたに停まって、クラクションを大音量で鳴らしはじめた……。あいにく地下室に隠れる時間はなかった……。「さあ行くぞ！　誘いにきたぞ……」。――「だけど見りゃ分かるでしょ、おれは寝間着姿のままです」。――「おまえを寝間着のまま連れていく」。……わたしは連中に懇願した。「どうかお許しを、お姉さん方、どうかお許しを、お兄さん方！　こんどもまたカプリーチェですか？　こんどもまたトロカデロですか？　こんどもまたミカドですか？　おれはもう我慢できません。退屈で死にそうでした。これからは夜を過ごす場所は、教会の夜のミサだけに限る、って決心してたんです。あそこなら少なくともそんなに退屈じゃない。」……「来い！」と連中はわたしに言った、「おまえに「新手のスリル《ル・ヌーヴォー・フリソン》」を教えてやる！」。……さっそく例の立派なメルセデスは、わたしたちを月明りのなか運んでいった……ピレウス半島の海岸に……。車は人気《ひとけ》のないところに停まった。一行は勝ち誇った調子で車から降りると、懐中電灯を点けて険しい岸壁を下りはじめた。わたしたちはたちまち、クリスタルグラスの奇妙なシャンデリアで内部が照らされ、煙草の煙でほとんど息の詰まりそうな、洞穴の入り口まで来ていた。「止まれ！」と、地の底から沸き出たような、しわがれた声が響いた。「こわがるな！」と、仲間側のヴィルギルがわたしたちに言って、懐中電灯をもって前に進んだ。「ハシッシュをやってる、おれたちのダチは、親切なやつらなんだ。おれが今から合言葉を言うからな」。かれは合言葉を言った――「ボホリス！」――「おまえら、入れ！」としわがれ声は答えた。わたしたちは怪しい洞窟に潜り込んだ……。わたしたちの周囲のいたるところで、奇妙な形の数々の影が震えているのが見えた。影は人間の形になったかと思えば、神話上の動物の形になって、洞穴の壁面で忙《せわ》しく動いていた。かれらは、慈悲ある者の手によって、瞼《まぶた》がまだ閉じられていない、死んだ人間のような、据わった眼差し、光を失った眼で、わたしたちを眺めていた。だれも口を開かなかった。かれらにとってわたしたちは、存在しないも同然だった。――「座れ！」と仲間のヴィルギルが言った。「どこへ？」――「どこでもいい。ほら、あそこに空いてる隅がいくつかあるだろ！」――「濡れた地面に座れっていうんですか？」――「おれたちには、濡れた地面でも、すぐ柔らかいソファーになる、ここのダチもそうなってるだろ。おまえら見えないのか、幸せそうに手足をのばして、あいつら寝てるだろ?」。わたしたちは胡坐《あぐら》をかいて座った。——「新手のスリルを感じない?」と、隣でしゃがんでいた若い女が、指先でわたしの上腕を突っついて尋ねてきた……。水ギセルが回ってきた。——「紳士淑女の皆さん《ムッシュー・エ・メダム》」と仲間のヴィルギルが言った、「いちいち待ってないでもてなしを受けて、遠慮しないで自分でやるんだ! 夢の船が夢の島に向かう航海の帆を揚げたぞ」。……謎めいた沈黙があたり一面を支配した。突然、一つの影が、影の群れから離れた。空中で踊っているかのように、動きはふわふわしていたが、身体の動きと矛盾する足取りで、影は洞穴の中央へと移動していった。足元から大きな雲が沸き上がって、周囲に広がっていくかのように見えた。人間の形をした影の両手からナイフが一本ずつ閃光を放ち、影は身を屈めたり旋回したり崩れたりしながら、肉付きのない体をまたすぐ最大限に起こすあいだに、ナイフの切っ先で地面を引っ掻いたり、洞窟の丸天井を抉ろうとするかのように、切っ先を高々と泳がせたりしていたが、影が体中からまたシューシューという音を出すと、ナイフは元通りに組み合わさった。こうしたことはすべて未知の、あの世のリズムで行なわれた。

「この影と幽霊たちのダンスを踊ってみたい」と、隣に座っていた若い女がわたしに言った、「あのナイフで体を抉ってもらいたい!」——「静かにしてくれ、姉ちゃん。あの影が歌ってるだろ……おまえら邪魔すんな!」。踊っていた影の唇から、いつの間にか、意味の分からない、震えた、しわがれた、喘息にかかっているような響きが流れていたが、これは今際《いまわ》の際《きわ》の人間の最後の言葉のような、深い溜め息でしばしば遮られた。意味の分からない音も、徐々にだが意味が分かってきて、歌の形を取るようになった。この歌の切れ切れのリズムがいまや、サタンの空中ダンスの足取りを支配し、謎めいた薄暗がりに輝くナイフの動きも支配していた。

Τον καϋμένο ... τον Μπαχόρη ...

Του την σκάσαν ... στο βαπόρι ...
Και του πήραν ... πεντακόσια ...
Όλο λίρες ... κι όλο γρόσια ...

Αποκάτω ... απ᾽ το ραδίκι ...
Κάθονται ... δυο πιτσιρίκοι ...
Και τραβάνε ... τον λουλά τους ...
Από μέσα ... απ᾽ την καρδιά τους ...

Τούτοι οι μπάτσοι ... πού ᾽ρθαν τώρα ...
Τι γυρεύουν ... τέτοιαν ώρα; ...
Σύρτε μπάτσοι ... στη δουλειά σας ...
Να μη βρήτε ... το μπελά σας! ...

哀れなボホリス〔ユダヤ人の言葉「ラディーノ語」で「長男」、転じて甘やかされた息子を意味し、カモを指すようにもなった〕を船中でカモにして、五〇〇も巻き上げた、リラもクルシュも〔当時の通貨〕一銭も残らずに

野菜（食用タンポポの葉）の畑のしたで若い男が二人座って

水ギセルを深々と喫っている

あいにくデカたちがやって来た、こんな時間になんの用だ？　デカどもは消えちまいな、面倒になんないよう、余計な真似はすんじゃねえ！

最後のヴァースを吐き出すのと同時に、影は痙攣しながら床に崩れた……湿った地面からは鼾《いびき》とも吐息ともつかない音が沸き上がった。これが止むとまたもや死のような静けさ。この静けさのなかからやがて、天使が遠くで爪弾いている竪琴のような、この世のものではない響きが聞こえはじめた……。

「これが新手のスリルか！」……と、わたしは水パイプを手から落としながら囁いた。わたしにはその後の記憶がない。

ここに描かれている「身体の動きと矛盾する」ダンスないし「サタンの空中ダンス」は、描写された動きの展開や引用されたヴァースから分かるようにゼイベキコである【図6】。三つの詩節――元々は別々の歌だった――は、戦間期の早い時期に録音された元歌が残っている。この著者はそれらの詩節を一曲の歌にまとめて、小説にいい加減に載せているのかもしれないが、歌を使い回すというレベティコ初期の特徴を、同時によく示してもいる。さまざまな詩節は韻律が合いさえすれば、内容の繋がりを無視して勝手に組み合わせられた。このことは次の部［第3部の音楽編］で詳細に検討する。ここではまず別の興味深い観察をしておこう。

この短編の作者とその友人はどう見ても、自堕落な生活をしているアテネの上流階級に属す、生活の心配のない甘やかされた者たちである。夜は仲間と定期的にいかがわしいクラブに出かけ、おそらくそれは平日の昼間でもお

図 6　「サタンの空中ダンス」……。あるタヴェルナで撮られた 1961 年の写真。椅子に座ってゼイベキコのダンスを眺めているのは、マルコス・ヴァンヴァカリス。

構いなしで（作者が夜のまだ早いうちから寝間着を着ていることは、集団が洞窟に到着したのが、あたりがようやく暗くなってからだ、ということから分かる）、作者はそれを退屈で単調だと感じざるをえなかった。このとき歓迎すべき気分転換として舞い込んできたのが、こんにちでは「地下《アンダーグラウンド》」と称する場所に行くことだった。徒党のうちでもとくに事情通らしい仲間が知っているように、気分転換の行楽が行なわれるのはピレウスの周辺である。かれらは高価なリムジンと懐中電灯を使ってそこに到着した。ここで起きたことは筆者には無気味で異様だと思われたが、だからこそかえって刺激的でもあったのだろう。このことは「身体の動きと矛盾する」「空中ダンス」とだけ称して、作者が名前を挙げていないダンス［ゼイベキコ］にとくに当てはまるし、取るに足らないにもかかわらず、あるいはだからこそ書き留めるに値する、と著者が見なした歌詞にもそれは当てはまる。

この一九二〇年代半ばの資料はレベティコの展開にとって中心的な意義のある現象を示している。ギリシャ社会の広範囲に明らかに影響を及ぼしたであろう大きな刺激がそれである。この刺激が影響を及ぼした人々は社会的な出自や地位からすれば、レベティコを担っていた人々の集団とはまったく関係がなく、この集団で主題化される生活世界などまるで馴染みがなかったにちがいない。だがやがて始まるレコード生産によるレベティコの商業化にとって、おそらく多くの場合は金銭的手段がなく、蓄音機はおろかレコードすら購入できなかった、レベティコの元々の担い手に比べて、前者の人々は聴衆として比較にならないほど重要な存在となったのである。

ギリシャのレコード生産は、オデオン、ポリドール（ドイツ）、グラモフォンないしヒズ・マスターズ・ヴォイス（イギリス）、パテ（フランス）など、ヨーロッパのレコード会社が、常設の録音スタジオを開設しはじめた一九二四年に開始した。(27) それまでは（ただしそれも一九二〇年からのことだが）、これらの会社の録音チームが出張して行なう、散発的な録音しかなかった。常設のスタジオと言っても基本的には、録音用に借りたホテルの一室に設置され、チームは原盤を本国のプレス工場に送り、完成したシェラック製のレコードがギリシャに逆輸入され

図7　1928年に撮影された「カフェ・アマン」様式の楽団で、この様式に典型的な楽器をもっている。左から右の順で、ニコス・シリゴス（ヴァイオリン）、ミハリス・スクルディス（マンドリン）、ヨルゴス・ペトリディス（サンドゥリ）、それに歌手のコンスタンディノス・ヌロスとステラキス・ペルピニャディス。最後のペルピニャディスは、ネックが2本あるギターをもっている。楽器を弾かなかったのに、ヌロスがいつも持ち歩いていた足台に注目［124ページも参照］。

た［シェラックはビニール以前の素材］。このようにしてスミルネイコないし「カフェ・アマン」様式【図7】の歌が、一九三〇年までにおそらく数千点のレコードとなった[28]。

たとえば人気を博して何度も録音された歌としては、「わたしはグラスを砕く」「可愛いハリクリア」があり、これらはいずれもツィフテテリのリズムだが、さらには「あんたになんの関係があるの」という、ウサク旋法のシルトスもある。小アジアからの追放に直接触れ、多くの難民の心から発せられたと言ってもよい、最後に挙げた歌の歌詞を以下に挙げよう。

Τι σε μέλλει εσένανε από που είμαι ‘γω –
απ’ το Καρατάσι, φως μου, ή απ’ το Κορδελιό –
* Τι σε μέλλει εσένανε κι όλο με ρωτάς
από ποιό χωριό είμαι ‘γω αφού δεν μ’ αγαπάς

Απ’ τον τόπο που είμαι ‘γω ξεύρουν να γλεντούν –
Ξεύρουν τον καημό να κρύβουν, ξεύρουν ν’ αγαπούν
ρεφραίν *

Απ’ την Σμύρνη έρχομαι να βρω παρηγοριά –
Να βρω μες στην Αθήνα μας αγάπη κι αγκαλιά
ρεφραίν *

あんたになんの関係があるの、わたしの出身がどこかって、わたしがカラタシの出なのか、コルデリョの出なのかって（カラタシは富裕層が、コルデリョは貧しい層が住む、スミルナの地区［現在のトルコ語ではそれぞれ「カラタシュ」「カルシュヤカ」］）
*あんたになんの関係があるの、なんでわたしにいつも訊くの、わたしの光（「わたしの最愛の人」に相当）よ、
わたしがどの村の出身かって、わたしのことを愛してないくせに

わたしの出身地では、だれもが愛するすべを知り、痛みを押し隠すすべも、皆で楽しむすべも知っている
リフレイン*

わたしはスミルナからやって来た、なぐさめを見つけるために、わたしたちのアテネで、愛と抱擁を見つけるために
リフレイン*

各詩節はハーフヴァースを繰り返して、A-AとB-Bのリフレインになる。この歌をアメリカで録音したヴァージョン（歌はアンゲリキ・カラヤニ）では、最後のリフレインが脱線して次のようになる。

Τι σε μέλλει εσένανε τι φουμάρω εγώ
Λάκι Στράκι, για Καμήλα, για μελαχροινό

あんたになんの関係があるの、わたしがなにを喫おうと、ラキ・ストラキを喫おうと、カミラを喫おうと（煙草の銘柄「ラッキー・ストライク」「キャメル」）、ハシッシュを喫おうと

こうした歌の録音は当初こそとても費用がかさんだが、一九三一年にイギリスのグラモフォンが、アテネのペリッソス地区に、スタジオ兼レコード工場を設けてからは状況が変わった。ギリシャのレコード生産は、結果として飛躍的に増大したが、レコード会社は一九三一年以降は二つの系列、すなわちコロンビアとヒズ・マスターズ・ヴォイスの系列と、オデオンとパーロフォンの系列とに、整理されることになった。これらの会社はペリッソスのスタジオを使って、一九五〇年代の終わりまで、ギリシャのレコード市場をすべてシェアした（スミルネイコやレベティコを今に伝える、大部分のレコードが生まれた歴史的建物は、アテネ都市鉄道のピレウス～キフィシア線沿いにあり、キフィシア方面行きの列車に乗ったときは、ペリッソス駅に着く直前の左側にある）。

ギリシャでレコードの購入者になりそうだったのは、高価なレコードを家庭での娯楽用に買える、ごく一部の個人客だけに限られていただろう。比較的大きな購買者集団は、タヴェルナや――当然ながら――「カフェ・アマン」など、一般客相手の飲食店経営者であり、かれらにとっては蓄音機《グラモフォン》は、「コンパニア」すなわち楽団を雇うことに代わる選択肢となった。こうした関係では「ギロロゴス」にも触れておかねばならない。これは蓄音機をもって店から店へと流しをし、代金と引き換えにレコードをかけ、伝統的な「ラテルナ」すなわち一種の移動オルゴールの商売敵となった【図8・9】。これは当時作られた同名の歌［複数形の「ギロロギ」となっている］にも描かれている。スピロス・ペリステリスが作曲して、コスタス・ルクナスが歌った、「スミルナ」様式のウサク旋法のシルトスである。

図8　ラテルナと一緒に写っている1930年代のアテネの「お仲間《パレア》」(図16の「ロンヴィア」(Romvia) ——イタリアの製造業者の名前をギリシャ語のスペルにしてPombiaとなっている——の絵も参照)。オルガン用のパイプを用いた手回しオルガンとは異なり、ラテルナはピンを植えた金属ドラムを使うので出る音がまるで違う。こうした機械楽器のいくつかはこんにちでも、アテネ旧市街でときどき聴くことができる。

図9　仲間と一緒に写っている、「ギロロゴス」のリコス（左から3番目）とその蓄音機。

Μέρα νύχτα μες στην γύρα – έτσι τό 'θελε η μοίρα –
Με γραμμόφωνο και πλάκες – να γλεντώ όλους τους μάγκες
昼も夜も流しをやって、蓄音機《グラモフォノ》とレコードで、マンガスを一人残らず楽しませるのが、おれの定め

最後の詩節はこうなっている。

Κάθε έμορφη παρέα – στην Αθήνα και Πειραιά –
Τα λεφτά της δε ψηφάει – κι όλο εμένα με ζητάει
アテネとピレウスの、粋なお仲間《パレア》のだれもが、金に糸目も付けずに、おれをいつでも呼んでくれる

こっそり「ギロロゴス」の宣伝も兼ねた歌詞で興味深いのは、「マンガス」の概念が金を惜しまずに楽しむ人物として、肯定的な意味で用いられていることだ。だからと言ってこの歌は、形式の点でも内容の点でも、社会の特殊な存在だった下層や周辺の集団向けのものだった、という結論にはならない。ここで歌われているのはむしろ、「アテネとピレウスの、粋なお仲間《パレア》のだれもが」とあるように、たとえば以前引用した資料でマセシスが「マンガスの仲間《キクロス》」として描いた集団、あるいはピレウスのどこかの洞窟でハシッシュを喫いに集まる、ニルヴァナスの話に出てくるハシッシュ中毒者の集団よりも、意味をかなり広く捉えた人物のそれである。

たとえばすでに触れた、下層社会を題材にして、ブズキで演奏するという、「あいにくデカたちがやって来た、こんな時間に」のような歌［62ページ参照］——本書で提示した概念ではレベティコ初期のもの——も、一九三〇年代の初めまでは、ギリシャのレコード産業に姿をまだ現わしていたのだが、かれらの下層文化にとって中心的な人物像、「マンガス」はその概念が明らかに一人歩きして、ギリシャ社会の広い範囲で、文句なしに肯定的なイメージが喚起できるようになっていた。こうした様子がさらに変わるのはその直後に生じた、ある重大な転換点の時期からである［次の章で扱う］。だがそのきっかけはどちらかと言うと、思いがけない経過を辿ったように見える。これが広範囲に及ぶ結果をもたらすとは、だれも思っていなかった。

「マンガス」がレコードを録音する——一九三三年のマルコス・ヴァンヴァカリス

ギリシャでレコード生産が始まった当初、スミルネイコないしは「カフェ・アマン」の様式が優勢だったというのは、かならずしも正しくはないが、ギリシャのオデオン・パーロフォン・グループで音楽主任をしていたミノス・マツァスが、ある音楽的試みを決意した一九三三年以降、このスミルネイコの優勢は破られることになった。たとえばピレウスの洞窟で、きっと職業音楽家ならだれも見向きもしない楽器で、ハシッシュ中毒者がハシッシュ中毒者のために演奏するような歌の一つを、録音と投資の対象にしようとマツァスは決意したのだ。楽器はブズキとバグラマスで、後者はたいていの場合、出所の怪しげなごく安っぽい材料で作られた。これら二つの楽器は下層社会の象徴でもあり、警察の手に渡ると叩き壊されるのが常だった（こうした仕来りからバグラマスはとくに、ブズキよりも持ち運びが簡単で、上着のしたに隠せるように作られた、と誕生の経緯が説明されることもある［バグラマスはとても小さい］）【図10】。

図 10　1933 年にピレウスのカライスカキス地区で撮られた路地。ここに写っている集団は、ヨルゴス・バティス（ギターを肩に担いで真ん中に立っている）の友人や知人や客で、かれはこの時期、楽器店を営んでいた。ブズキを手にしたマルコス・ヴァンヴァカリスが左にいるのが分かる。バティスのしたにはバグラマスをもった男が見える。これらの楽器以外には 2 本のマンドリンと 1 本のギターがある。

表向きは前述のニコス・マセシスが、最初の橋渡しをしたことになっていて、マセシスは仲介をしたときの様子を自伝で述べている。(29)

おれはマルコスに話をつけろと言われ、あいつ宛ての手紙も託された。さっそく席を立ってピレウスに車を飛ばす。タクシーの運転手をしてる「古株のマンガス《パリヨマンガス》」（この場合のパリヨマンガスとは友人の意味で、肯定的な意味で言っているのだろう）で馴染みの仲間を見つけて事情を話し、レコードのためにブズキが弾けるやつが欲しいんだと告げる。この知らせを「ピャツァ」（「街頭」の意味［溜まり場のようなもの］）で広めてくれと頼んだ。おれはバティスの店にも行って、「これからマルコスを探しにいって、おれが会いたいと伝えてくれ」と言う。おれがドラペツォナにいるのをマルコスが見つけたのは夜だった。おれはマツァスからの手紙を渡し、マツァスのところに行け、あとでどうなったか教えろと言った……。あいつは言われた通りにしたさ！レコードが出ると大騒ぎだ……。さっそく猫も杓子もレコードを作りはじめた。あの「コロンビア」でさえ、レコード用にブズキ奏者を探しはじめる始末で、狭っ苦しい地下室から出てきた、評判のいかがわしいブズキが今じゃ、だれもが絶対持ってなきゃなんないものになったのさ。

ここで名指しされているマルコスというのは、マルコス・ヴァンヴァカリスのことで、録音されたのは「カラドゥゼニ」という歌で、市場に現われたのはおそらく一九三二年初めだろう。この歌が大ヒットしたおかげで、似たような歌の雪崩を打ったような制作が始まり、音楽史のうえでも転換点となったので、ここでそれをいささか詳しく観察してみたい。曲は長さが3分14秒、長調に似たラスト旋法のゼイベキコで、楽器はブズキと打楽器の一つのダラブカ。作曲者はブズキを弾きながら、次のような歌詞を歌っている（単語のなかで強勢の置かれる音節が、文法規則にしばしば違反している)。

Έπρεπε να 'ρχόσουνα μαγκά μες στόν τεκέ μας –
ν' άκουγες τον μπάγλαμά και τίς διπλοπενιές μας

Νά 'ρθεις να 'φχαρίστηθείς, να ακούσεις και λιγάκι –
Θελείς δε θές να σήκωθείς βολτά για ζεϊμπεκάκι

Να ακούσεις και το Άραπιέν και τό Καράντουζένι –
και σέ λιγάκι θά 'λεγες ο άργιλές να γένει

Νά σου φύγουν οί καημοί να σπάσεις ντάλγκαδάκι –
Απ' τίς πενιές που θά 'κουγές από το μπουζουκάκι

マンガスよ、おれたちのテケスにかならず来い、バグラマスもおれたちのディプロペニエスも聴ける
お楽しみのためと、ちょっと音楽を聴くために来い、あんたは思わず知らず腰を上げ、ゼイベキコのお散歩《ヴォルタ》を
するだろさ

アラピエンとカラドゥゼニを聴いてみろ、あんたは水ギセル《アルギレス》がもうないとすぐ言うはずだ
憂さが晴らせて気分も良くなる、あんたが聴くブズキの響きでな

「ディプロペニャ」［複数が「ディプロペニエス」］とはブズキの特殊な弾き方のことで、「アラピエン［アラビア風］」も「カラドゥゼニ」も、ブズキの異なる調律を表わす専門用語である。歌詞は接続法が文法的に揺らいだまま進行し、ここで用いられている単語は韻律のために、強勢が通常の音節からしばしばずれている（たとえば「マンガ」の代わりに「マンガ」、「ヴォルタ」の代わりに「ヴォルタ」）。さらに奇妙なのは曲のなかの歌の偏った置かれ方で、歌は1分50秒後にはもう終わってしまい、残りの1分24秒——全体の半分近くの長さ——は器楽だけの演奏が続く。おそらく演奏者は極度の注意から歌を短くしたのではないのかと推測される。かれはレコード録音の分野では新米だったので、(30) 3分ほどの制限時間を絶対に超えてはならない、と会社側から言われていたにちがいない。こうした制約は規格化された78回転のシェラック製レコードの録音時間のせいだった。きっとマルコス自身にとって不慣れなことだったばかりか、開かれた歌《ソング・サイクル》の使い回しをするレベティコ初期の演奏に、真っ向から逆らうようなことでもあっただろう。

技術的な理由から強いられた時間制限が、この歌のジャンル全体に及ぼした決定的な影響については、次の部［第3部の音楽編］で子細に見ていくことにして、ここでは歌詞をより詳しく観察してみよう。この歌詞は「おれたち」をその「テケス」にいつか訪ねにきてくれと誘う内容である。「テケス」を訪ねる理由の中心になっているのは、第一に、思わずゼイベキコを踊りだしたくなるような素晴らしい音楽で、第二に、ハシッシュを喫うように誘う水ギセルである。これらはどちらも、憂さや苦しさをやり過ごしたり、乗り越えたりするのに、効き目がある

という。だがマルコスが「おれたちのテケス」や、「おれたちのディプロペニエス」と言っている、「おれたち」とはだれのことなのか？　自分たちの「テケス」と音楽を、自分たちと似た相手に売り込んでいる、（架空の）ハシッシュ中毒仲間だという可能性も、たしかに排除できないとは言え、レコードが録音された特殊な文脈と歌詞のいくつかの相は、以下のようにそれとは別の繋がりを示している。

録音が試験的プロジェクトとして計画されたのは、以前は商業化されていなかった方向の音楽を、ギリシャの市場にもたらすためであった。このことはその方向の代表者だったマルコスにとってはチャンスで、歌詞のなかでその宣伝をするのは当然でもあった。「おれたち」というのはつまりレベティコを支えていた人々、マルコスにも帰属感のあった「レベトコズモス」である（知らせを広めてくれ、とマセシスがタクシー運転手に頼むとき使った、「ピャツァ」（「街頭」）という言い方も参照）。逆にその宣伝が向けられるのは、こうした世界に属してはいないが、レコードを通じて接することになる相手だ。このように考えてはじめて歌の第2詩節と第3詩節の意味が明らかになる。これらの詩節はその世界を知らない者への手引きだったような印象がある。わざわざハシッシュの常習者に「テケス」では水ギセルが喫えると教えてやる必要はない。この歌詞は予定の近づいたレコード録音をきっかけに、レベティコを知らない人たちにもそれを宣伝するために、急ごしらえで書かれたという可能性がとても高い。

この録音はとにかくすさまじいヒットとなり、マルコス・ヴァンヴァカリスはその後の数年で、この音楽ジャンルの支配的な人物となった。かれの「ピレオティキ・テトラス」、すなわち、マルコス・ヴァンヴァカリスに加えて、歌手のストラトス・パユムヅィス、ヨルゴス・バティス（楽器はバグラマス）、「アルテミス」や「黒猫」といった異名のあるアネスティス・デリャス（楽器はブズキ）をメンバーとした「ピレウス四重奏団」【図11】は、文字通り伝説的な名声を博した。かれらはこの時期に文句なしにレベティコの「古典」に数えられる音楽作品を生み出した。たとえば「フラゴシリアニ［シロス島のフランク娘］」「ここでの「フランク」とはカトリックを指し、正教徒

図 11　有名な「ピレウス四重奏団」。左上に立っているのがマルコス・ヴァンヴァカリス、右隣はアネスティス・デリャスで、両者ともブズキを手にしている。右下にバグラマスをもって座っているのはヨルゴス・バティスで、左隣は歌手のストラトス・パユムヅィス。かれは楽器をまったく弾かなかったが、写真撮影の日のためにブズキ（かヅゥラス）を手にしている。

が大部分を占めるギリシャにあって、シロス島はカトリックが多かった」もその一つで、レベティコという特殊なジャンルばかりか、ギリシャのポピュラー音楽のなかでも、こんにちに至るまで最も有名な歌の一つになっている。この歌は「ピレウス四重奏団」の特徴が刻まれた音楽様式で、この様式こそがこんにち一般に、「ピレウスのレベティコ」という概念に、結び付けられているのだが、本書ではこれまで述べてきた理由から、これを「本来の」レベティコと称することにする。なぜならそれはレベティコ初期の形式に最も近かったからだ。

　マルコスには当初まったく思いもよらなかったヒットが、レコード産業ですでに安定した地位にあった、スミルネイコの音楽様式を代表する者らの側に、反発をもたらしたのも無理からぬことだった。この反発がまず多少なりとも露骨に現われたのが、旗幟鮮明になりつつあった両陣営間の対立においてだった。こうした諍《いさか》いをどう感じていたか、歌手だったステラキス・ペルピニャディスが、自伝のなかで少しだけだが述べている。かれはまずマルコス・ヴァンヴァカリスの音楽的才能をきっぱりと否定したうえで[31]、一九三三年のあるときの様子を報告している。マルコスはある飲食店で仲間と演奏していたのだが、ここはペルピニャディスが歌っていた店のまさに隣だった。マルコスたちの店は毎晩、最後の席まで客で埋まっていたが、あの店は「あばら屋」にすぎなかった、とペルピニャディスは辛辣に断じている[32]。ペルピニャディスは若いころから教会で歌を歌っていて、音楽の専門知識を意のままにすることができ、スミルネイコ様式の素晴らしい歌手の一人でもあったので、当時すでに地位を確立していた音楽家の代表と見てよい。

混淆様式《シンクレティズム》

新しい音楽「ピレウスのレベティコ」の流行は、ただの一時的な現象以上のものではないか、ということが明らかになったとき、これらの音楽家〔前述のペルピニャディスのように、音楽教育があって地位を確立していたスミルネイコの音楽家〕は、新たな状況にすぐさま順応し、自分たちでもレベティコを作りはじめた。かれらはまず下層社会をあえて題材にした歌詞の曲を、次にブズキを全面的に用いた曲を作っていった。この「地下《アンダーグランド》」の楽器はそれまでのスミルネイコの楽団には皆無だった。スミルネイコの楽団では、ヴァイオリン、サンドゥリ〔イランやトルコのサントゥール〕ないしカノナキ〔アラブのカーヌーン〕、リラ〔膝立てヴァイオリン〕、マンドリンが一般で、ウティ〔アラブやトルコのウード〕が加わることもある【図12】。スミルネイコからピレウスの様式への転換はもちろん、〔マンガス出身の者とは違って〕いかにも職業音楽家《プロフェッショナル》らしい手際で行なわれたので、生み出された歌は手本となった歌とは明確に異なっていた。このことはアウリーンとヴァイレスコーフが、「ハシクリディカ」という、ハシッシュを題材にした歌の歌詞を元に、説得力のある分析をしている。なかでもその歌手が有名であるかぎりは、刃傷沙汰などが題材の歌でも女性が歌うという、通常ではありえないような現象も生じた【図12】。

　このことはしかしながらレベティコを、いわゆる「本流《オリジナル》」と「俗流《プソイド》」とに区別するのが、きわめて問題であるということも示している。なにしろそうした区別をすればその区別は当然ながら、一九三〇年代半ば以降の音楽にもしなければならないからだ。こんにち一般にレベティコの「原石」に数えられている多くの歌が、本流であるという評価を否定されざるをえなくなる。たとえばそうした歌のなかに、「水ギセルの声」とも「監獄で五年」とも呼ばれる歌、「若いハシッシュ中毒」とも「あんたはマンガスだってね」ともいう歌、「可愛いイリニ」「獄中の会話」があるが、ここでは例として最後の歌を取り上げてみよう。これはヒヅャス旋法のアプタリコスで、ステラキス・ペルピニャディスが歌い、パナヨティス・トゥンダスが作曲した[33]。楽器は「スミルネイコ」の様式で、すなわちヴァイオリンがメロディーを演奏して、ブズキもバグラマスも用いられない。

図 12　有名なロザ・エスケナジを撮った 1930 年代初めの写真。デフィ［タンバリン］を両手で支え、左右を 2 人の音楽家に挟まれている。リラ（膝立てヴァイオリン）をもった左の人物はランブロス、ウティをもった右の人物はトンブリス。ピレウスのカライスカキス地区で、同時期に撮られた写真（前掲の図 10）と、この写真を比較していただきたい。あの写真で撮影された多くの人物のなかに女性は 1 人も見当たらない。

Ένα βραδάκι, βρε παιδιά, μας στήσανε καρτέρι
Και μας περικυκλώσανε μέσα στου Μαουνιέρη

Κάποιος μπαμπέσης, ο άτιμος, μαρτύρησε το χάνι
Κι ήρθαν και μας μπλοκάρανε δώδεκα πολισμάνοι

Τα γκλοπ βαρούσαν δώδεκα, κι εμείς μαστουρωμένοι
Τρεις κάμες ξεβρακώσαμε, μα βγήκαμε χαμένοι

Φάγαμε ξύλο, βρε άθεο, μου' που δεν μας σκοτώσαν
Και όλους από τέσσερα χρονάκια μας φορτώσαν

ある夜のことだった、おたくら聞いてくれ、あいつらはおれたちを待ち伏せして、マウニエリスの家で取り囲んだんだ

居場所をどっかのごろつきがチクったんだ、一二人の警察がガサ入れしに来やがった

一二本の警棒が襲いかかってきたが、おれたちはハシッシュで前後不覚、ナイフを三本だけ鞘から抜き出すのがやっと、結局は負けちまったということさ

おれたちはさんざん殴られ、お陀仏になるところだった、おれたちはみな四年の刑を食らった

第1詩節と第3詩節は次のような型で、最初のハーフヴァースの一部を繰り返す。最初の四音節が一回繰り返されたのち、ハーフヴァースの前半だけが歌われ、さらにまたそのハーフヴァースが丸ごと続く。第2詩節と第4詩節では四つ目の音節が終わるたびに、器楽だけの演奏となって歌は休止し、この休止時間は第1詩節と第3詩節の繰り返しの長さに一致する。

この歌は音楽構造の点でも歌詞構造の点でも、さきほどのマルコスの「カラドゥゼニ」とはかなり違い、異なる文脈から成立したということが窺える。歌詞の題材の選び方には共通点もあるが、後者が生活環境から出てきた真の表現であるのにたいして、前者は当時の聴き手の好みを巧みに操作している。あいにくこの場では十分な解答はまだ出せないが、レベティコが一九三〇年代に広範囲でヒットしたことにとって、核心となるような問いが以上の点から浮かび上がってくる。売春婦のひも、ハシッシュの常習者、殴り合い、警察のガサ入れの話を、なぜ社会の周辺にはいなかった聴き手までが、面白がったのであろうか？　「マンガス」という人物像に現われているような「タフ・ガイ」が、魅力となった理由はなんだったのだろうか？　おそらくこの「マンガス」という像は、自由とか義侠心とかいう観念と結び付いて、アメリカ社会のなかのカウボーイ像さながら、ブルジョア化のますます進む社会のなかで、ガス抜きになるような機能があったのだろう。

こうした関連で他にも触れておきたいのは、レベティコの文脈が同時期に、ポピュラー音楽の別の方向とも結び付いたことである。なかでも「エピセオリシ」という「レヴュー」がそれで、ここでは「マンガス」が芝居がかった様子で登場して短い会話を交わす。たいていの会話は実際の歌が始まるまえか器楽演奏の部分に組み込まれ、た

とえば「水ギセルの声」という歌でもそうだが、水ギセルがぶくぶくいう雑音などがしばしば加えられた。こうした歌のなかでもとくに聴き手に訴えたのが、それが「エピセオリシ」だということ以外では、さほど知られていない「ヤク中」という歌で、ヴァシリス・メソロンギティスの作である（一九三五年）。短調とヒヅャス旋法によるツィフテテリの変種（バヨン）で、最後はハサポセルヴィコスに移行する。楽器はギターとマンドラ［マンドリンより一回り小さい］である。ただしそうした音楽構造が「エピセオリシ」の特徴なのではない。冒頭の会話と歌詞は対象を誇張して戯画化しているが、このことはその歌が麻薬中毒者の世界で作られたものではないことを示し、これがまさに「エピセオリシ」の特徴となっている。

“Ρε πως έγινες έτσι βρ’ αδερφούλη μου, σαν παγιάτικος παστουρμάς είσαι ρε να πούμε. – Ανακριτή σ’ έβαλα ρε, ε? Αν είμαι παστουρμάς ή αν είμαι σουτζούκι? – Όχι ρε, από φιλικά(δα) σε ρωτάω, να ξέρεις δηλαδή. – Φίλος δεν υπάρχει σ’ αυτόν τον κόσμο, συμφέρον μονάχα. Ο καλύτερος φίλος του εμαυτού σου είναι ο εμαυτός σου, για να ξέρεις. – Έλα, άντε συγγνώμη ρε αδερφούλη μου ... ”

Τι σας νοιάζει, αν έγινα πρεζάκιας – και γυρίζω στους δρόμους κοχλαράκιας
τι σας μέλλει που με περιφρονάνε – δεν με ξέρουνε και πια δεν μου μιλάνε
Αν γυρίζω στους δρόμους κουρελιάρης – τιποτένιος, τεμπέλης κι αλανιάρης
Μη ρωτήσεις, κοσμάκη, την αιτία – το πώς έπεσα και ‘γω στην αλητεία
* Αν αγαπάτε μη με ρωτάτε να σας πω το μυστικό μου
ρε ‘σεις δεν πάτε (και) ε δεν με παρατάτε, το κρατώ για με γιατ’ ειν’ δικό μου

Αν τις νύχτες γυρνάω στο λιμάνι – και αν είμαι μαστούρης ή χαρμάνι
αν στη τσέπη μου δεν έχω ούτε γρόσι – δεν θα ζητήσω, κανείς να μου το δώσει0
Κι αν δεν έχω στον κόσμο πια κανένα(ν) – κι όλα είναι για μένα πεθαμένα
του κοσμάκη του λέω να μη μιλήσει – να σκεφτεί λιγάκι κι ύστερα να βρίσει
ρεφραίν *

“... Γεια σου ρε Βασιλάκη μου, πονεμένε άνθρωπε ... ”

「おい、なんてざましてんだ、兄弟？　おれたちに言わせれば、古びた牛の干し肉《パストラミ》じゃないか」「おれを取り調べようっていう警官さんかい？　おれが牛の干し肉かソーセージだって？」「いいや、おれはおまえにダチとして聞いてんだ、おまえでもものが分かるようにな」「この世にダチなんているもんか、世の中は金が稼げるかどうかだけだ。おたくの一番のダチはおたく自身だろ、おたくでもものが分かるように言ってんだぞ」「いいからさっさと来な、すまねえがな、兄弟……」

おたくらさんになんの関係がある、おれがヤク中になって、常習者になって、通りをほっつき歩いてるのかがだれもがおれのことを軽蔑し、おれのことをもう知ろうともせず、おれとはもう話もしようとしなくてもおれがみすぼらしい格好で通りをほっつき回り、卑しい怠け者のフーテンになってもわけなんか聞かないでくれ、おたくらさんよ、おれがなんで浮浪者になったのか

*おたくらさんがおれのこと好きなら、おれの秘密は聞かないでくれ
おれをどうか放っといてくれ、おれは秘密を守っていくんだ、だっておれの秘密だから
おれが夜中に港をふらついているのか、ラリってヤクが欲しいのか
財布にはもう一クルシュ［当時の通貨］もないのかが［、おたくらさんになんの関係がある］、おれはだれに
も金を乞いはしない
おれにはこの世にもうだれもいなくて、おれにとっちゃみんな死んだも同然なのか［、おたくらさんになんの
関係がある］
世間《コズマキス》の皆様には言っとくが、おたくらさんは静かにして、罵るならまずはよく考えてからにしな
リフレイン*

［かけ声］……いいぞ《ヤ・ス》、ヴァシリス、哀れなやつ……

だれにも金を乞いはしないという、貧しいのに強がりを言う第2詩節の態度は、本当だとはとても思えない。リフレインで暗示されている、社会すなわち「世間《コズマキス》の皆様」のまえで、虚勢を張ろうとしている態度も同断である。たぶん現実の麻薬常習者であれば、ここで言っているのとは違う問題があった（現在もある）、とだれでも見当が付くだろう。この曲にそなわったレヴューらしい性格は、アネスティス・デリャスの「ヤク中の嘆き」（一九三四年）、ヨヴァン・チャウスの「おれはどうせヤク中」（一九三五年）などの歌と比べると、ことのほか鮮明になってくる。これらの歌の題材はメソロンギティスのものとは共通点も多くない。なぜなら麻薬のもたらす悲惨さをま

ざまざと見せつけるからだ。たとえばデリャス自身が襲われたのもその悲惨さで、かれが歌ったのはつまり自分の体験だったのだ［デリャスは麻薬で亡くなった］。ヒヅャス旋法のハサピコスの「おれはどうせヤク中」を例として引用する。

Είμαι πρεζάκιας, μάθε το, μα όπου και αν πάω –
Όλοι "φύγε" με λέγουνε, νομίζουν θα τους φάω
Με βλέπουν και σιχαίνονται, μα εγώ δυάρα δεν δίνω –
Την πρέζα μόνο να τραβώ και ό, τι θέλει ας γίνω

Μεξ στο βαγόνι κάθομαι, πια σπίτι δεν θυμούμαι –
Και ένα τσουβάλι βρόμικο το στρώνω και κοιμούμαι
Τα ρούχα μου ελιώσανε, φάνηκε το κορμί μου –
Η πρέζα με φαρμάκωσε, τέλειωσε η ζωή μου

Χαρμάνης όταν κάθομαι, πώς σκέφτομαι την πείνα –
Σαν μαστουρώσω, βρε παιδιά, δική μου είν' η Αθήνα
Σαν αποθάνω, φίλε μου, έρχετ' αστυνομία –
Με κάρο σκουπιδιάρικο και κάνει την κηδεία

おれはどうせヤク中、おれはどこに行ったたって
だれからも「失せろ」と言われる、連中を食い尽くしかねない、って思われてるのさ
おれの姿を見かけると、連中は吐き気を催す、だけどおれは手を出さない
大切なブツ、ヤクを決めてやる、あとはなるようになる

寝床は列車のコンパートメント、家なんかもうまったく思い出せない
汚い頭陀袋のうえに横になって、あとはそのうえに寝るだけ
服はすり切れ、穴から体が覗いてる
ヤクがおれを殺したんだ、おれの人生はお終いさ

ヤクが切れれば苦しいし、腹だって空いてくる
だけどラリれば、アテネは全部、おれのもの
おれが死んだらな、おたくらさん、警察がゴミ収集車と
一緒に来て、おれを墓に埋めてくれるのさ

麻薬を主題にした特殊な歌の数々について、補足的な説明を少し行なってきたが、こういう歌こそがまさにレベティコだ、というような誤った印象を抱いてはならない。「ハード・ドラッグ」（コカインやヘロイン）を題材にした、以上のような歌詞は逆に、むしろ珍しいほうなのである。たしかにハシッシュの吸引を題材にした歌詞、「ハシクリディカ」となると事情は別だが、こうしたハシッシュ関連の歌詞は、国民的な病気だった結核とか、屠殺業

や漁師とかいった職業など、レベティコ全体が扱う数多くの分野のうちで、わずかな部分を占めているにすぎない。ラヴ・ソングのほうがはるかに頻繁に歌の主題となったことは間違いない。ただしそうした歌詞は他の音楽ジャンルにはなかった、という点でレベティコのラヴ・ソングは特異だったし、条件付きでレベティコ固有のものだと言える形式がある。好きになった相手を言葉で攻撃するという形式がそれである。このことを説明するために、マルコス・ヴァンヴァカリスの一九三四年の歌を引く。「ペテンの上手い女」という題名で、ヒヅャスキャル旋法のハサピコスである。

Περνάς και δε με χαιρετάς, τα κόλπα σου τα κάνεις –
μη κάνεις το κορόιδο, γιατί θα μας τρελάνεις

Δεν παύεις τα ναζάκια σου κι' άφησε τα γινάτια –
Που υπόφερα τόσους καημούς για τα γλυκά σου μάτια

Κι αφού δε σακουλεύεσαι τι θες να 'σαι μαζί μου –
Κι αφού δεν τσουβαλιάζεσαι άλλον να βρεις, μικρή μου

Χώμα στα λέω, κολπατζού, δεν το καταλαβαίνεις –
Οι μάπες σου είναι έτοιμες και να τις περιμένεις

おれとすれ違っても、挨拶すらしないのは、おまえのペテンだろ
馬鹿な真似はするんじゃない、おれたちを狂わせてしまうから

そんな歩き方は止めろ、そんなに気取ってるな
おまえの美しい眼差しのせいで、おれはひどく苦しんだ

おまえはそれが分からないのに、なんのつもりでおれにくっつく？
おれが口説けない女なら、だれか別の男を探すがいいさ、お嬢さん

おまえにははっきり言おう、ペテンの上手い女よ、おまえは分かんないんだな？
おれはいつでもビンタしてやる、だからその覚悟だけはしとけ
（ハーフヴァースはA－B－B－Aの型で繰り返す）

こうした関係で「レベティコ固有」といった概念を使うのは、レベティコのラヴ・ソングには、言葉による相手への攻撃がたくさん出てくる、というかぎりでのことで、だからと言ってレベティコのラヴ・ソングすべてが、こうした要素を含むというわけではない。

一九三三年以降のレベティコはいずれにせよ前述のように、他の音楽の方向とますます結び付いていった。一九三〇年代の前半には「エピセオリシ」と並んで、「プラキョティコ」とも結び付いていった。これはアテネ旧市街「プラカ地区」に因む名称の音楽で、起源はイオニア諸島の「カンダダ」にあり、音楽構造にはそれゆえイタ

図 13　中央に座ったパパイオアヌが 2 人のギター奏者に挟まれている。右の人物の楽器は風変わりで、ネックがギターのものであることは明らかだが、共鳴体のボディーはデフィ［タンバリン］かバンジョーのものだ。「ファリリョティッサ」が大ヒットしたあとの写真。

リアないしは西ヨーロッパの特徴があった（楽器、リズム、長調か短調のどちらか一方の調、歌詞の主題といった点で）。イオアニス・パパイオアヌ【図13】による「ファリリョティッサ［ファリロから来た娘］」（一九三六年）は、おそらくその例と見なすことができるだろう［「ファリロ」はアテネの南に位置する港町］。かれにとってレコード市場で初の大ヒットとなった歌だ。この歌は長調のハサピコスで、「プラキョティコ」ないしは「カンダダ」であることを示す、様式上の要素を含んでいる。たとえばブズキで演奏する当時の歌にとって異例だった、第二の声部を使うというのもその要素である。歌詞にも「カンダダ」と同じ状況設定が出てくる。「カンダダ」というのは元々は、恋に夢中になった男が夜に、自分の崇《あが》める女性の部屋の窓のしたで披露するラヴ・ソングの名称だった。

Σουρωμένος θά 'ρθω πάλι στην παλιά μας γειτονιά
να σου παίξω μπουζουκάκι μ' όμορφη διπλοπενιά

Θά 'ρθω για να σε ξυπνήσω, Φαληριώτισσα γλυκειά
Με μπουζούκι, με κιθάρα και με φίνο μπαγλαμά

Αν τυχόν και δεν ξυπνήσεις και μ' αρχίσεις τα παλιά
Θα μου την ραγίσεις πάλι την καημένη μου καρδιά

Όταν παίζει το μπουζούκι δώσε βάση στην πενιά
Για να θυμηθείς τα πρώτα, Φαληριώτισσα γλυκειά

おれたちの懐かしい地区に、おれはまたも酔っ払って行く
美しくも甘いディプロペニャ（ここでは弦をつま弾く音という意味）で、おまえのためにブズキを弾くために

おまえの目を覚ましに来てやる、ファリロから来た可愛い娘よ
ブズキの音で、ギターの音で、バグラマスの妙なる音で

おまえがそれでも目を覚まさないで、昔のような真似をまた始めるなら
おれの哀れな心は新たに悲しむ

ブズキを演奏したら、弦をかき鳴らす音に、耳を澄ましておくれ
恋の始まりを思い出せるように、ファリロから来た可愛い娘よ
（ハーフヴァースはA－B－B－Aの型で繰り返す）

好きになった女への接し方という点で、「ペテンの上手い女」と「ファリリョティッサ」はまるで違うが、だからと言って、後者は俗流レベティコだ、と結論付けることはできない。こうした純粋主義の生産的ではない見方とは反対に、ここで示したような数々の展開こそが、レベティコが音楽的に豊かになっていく局面だった、と解釈しなければならない。これはすなわち多くの点から見て、こんにち知られるレベティコの完成形へと、ようやく繋がる混淆的な様式《シンクレティズム》になったということであり、この様式におびただしい創造力が結集することによって、レベティコ

は最初の開花期が導かれたのである。こうした開花期は一九三〇年代半ばごろだったと言える。ここで中心的役割を果たしたのが、オデオン社の音楽ディレクター、スピロス・ペリステリスだった。かれは多方面にわたる音楽的才能の持ち主で、レベティコで用いられる大多数の楽器を弾きこなし、自分の歌のレコードを数多く制作したばかりか、ギターで伴奏したり第二の声部を加えたりするなど、編曲にも幅広い領域で精力的に関わった人物だった。

だがその混淆様式は同時にスミルネイコの不振に繋がり、後者は一九三〇年代後半には後退した。なかでも目に付くのが、「アマネス」(amanes)という音楽形式——トルコ語で「ガゼル」(gazel)——の人気が落ちたことだ。アマネスというのは部分的に即興を含むソロの歌で、歌詞は一五音節のヴァースを二つ組み合わせるのが基本だ[147ページ以降を参照]。なによりもその形式は一般に「東方的」と見なされる音楽の特徴で、アマネスはスミルネイコの曲目には欠かせない要素だった。一九三〇年代の半ばまでに数多くの録音がされ、コンスタンディノス・ヌロス、アンドニス・ダルガス、ロザ・エスケナジ、リタ・アバヅィ、マリカ・カナロプルなど、男女の歌手たちによるアマネスの真の傑作がそこに含まれる。こうしたレコード制作がいきなり後退したのだ。これは第一に需要が減ったことに起因する。なぜなら当時はまだ、[スミルネイコを悪しき東方のものと見なす]イデオロギーを動機としたいかなるかたちの制約もなく、レコード産業への検閲もなかったからだ。

こうした制約がようやく課せられるようになったのは、メタクサス独裁が発足[一九三六年]して一年後のことで、有効な音楽的基準がなかったので、歌詞——アマネスはその領域ではまったく「いかがわしくなかった」——がもっぱら制約の対象となったのだが、これはいずれにせよ大した効果を発揮できなかった。検閲が始められたのちも、疑いの余地なく「うさんくさい」歌詞、すなわち下層社会の活動、ハシッシュの吸引などを題材にした歌詞の歌が、録音されつづけていたというのが事実である。このような事実からは、ある曲の録音が許可されるかいなかは、だれが見ても明らかな基準というよりは、おそらくは検閲を所管する部局への「コネ」に、左右されたのではないかという問いが当然生じてくる。ただしそうした関係で言えば検閲の開始後に、レベティコの主役たちのなかにしばらくのあいだ、アテネからテッサロニキに移っていた者もいた、ということに触れておかなければならない。テッサロニキのほうが検閲条件の運用がはるかに緩やかだったらしい。「第三ヘレニズム文明」「メタクサスが掲げたスローガン」という、ファシズムのイデオロギーによって、なるほどメタクサス体制は、東方という外国の文化が現われている、と自分たちが間違って見なした遺産に、これにとって不利になるような社会的環境をもたらした。だがその検閲は「スミルネイコ」にたいして、政府が当初意図した働きをしたというよりも、かえってそれを助長する働きをしたのである［当時の政府はレベティコ全般を一緒くたにして閉め出そうとした］。なにしろ独裁体制はそれ［狭い意味でのスミルネイコ］を除けば、ギリシャの音楽文化の領域で意志を貫徹することが、明らかにできなかったのである。この時期に大衆の好みはその根底から様変わりしていた［メタクサス政権樹立の半年以上もまえから、アマネスは録音されなくなっていた一方で、次章のレベティコ「第二世代」が進出してきた］。

第二世代——一九三六年／一九三七年のヴァシリス・ツィツァニス

ヴァシリス・ツィツァニス【図14】が最初に録音した、「かれらはテケスに押し寄せる」という一九三六年の歌は、内容からすれば検閲の犠牲になってもおかしくない歌の一つだった。あとで名声を得ることになる作曲家は、興味深いことにその作者だったことを否定しているが、この作品でまさに事細かく描かれているのは、「テケス」でのハシッシュの吸引である。ツィツァニスはやがて第二次世界大戦後、レベティコばかりか「ライコ」でも傑出した人物になるが、一九三〇年代後半にギリシャ音楽の舞台に躍り出てきた、新世代のブズキ奏者の代表だったとも見なせる。こうした世代の出身となった環境はかならずしも、「レベトコズモス」が生活していたとされる、社

図 14　ヴァシリス・ツィツァニス。

会の周辺集団のそれとは同じではない。たとえばツィツァニスなどはトリカラの靴屋の息子で、元々は法律を学ぶためにアテネに出てきた人物である。

ツィツァニス以外には、アポストロス・ハヅィフリストス、イオアニス・パパイオアヌ、ディミトリス・ゴンゴス・「バヤンデラス」、ミハリス・イェニツァリスの名前が挙げられるが、これらの「若手」が果たした主要な功績は、下層社会への指向が強かった文脈から、レベティコを解き放ったことにある。たしかに歌詞の題材をそうした文脈から選ぶやり方——検閲局があったにもかかわらず——は、完全に消えることがついになかったが、これまで以上に幅広い領域の題材に席を譲って、たいていは満たされない愛をめぐる多様な歌が、かなりの部分を占めるような傾向になった。これと平行して音楽技術にも変化が生じ、歌の部分にしばしば第二の声部を加えたり、ギターの伴奏でそうすることが一般的だが、西ヨーロッパの和声学の規則に基づいて、組織的な調和音を加えることが多くなったりした。「アルホンディッサ［上品ぶった女］」という短調のハサピコス（一九三九年）はその一例で、この歌の大ヒットはレコード市場でのツィツァニスの躍進を印象付けた。なのでその歌詞を引いて、マルコスの最初の録音とは、様式の点でも内容の点でも、対照的になっている様子を説明してみよう。

Κουράστηκα για να σε αποκτήσω – αρχόντισσα μου, μάγισσα τρελή
Σαν θαλασσοδερμένος μες στο κύμα – παρηγοριά ζητούσα, ο δόλιος, στη ζωή

Πόσες καρδούλες έχουν μαραζώσει – και ξέχασαν για πάντα την ζωή
Μπροστά στ' αρχοντικά σου τα στολίδια – σκλαβώθηκαν για σένα ξένοι και Ρωμιοί

Αρχόντισσα τα μαγικά σου μάτια – τα ζήλεψα, τα έκλαψα πολύ
Φαντάστηκα, σκεφτόμουνα παλάτια – μα συ μου γέμισες μαρτύρια την ζωή

おれは力尽きてしまった、おまえをものにするために、おれの上品ぶった女《アルホンディッサ》よ、狂った魔女よ
難破して波間を漂う者のように、おれは人生に惨めな慰めを探し求めた

なんと多くの男が心を打ち砕かれ、生きることを永遠に忘れてしまったか
おまえの気高い美しさを目のまえにして、外国人もギリシャ人《ロミイ》［ギリシャ人はビザンティン時代から、「ローマ人」すなわち「ロミイ」とも自称した］も、おまえの奴隷になってしまった

上品ぶった女よ、おまえの魔力ある眼差しに、おれは恋い焦がれて泣いた
おれが夢見たのは宮殿だったが、おまえはおれの人生を苦しみで満たした

この歌にはっきり現われているレベティコの新しい形式を、同時代の人々は洗練したものとして受け止めた。人気があったのにいかがわしさがいまだに拭えない、従来の形式のレベティコと比べると、これまで以上に幅広い聴衆が馴染めるものだった。およそヴァシリス・ツィツァニスが、レベティコから「ライコ」への移行と、結び付けられるのも当然である。ただし注意しておかなければならないのは、この移行はツィツァニス個人の創作の方向付けではなかったことだ。これは「第二世代」がこぞって関わった、多くの者たちによる潮流だったのである。

生存をかけた戦い――一九四〇年から一九四九年までの戦争と占領と内戦

二〇世紀のギリシャ政治史において第二次世界大戦は、一九二二年の小アジアでの大災厄に次ぐ第二の大転換点だった。戦争と［枢軸国側による］占領とそれに続く内戦は、ギリシャの音楽風景にももちろん、広範囲にわたる影響を及ぼした。

一連の悲劇的な戦いは、ファシズム政権のイタリアが一九四〇年一〇月二八日に、軍事的にははるかに劣るギリシャを攻撃したことで始まった。だが予想とは裏腹にギリシャ軍は、絶望的なまでに旧式の軍備にもかかわらず、海外からのろくな支援もなしに、イタリアからの攻撃をイピロスの山岳地帯で食い止めたばかりか、一九四〇年からその翌年にかけての冬には、南アルバニアに反撃することにも成功した。ギリシャの勝利には局地的な戦争の舞台という以上の次元があった。なぜならそれは枢軸国側の軍が、第二次大戦で初めて味わった深刻な敗北だったからだ。この時期のギリシャはそれどころか、ファシスト陣営による世界制覇の計画に抵抗した、ヨーロッパ大陸で唯一の国だったのである。かれらの軍事計画にとってその敗北は中期的な視点では、これからソ連への進撃が控えているというのに、戦略的に注意を要する「脆弱な」南東ヨーロッパ方面で、第二戦線の一部が危険になったということを意味した［当時は独ソ間の戦争は始まっておらず、第一戦線すなわち独ソ間の戦線も、さらにはそれ以外の第二戦線もなかったが、後世から振り返ってみると、このような戦況だったと言える］。こうした見通しのもとにドイツは一九四一年の春、バルカン半島にいた同盟国のイタリア軍を支援し、戦況を「一掃する」こととなった。ユーゴスラヴィア軍を攻撃したのち、ドイツ国防軍が一九四一年四月にギリシャに進軍すると、消耗していたギリシャ軍はもはや抗戦できなかった。同盟国のイギリスが一応の支援はしたものの、ギリシャの防戦は短期間で潰えた。国王と政府と一部の軍はイギリスの助けでエジプトに亡命した。こののちギリシャ国内で始まったのは、市民にたいする搾取と抑圧、数多くの戦争犯罪の際立った過酷な占領期だった。占領は一九四四年終わりのドイツ軍撤退まで続いたが、このあとまた新たな紛争が生じることになった。国民的な抵抗運動に加わった共産主義者を主とするパルティザンと、イギリスによってギリシャに戻された国王およびその側近とのあいだの紛争［内戦］である。国王側は四年近く亡命したのち、自分たちこそ国家の正当な政府だと主張した。こうした考えに反対がなかったわけではないが、なんと言ってもそれには大きな利点があった。ソ連側に付くよりもはるかに強力な支援をイギリスから、さらにそののちにはアメリカからも受けられたのである。戦後に起こった最初の主導権争いで、西側陣営は一九四九年に最終的勝利を収めたが、それは血塗れの内戦を経たのちのことだった。犠牲者の数は占領期のそれを上回り、このときの対立はギリシャの政治文化に、その後何十年にもわたって悪影響を及ぼした。

　ここでスケッチした悲劇的な十年はしかし、ギリシャ音楽とレベティコの展開にどう影響したのか？　第一に書いておかなければならないのは、イタリアからの攻撃からドイツによる占領にいたるまでの短期間に（一九四〇年一一月から一九四一年四月まで）、目のまえで起きている出来事に直接関係するレベティコの歌が、相当数作られたということである。これらの歌はしばしば以前のヒット曲を用い、歌詞を目下の状況に応じて書き換え、国民が戦争に向ける士気を、明らかに鼓舞する目的で作られたものだった。ムッソリーニをからかった歌「ベニート」はその一例である。これはスピロス・ペリステリスが作曲して、マルコス・ヴァンヴァカリスが歌った、ニアヴェンド旋法のハサピコスであり、当時有名だったスペインの歌「アントニオ・ヴァルガス・エレディア」［スペインとドイツが共同制作した一九三八年の映画『トリアナの娘、カルメン』の挿入歌］をもじってヒットした戯れ歌、「アンドニス、船乗り《ヴァルカリス》でならず者《セレティス》」を替え歌にしたものだ。[34]替え歌の歌詞は以下の通り。

Ο Μπενίτο κάποια νύχτα ζαλισμένος – είδε όνειρο ο καημένος
πως βρισκόταν στην Αθήνα σε μια φίνα λιμουζίνα

Μα σαν ξύπνησε και ρίχνει ένα βλέμμα – είπε "κρίμα να 'ναι ψέμα
Ένα τέτοιο μεγαλείο, βρε παιδιά, δεν είναι αστείο"

"Φέρτε πένα" διατάζει "και μελάνι" – τηλεγράφο μας κάνει
μα του λέμε εν τω άμα "αν βαστάς κάνε το θαύμα"

Δεν περάσανε παρά ολίγες μέρες – κι οι θαυματουργές μας σφαίρες
Το τσαρούχι κι η αρβύλα κάναν στο Μπενίτο νίλα

Βρε Μπενίτο μη θαρρείς για μακαρόνια – τα ελληνικά κανόνια
Τα 'χουν χέρια δοξασμένα, παλληκάρια αγριεμένα

ある夜のことベニートは寝ぼけながら、アテネで立派なリムジンに乗ってる夢を見た
だけど目が覚めて周囲を眺めると宣《のたま》った、「あれが現実ではないとは残念、わしはすごい夢を見たのだぞ、たいしたものだったぞ、諸君」

かれは「ペンとインクを持ってこい」と命じ、おれたちに電報を送って寄こしてきたが、おれたちはさっさと言い返す、「奇跡が起こせるならやってみろ」［メタクサスがムッソリーニからの最終通告を拒否したことを踏まえている］

たった数日で、おれたちは、奇跡を起こす砲弾、ツァルヒ（ギリシャ陸軍の歩兵部隊の親衛隊が履いていた伝統的な靴）と［近代的な］軍靴で、ベニートをやっつけた

ベニートよ、ギリシャの大砲は、マカロニなんかじゃない、大砲を操作してるのは、誉れ高き手、怒り狂った男たちだ

（各詩節で二番目ののハーフヴァースを繰り返す）

歌詞を書き換えるという現象は、レベティコがギリシャの既存の音楽文化に、浸透していたことを示すもう一つの証拠で、この歌のジャンルを受け入れる許容力が、以前よりも社会に広がっていたことは注目に値する。だがこうした戦闘の直後に始まった占領は、ギリシャのレコード生産を完全に崩壊させ、これがようやく再開したのは一九四六年のことだった。この間にレベティコが辿った展開の相について、確かな記述をすることは、このように長期にわたった中断のせいできわめて困難だが、さまざまな展開があったことは明白である。このことは一九四六年以降と戦前の録音を聴いて様式を比べてみるだけで分かる。当然のことながら音楽家たちは占領中のあいだも、第一に、レコード生産はいつかまた再開するだろう、という結果的には正しかった見込みから、第二に、日々の需

要に応えようとして、新しい歌を書くということを止めなかったのだ。占領がもたらした市民の苦しみ――このような関係では、一九四一年からその翌年にかけての冬に、アテネでひどい数の餓死者が出たことを、指摘しておかなければならない――にもかかわらず、あるいはまさにそれゆえに、娯楽への要望は大きかったし、タヴェルナやその他の飲食店を訪れる客も多かったのである。かくして音楽家が他の職業と比べれば、ぎりぎりでも生計がまだ立てられるということは珍しくなく、おもに闇市場の悪徳商人や占領部隊の関係者のまえで演奏するときは、ことのほか実入りが良かったのである。さまざまな自伝にはそうした指摘が数多くある。占領する側の兵士がそうした機会に、あからさまに自分たちを攻撃する歌を、歌詞の意味も分からずに楽しんでいたという光景には、ちょっとした辛辣な皮肉もないわけではない。なかでも占領期のレベティコの歌でおそらく最も有名なのが、ミハリス・イェニツァリスの「サルタドロス［トラック強盗］」である。これはヒヅャス旋法のゼイベキコである。

Ζηλεύουνε, δε θέλουνε ντυμένο να με δούνε
μπατίρη θέλουν να με δουν για να 'φχαριστηθούνε
*Θα σαλτάρω – θα σαλτάρω, την ρεζέρβα να τους πάρω

Μα εγώ πάντα βολεύομαι γιατί τηνέ σαλτάρω
σε κανα αμάξι Γερμανού και πάντα την ρεφάρω
ρεφραίν *

Οι Γερμανοί μας κυνηγούν μα εμείς δεν τους ακούμε

εμείς θα την σαλτάρουμε όσπου να σκοτωθούμε
ρεφραίν *

おれの身なりがいかしてるのが、あいつらは羨ましいので気に入らない、おれのみじめな様子を見れば、満足するだろうがそうはいかない
*おれは（トラックを）襲《サ・サルタロ》って襲《サ・サルタロ》って、タンクからくすねてやる
だけどいつでも上手くやってみせる、なぜならドイツの車を襲ったあとは、おれはいつでも上手く売りさばけるから
リフレイン*

ドイツ兵がおれたちを追いかけてくるが、おれたちは言うことを聞かない、おれたちは殺されるまで襲ってやる
リフレイン*

この時期の歌によくあったように、「サルタドロス」も作曲当時は［ギリシャでは］録音されず、一九七四年後にようやくレコードに録音されたので、この録音当時の演奏方法のせいで（たとえばリズムを刻むのにドラムを用い、アンプで楽器の音を増幅させた）、元々の歌の不正確な様子しか伝えていない。だがこの歌はそれ以前にアメリカで録音されたものがあり、早ければ一九四〇年代だろうが遅くとも一九五〇年代前半の録音は、元々の形式

に近いと言ってよいだろう。［アメリカに移住していた］ヨルゴス・カツァロスが録音した、「サルタドリ」という題名のもので［複数形になっている］、歌詞には前述のものとの興味深い違いがいくつかある。こちらのほうには、「ドイツ兵がおれたちを追いかけてくる……」というヴァースがなく、第1詩節が次のようになっている。

Δεν την φοβάμαι την στενή, το ξύλο, την κουμπούρα
κείνη που φοβήθηκα ειν' η Κουμαντατούρα
σαν περνούν οι Γερμανοί, περνάνε μ' όλο φόρτσα
σκάω στ' αυτοκίνητο και τους τα κλέβω όλα

刑務所も殴打も棍棒も怖くないが、司令部だけはおれだって怖い
ドイツ兵が全速力で通り過ぎたら、おれは車を襲って一切合切盗んでやる

第2詩節と第3詩節のリフレインはこうなっている。

Θα σαλτάρω – θα σαλτάρω και την τσίκα θα φουμάρω

おれは襲って襲って、ツィカを喫ってやる

司令部［レジスタンスが拷問された］への恐怖心を強調してみたり、ツィカ［ハシッシュのスラング］を喫うこと

に触れたりと、こちらは英雄像としてはいささか弱々しいが、このことは翻って次のような問いを投げかける。この歌の歌詞はことによると一九七四年後のギリシャで［一九六七年から続いていた軍事政権が、この年に終わった］、英雄像を強める方向で書き変えられたのではないか？　アメリカにいたカツァロスが［占領期に作られた］元歌とは違う歌詞を、自分で付け加えなければならない理由は、かれにはなかったのではないか？

最盛期——第三世代

一九四六年以降に録音されるようになった歌の多くは、占領期に作られたり知られたりしたものだった。このことはヴァシリス・ツィツァニスの曲にとくに当てはまり、かれの作品は活気を取り戻しはじめたギリシャのレコード市場を決定付け、レベティコが次に展開していくうえでその特徴となるものだった。当時確立されつつあった「ツィツァニス」様式の勢いは、音楽の内容だけによるものでなく、ある程度まではその作品数によるものでもあった。一九四六年に録音されたレベティコの相当部分がツィツァニスの作で、当時のかれは再開された検閲局ともとくに良好な関係にあった。この時期の経歴については明らかに口を閉ざそうとしたせいで[35]、かれはいずれにせよ厄介な噂の余地を後年まで残してしまった。ツィツァニスはレコード産業内で一種の独占的地位にありつこうとしたという噂だ。こんにちの観点からすれば大した意義はないので、本書ではその内容に立ち入らないことにする。ツィツァニスはそうした行動の取れる立場にあった、という可能性は完全には排除することができないし、かれを妬む人たちがいたこともまた否定できない。ここから明らかになることとは要するに、レベティコの展開はそれが音楽産業に発見されてからは、競争や盗作の歴史でもあったということである。おそらくはそれがどれほどの規模だったかは推測できないし、結局はそんなに問題にしても仕方がないのである。

図 15　ヴィジィフィエス地区（ピレウス）にあった飲食店「カラマティアノス」で、1949 年に撮影された大編成の楽団。レベティコの傑出した代表者が一堂に会し、これほどの人数が 1 枚の写真に収められたのは希有だという点で、この写真は珍しい。左下から右上の順に、キロミティス、ハヅィフリストス、ミツァキス、パパイオアヌ、マグニサリス、ペリステリス、アルギリス・ヴァンヴァカリス［マルコスの弟］、マルコス・ヴァンヴァカリス、ポトシディス、ルクナス、マニサリス、カシマティス。この楽団ではツィツァニスも演奏した。ここに写っている人物のほとんどは「第三世代」ではないが、かくも巨大で多様な音楽の潜在力が結集したことで、1940 年代の終わりに生まれた力強い動きを、この写真はとても象徴的に表わしていると言える。

こうした問題を別にしてもツィツァニスの一九四六年と一九四七年の歌は、これらの歌を生み出した者の音楽の頂点へと至る始まりだったばかりか、レベティコが音楽ジャンルとして最盛期を迎える始まりの画期を成すものでもあった。時代区分を画定しようとする似たような試みに、不可避的に付きまとう曖昧さは免れないものの、この最盛期は一九四七年から一九五五年まで続いたと言える。ツィツァニスは傑出した音楽家として最盛期に大きく関わったが、この最盛期の作品はかれだけの作品に尽きるわけではない。当時は逆に戦前からすでに知られていた音楽家もいたし、これからレベティコを代表していく多くの優れた若手も登場した。こうした状況こそが最盛期の重要な前提条件の一つだった。かくて若手はレベティコの「第三世代」を形成することになる。かれらはみなレコード制作の場でも普段の演奏の場「パルコ」でも、たえず音楽家として行き来して演奏するような間柄だった。この「パルコ」という言葉は元々は、小編成の楽団すなわち「コンパニア」と呼ばれた「バンド」が、夜の演奏のさい上がった小さなステージを意味するが、音楽家が飲食店で行なう仕事の言い換えとしても用いられる。作曲家でブズキ奏者だった者として「第三世代」に数えられるのは、マノリス・ヒョティス、ヨルゴス・ミツァキス、アポストロス・カルダラス、ステリオス・フリシニス、ディミトリス・ステルギウ（ニックネームは「ベビス」）、イオアニス・タタソプロスである。さらに歌手としては、プロドロモス・ツァウサキス、サナシス・エヴゲニコス、スタヴロス・ヴァアナコス、ソティリア・ベル、マリカ・ニヌ、イオアナ・イェオルガコプル、ステラ・ハスキル、アナ・フリサフィがいる。これでも有名な音楽家のうちでわずかな名前を挙げただけだ。なかでも女性歌手の働きは特筆すべきことで、戦前のレベティコは女性の存在感が小さかった――ちなみにそれはスミルネイコ様式との違いを示すもう一つの点で、スミルネイコでは以前から女性歌手の存在感が大きかった。

あれこれの歌を個別に紹介することによって、この時期の代表作を大雑把に紹介してみたところで、あってはならない暴挙になるのが落ちである。なぜなら全体像を歪める単純化になるのは必至だからだ。こうした文脈でそれにもかかわらず、ツィツァニスの「曇り空の日曜日」を取り上げるのは、この歌が途方もない大ヒットになったからで、歌はツィツァニスとレベティコのまさに「商標《トレードマーク》」となった。これは長調のゼイベキコで、プロドロモス・ツァウサキスを歌手にして、一九四八年に初めて録音され、数え切れないほどの録音があとに続いた。歌詞は次の通りだ。

Συννεφιασμένη Κυριακή – μοιάζεις με την καρδιά μου
που έχει πάντα συννεφιά – Χριστέ και Παναγιά μου

Είσαι μια μέρα σαν κι αυτή – πού 'χασα την χαρά μου
Συννεφιασμένη Κυριακή – ματώνεις την καρδιά μου

Όταν σε βλέπω βροχερή – στιγμή δεν ησυχάζω
Μαύρη μου κάνεις την ζωή – και βαριαναστενάζω

曇り空の日曜日、おまえはおれの心みたいだ
たえず曇っているおれの心、キリスト、生神女《パナヤ》様［マリアのこと］
おまえはおれが生きる喜びを失った日みたいだ
曇り空の日曜日、おまえはおれの心を傷付ける

おまえが雨で台なしになるのを見ると、おれは片時も心が休まらない
おまえはおれを参らせ、おれは重い溜め息を吐く
（第二ハーフヴァース前半の最後の四音節を繰り返して、さらにまた同じように第二ハーフヴァースを繰り返す）

「曇り空の日曜日」こそギリシャの国歌にしなければならない、と大真面目にも冗談交じりにも断言することが、こんにちの決まり文句にもなっている。さらに加えてギリシャでは、この歌の原作者、音楽上の手本、歌詞の背景をめぐって、数年前から活発な議論があって、この歌の重要性をかえって裏付けている。ツィツァニス自身は、書いた年と場所は一九四三年のテッサロニキで、大量の人々の苦しみとドイツ占領軍によるユダヤ人の移送に想を得た、と主張している。かれは作曲にあたって音楽上の手本はなかったとも主張している。ただしたとえばビザンティン聖歌、「アカシスト賛歌《アカシストス・イムノス》［着座せずに歌う賛歌］」の「無敵の軍を率いるご婦人に《テイ・イペルマホ・ストラティゴ》［マリアのこと］」に、手本の一つが見られるのではないかと考えられている。(36) ツィツァニスが歌詞の原作者だったのかということについても、さまざまな疑いの目が向けられていて、この場合は戦時中から広まっていたやり方、さきの場所でもすでに述べたように、音楽家が他人に歌詞を書いてもらう、あるいは出来あがっている歌詞を買う、歌詞を剽窃するというやり方が、指摘されるのももっともである。これは具体的に言うと、ツィツァニスは、アレコス・グヴェリスという人物から、歌詞を借用したのだという指摘である。(37) グヴェリスはラリッサのサッカー・チームのファンで、チームが一九四八年のある日曜に負けたことが、歌詞を書く着想になったのだという。この説明は次のような説得力ある主張によって支持されている。ツィツァニスが「曇り空の日曜日」をすでに一九四三年に書いていて、かれの言う通

りそれが自分にとって本当に大切な歌だったのなら、かれはなぜレコード産業が再開した二年後の一九四八年まで録音を待っていたのか？　かれはレコード産業に大きなコネがあったではないか？　戦後すぐ録音した歌のなかの一つとして、こうした歌を録音していたとしても、おかしくなかったのではないのか？　「曇り空の日曜日」をめぐる現在も続く議論を、本書では以上のようにスケッチするだけにとどめ、これ以上膨らませることは控える。これらの問いはいずれにせよその歌の作用史や音楽の良し悪しにとっては些末である。

あらためて強調しておくと「曇り空の日曜日」であれ同時期の他の歌であれ、たった一曲の歌にレベティコ最盛期のすべてを代表させるのは無理である。あまたの点で最高だとされる作品をもたらした、かくも多くの音楽家が共同してなしとげた成果が、レベティコの最盛期だったのであり、これが二〇世紀のギリシャ音楽を生み出したのだ。

こうした文脈で「ギリシャ音楽」と言ったのには特別の意味がある。なぜならそれこそが、一九四〇年代の後半から始まった、レベティコから「民衆の」歌「ライコ」(laiko) へといたる、中心的な変化の過程を理解するためのキーワードだからだ。この過程は政治的な出来事によってもたらされた部分もある。あの二〇年前に起きた小アジアでの大災厄とは比較にならないほど、人々が共通して体験した災厄であるとともに、人々がその意味で国民的に体験した災厄でもあった占領期と、この占領によってもたらされた大量の人々の苦しみこそが、レベティコが展開していくのを促す働きをしたのだ。レベティコはつまり大半の人々が感情を表現する力をそなえた音楽形式となった。戦前のレベティコはその内容から、社会の周辺に縛り付けられていたが、こんどはその内容が部分的な理由となって、レベティコを逆に国民的な音楽形式にしたのである。こういう発言をツィツァニスはしている(38)。

占領期は「民衆《ライコ》の」歌 (laiko tragoudi) を最も突き動かした時期である……わたしの経歴と「民衆の」音楽を形

成したのは占領期だ……要するに占領期こそが「民衆の」歌の核心なのさ。

この発言は時期をもっと広げて内戦にも当てはめなければならない。なぜなら内戦の期間もヒットしたということは、レベティコが人々の苦しみを表現するものとして、あらゆる政治的立場の人々の心に訴えたということだからだ。こともあろうに内戦期のギリシャという、政治的にひどく分断された時期に、あらゆる人々から歓迎されるような、あるいは少なくとも多くの人々から歓迎されるような、共通の音楽文化のための端緒が開かれたのである。このことを「傷付いた男」という歌を例にして説明してみよう。歌詞ではまったく言及されていないが、大ヒットした理由は政治的な出来事に直結している――おそらくはその点に「レベティコ固有のもの」があるかもしれない。これはツィツァニスが作曲し、内戦の終わった一九四九年に録音された、ヒヅャス旋法とヒヅャスキャル旋法のゼイベキコで、ステラ・ハスキルが歌った。

Πέφτουν οι σφαίρες σαν το χαλάζι κι ακουμπισμένος σ' ένα δεντρί
Ο τραυματίας αναστενάζει και την μανούλα του ζητάει για να δει

Κι η νοσοκόμα, μόλις ακούει το παλληκάρι να την καλεί
Τρέχει κοντά του, τον αγκαλιάζει και σαν μανούλα τού δένει την πληγή

Γλυκοξυπνάει και γύρω βλέπει κι άλλους λεβέντες στον θάλαμο
Χαμογελάει, μα και δακρύζει κι η νοσοκόμα τού γλυκαίνει τον καημό

Γλυκειά κοπέλα, πως θα μπορέσω από κοντά σου να χωριστώ
Κι αυτή του λέει – δε θα σ' αφήσω κι εγώ σ' αγάπη σα και θα σε παντρευτώ

弾丸が雨あられと降ってくる、傷付いた男が木にもたれて、呻くような声で母親を呼んでいる
看護婦は自分を呼ぶ声を耳にし、かれのもとに駆けつけて抱きしめ、さながら母親のように傷に包帯をしてやる
かれが優しい目覚めを迎えて、周囲を眺めると大病室には戦友もいる、かれは微笑むとともに涙する、かれの痛みを看護婦は優しく和らげる
優しい娘さん、あなたと離ればなれになるのを、おれはどう耐えられるだろう？　――看護婦はかれに言う――あなたからは離れません、わたしもあなたに恋をしたの、だからあなたと結婚します
（最初と最後の詩節では二番目のヴァースを繰り返す）

この歌で歌われたのはもちろん、枢軸国相手に八年前に始まった防衛戦ではなく、当時終わりつつあった内戦で傷付いた者たちだ。ここで描かれている小さな物語は確かに現実離れしていて、おそらくはちょっとした嘘も含まれているだろうが、内戦の当事者にどのような感情を抱かせようと狙った物語なのか、なんとなくだが窺い知ること

はできるだろう。ツィツァニスが軍への慰問プログラムの枠で一九四九年、戦傷者たちをまえにしてよく演奏した歌でもあったが、重傷者が歌に合わせて踊ろうとして亡くなるという例が跡を絶たず、この歌はもう二度と演奏しないでくれとツィツァニスは頼まれた。

このような心を揺さぶる例が示しているのは、一九四〇年代の政治のもたらした悲劇と、レベティコならびにそこから次第に姿を現わした「ライコ」が、多くの人たちのあいだに獲得した意味との関係である。この音楽はつまりある世代全体の音楽となったのだ。

このことがとりわけ当てはまる場所はまずは、レベティコが生まれた元々の社会空間だった都市である。この時期にその名称が定着した音楽酒場の「ブズキ酒場《ブズキャ》」と言えば、なんと言ってもレベティコの第一人者たちのいたアテネであり、生活条件ゆえに伝統的な音楽形式からは離れられなかった地方ではない。だがその地方が経済的にも社会的にも文化的にも、自立性を失いはじめていくのに呼応して、都市がその重要性を増していった一方で、以前であれば都市だけに限定されていた発展が、ギリシャ社会全体を引っ張っていくような機能を帯びていった。

ギリシャにおける地方の没落は、占領期や内戦とともに始まって、長期にわたって続いた過程だった。戦争が招いたさまざまな出来事は、伝統経済に支えられていた生活基盤をあらゆる地域から奪い、都市や海外への人口流出の第一波を引き起こした。経済的には漁業と貿易に依存していたエーゲ海の島々が、戦争によって収入源を絶たれてしまったことは、こうした原因によってもたらされたことの一例である。内戦の舞台となった本土側の地域も相当の被害を受けた。内戦が終結してから数年後には大量の離村がついに始まり、このためとくにアテネとテッサロニキのイメージは、あとあとまで爪痕が残るほど変わって、ギリシャの人口分布図にこんにちまで続く影響を及ぼした。こうした社会的な大変動は当然のことながら、音楽の展開にも影響しないわけはなかった。レベティコから徐々に姿を現わしてきた「ライコ」は、地方との関係を断って都市にやって来た人たちの文化的要求に応えて、新たな社会状況にたいする回答をもたらすこととなった。なぜなら「ライコ」はそこで共通の音楽基盤としての役割を果たし、言葉の本来的な意味でギリシャの「民衆の」歌となったからだ。たしかにそれと同時に歌の形式は変化することとなったが、このことについては本書のあとのほうで説明したい。これは「ライコ」という概念が実際は、伝統音楽ないしは「民族音楽《フォークミュージック》」を指すのに用いる、「ディモティコ」（dimotiko）という古めかしい形容詞と比べて、言葉としてはるかに相応しいというだけの話ではない〔「ライコ」も「ディモティコ」も「人々の」という意味だが、前者には「大衆の」「民衆の」というニュアンスが加わる〕。この間に「ライコ」はその実態から言っても「ディモティコ」以上に、ギリシャ人すべての音楽だと主張できるようになっていった。「ディモティコ」は要するに多様性が甚だしく、各地域を代表する音楽にすぎなかったのである。およそ民族音楽を当時まで守ることを可能にしていた生命力を、明らかに示す証拠だったのがその多様性だったのだが、ギリシャの国民的アイデンティティーを形成するために、民族音楽《フォークミュージック》をその手段として利用しようとする、言い換えれば「フォークロア化」しようとする試みは、一九世紀の建国のときからすでになされてきた〔ここでの「フォークロア」とは知識を媒介にして獲得される〕。ギリシャ建国時当初の国土に合わせて、本土側（ギリシャ中部とペロポネソス半島）の音楽がとくにそうされ、この地域の伝統的な衣服が「国民的衣装」に昇格したのと同様に、当地の音楽がこうして「国民音楽《ナショナル・ミュージック》」だと明言された。こんにちの言い方で「民謡《ディモティコ・トラグディ》」（dimotiko tragoudi）と呼ばれる概念に内在する曖昧さは、このような容認しがたい絶対化に原因があると言ってよい。「民謡《ディモティコ・トラグディ》」とは本来ならギリシャの「民謡《フォークソング》」を意味するはずなのに、実際は本土側の音楽だけにもっぱら結び付けられ、たとえば島嶼部のような他の地域は排除されて、これらの地域の音楽はもちろん別の呼び方がされている〔「ニシオティコ」「島嶼部の音楽」など〕。

民族音楽《フォークミュージック》ではなく「民衆の」音楽《「フォークス」ミュージック》——「ライコ」

「ライコ」という現象にとって、戦争終結以降の新たな社会的な繋がりは、別の点でも重要だった。戦間期のギリシャにおけるレコード生産の展開から観察されるのは、当時のギリシャの音楽風景を構成していた聴き手は、多かれ少なかれ特殊な複数の集団だったということだ。なるほどその集団同士で交わることもできなくなかったが、かならずしもそうしなければならないわけでもなかった。「スミルネイコ」の音楽家がレベティコに前述のような反応をしたり［79ページ参照］、レベティコが「プラキョティコ」［92ページや206ページ参照］と結び付いたりすることもあったが、これは数ある様式の方向のうちの一つに関わることにすぎなかったし、伝統的な民族音楽のファンと西ヨーロッパ音楽の翻案のそれを合わせると、レコード市場の少なくとも三分の二ほどにはなったが、この聴衆とレベティコとは関係がまったくなかったことを思い出してほしい。

戦後の状況は以上とは異なる様相を呈している。なぜならいまやツィツァニスやパパイオアヌのような音楽家の歌が、以前とは比較にならないほど大集団の人々に届けられたばかりか、戦前は別々に存在していた聴衆にますます浸透していき、以前は分断されていたギリシャの音楽風景を一変させたからである。

こうした関係を物語る多くの点で興味深い資料が、イオアニス・パパイオアヌの自伝の一節にある。かれはその一節のなかで、自分もその一人に数えられる「ライコ」の音楽家と、西ヨーロッパの方向性の音楽家との敵対関係についても、きわめて具体的に述べている。かれは後者の音楽家についてこう書いている。(39)

これらの売女ども《ハムレス》（原文の「ハムレス」は英語の「ビッチ」に相当し、ここで相手の男らしさを疑っているのは重要な観点である）は、「民衆の」音楽（「ライコ」のこと）を演《や》ってるやつに我慢ならなかったんだ。あいつらはそういうやつを罵ってた。こういうヨーロッパの（原文は大文字）作曲家たちは、おれたちに我慢ならなかったんだ。おれたちがレコードを十枚売るところ、連中は一枚しか売れなかったんだからな。あいつらはおれたちを妬んで、昼も夜もおれたちに悪口を浴びせ、仕事を妨害してきやがった……。だけどだれがあいつらの言うことを聞いてた？　だれがあいつらのことに注目してた？　あとになるとレコード会社の人らも、あいつらのことをもう注目しなくなった。だって会社の人らもおまんまが食えたのは、おれたち「民衆の」音楽家と仕事してたからだ。人々（kosmos）が欲してたのは、自分たちでも理解でき、自分たちの心に訴える、「民衆の」歌だったのさ。民衆の心に訴えるのは、おれたちの歌だけなのさ。あんただって他の歌が聴けるのは、朝起きて糞しに行くまえがせいぜいだろ！　民謡（dimotiko）はもちろん例外だけどな、おれたちに言わせれば、あれはダイアモンドで純金さ。おれはそうしたヨーロッパの作曲家とはだれとも関わんなかった、あいつらがどんな木から彫られたか［どんな音楽教育を受けたか］知ってたからな……。このヨーロッパの作曲家どもが一番癪《しゃく》に思ったのは、あいつらが演奏してる酒場の客ですら、おれたちの歌をあいつらから聴きたがったってことさ。「ファリリョティッサ」「アルホンディッサ」、あるいはおれたちの他の歌を演奏しない、「軽音楽の楽団」お抱えの酒場なんてなかったが、おれたちのほうは連中の歌なんか演奏しなかった、だってそんな必要なかったからさ。おまけに人々（kosmos）もそんなの聴きたがらなかった。ブズキ酒場《ブズキャ》でだれが、タンゴやワルツなんか、リクエストしたっていうんだ？　そんなわけまったくないだろ！

「軽音楽の楽団」という言葉は「エラフロライコ」すなわち「軽い《エラフロ》」「民衆の《ライコ》」歌に関係し、西ヨーロッパの基準に合わせたポピュラー音楽の方向がそう呼ばれた。このように「軽い」という形容詞を使うことは、このことだけを取っても興味深い見方で、なぜならそれは「表面的な」「中味がない」という意味だからだ。これはけっしてパパイオアヌの作った言葉ではなく、だれでも分かる一般に広まっていた言い方だった。ここでパパイオアヌが言わば敵と戦っている代表者として、否定的な当てこすりをしているのにはもっともな理由があるが、説得力があるというわけではまったくない――かれ自身の発言から見て取れるのはそれとは逆に、「軽音楽の楽団」には間違いなくファンがいたということだ。こうした言い方が裏付けているのはしかし、西ヨーロッパの特徴がある音楽は、ポピュラー音楽の別の方向［レベティコやライコ］とは、明確に区別されたものとして受け取られたということだ。この違いをパパイオアヌは本質的なものとして受け止めている。なぜなら「ヨーロッパの作曲家」と「民衆の」音楽家を、かれは敵対する陣営に属する者として対置させているからだ。これらの「売女ども」をめぐるあまり好意的ではない発言には、地位をすでに確立していた音楽家にたいして、かつてその負け犬になっていた者の向ける、当然とも言える反感以上のものが表明されている。ここではつまり「ヨーロッパの」という概念が、なにか異質なものを意味したというだけでなく、「民衆の」という概念とは対立する内容をも指している。こうした理由からしてすでに「ヨーロッパの音楽」は、民衆の心に訴えることができず、便意を催すのに使われるのがやっとだったのだ。

このように「民衆」と「ヨーロッパ」という対立項を使うことで、パパイオアヌはあるイデオロギーの文脈のなかにいた。ギリシャの文化的アンデンティティーを定義するという問題と密接に関係した、かなり遠い昔にその起源があるイデオロギーである。あまたの点でその根拠がないにもかかわらず、ギリシャのヨーロッパへの帰属を過度に強調する見方は、「ヨーロッパ」はその本質からして「ギリシャ文化」とは異質で、それどころか敵対的ですらある文明モデルだ、とする見方とは真っ向から対立するものだった。本書の冒頭でもすでに触れた、こんにちでもアクチュアリティーを失っていない根本問題が、これら両方のものの見方に現われている。このうちどちらがギリシャ社会で優勢になるかは、政治の展開によってつねに左右されてきたが、本章で扱っている時期についてもそ

図 16　国民的英雄としてのレベティス、国民的楽器としてのブズキというのは、文字通り驚くべき出世ぶりである。左はマルコス・ヴァンヴァカリスで、右はヴァシリス・ツィツァニス。画面のしたのほうに書かれているのは、「フラゴシリアニ」（マルコス）、「曇り空の日曜日」（ツィツァニス）の歌詞の最初の一節。この絵はギリシャのナイーヴ・アートの画家、セミス・ツィロニスによる。

れが当てはまる。一九四〇年代の占領期と内戦は、多くの当事者にとっては、悲劇として解釈することが可能で、この悲劇ではギリシャの民衆が犠牲者で、「ヨーロッパ人」には加害者の役割が与えられた。ドイツ人やイタリア人のように、占領軍兵士の顔をしていようと、イギリス人やアメリカ人のように、支援国の者の顔をしていようと、違いはなかったのである。

パパイオアヌはその自伝のなかで、「おれたちの歌だけ」が民衆の心に訴えることができる、と主張していた。だがその直後にいかにもかれらしい訂正をして、民族音楽（dimotiko）を批判の対象からははっきりと除外している。民衆の魂に訴える独占権があるのは「ライコ」だけだ、と持ち上げるのは、たしかにそうなる兆しはすでにあったものの、言い過ぎになると思ったのだろう。ここでの「ライコ」という言葉が、この発言当時つねに意味していたのは（現在もなお意味しているが）、言葉の一般的な使い方においても、本書がそうしているのと同じように、間違いなく「レベティコ」に属す音楽だということを強調しておきたい。この点にこそパパイオアヌの発言のもつもう一つの特別な意味がある。「民衆」（laos）――「人々」（kosmos）ではない――は独立した概念として用いられ［laosという名詞を形容詞にして、さらに名詞化したのが「ライコ」（laiko）］、自分はその「民衆の」代表であるし、他の「民衆の」音楽家［民族音楽を演奏する音楽家］もそうだ、と思っているような節がパパイオアヌにはある。ここに現われている抽象化の度合いは、ある社会意識を指し示している。レベティコが成長を遂げて、元々の生地だった、下層の文化や社会の周辺といった環境からは離れ、結局はその環境とは相容れなくなった意識である。

「ヨーロッパの作曲家」と「民衆の」音楽家が争っている様子を述べるなかで、この争いがいつ起こったことなのか、パパイオアヌは時期を特定していない。だがそのなかの一節を見ると、ある展開の過程を指していることが分かる。「あとになるとレコード会社の人らも、あいつらのことをもう注目しなくなった」。おそらくは戦後のことを言っているのだろうが、レベティコがその戦後に躍進したことを示す別の証拠もある。

このことを最も端的に示す証拠となっているのが、「上品な」ないしは「品のある」レベティコ、「アルホンドレベティコ」と呼ばれる音楽の誕生である。一九四〇年代終わりから用いられるようになったこの概念には、たしかに曖昧な点もいくつかあるとは言え、落ち目になった「エラフロライコ」の代表者が、新しい時代の好みに合わせようとして書いた歌を一般に指す。[40] たとえばレヴューの有名女優、ソフィア・ヴェンボが歌った、短調のハサピコス「シガレット・ケース」、ミハリス・スユルが書いた、短調のゼイベキコ「市電の最終列車」が典型例に挙げられ、これらの歌はこんにちに至るまで、大きな人気を博している。「アルホンドレベティコ」という名称は、内容に関わる基準からそう呼ばれたというよりは、代表的な者たちの音楽的出自に基づくものであった。こうした名称を使うことによって、レベティコへの帰属を明示しようとすると同時に、質的な違いも暗示しようとしたのである。たしかにそれはもちろんひどく矛盾してはいるが、このように名付けようとした元々の意図は、一九三〇年代半ばの混淆様式《シンクレティズム》の音楽が、完全にはまだ知らなかったイデオロギーの二極化を、実は明るみに出していたのである。

一九四〇年代終わり以降のレベティコないしライコの社会的成功は、基本的には新しいメディアの普及によって促された。なかでも映画が果たした役割の意義は大きく、地位のすでに定まっていた音楽家に、自分たちの歌を広める機会をもたらした【図17】。かつてレコード録音を媒介にして可能になった規模をはるかに超える広がりである。こうした目的のために歌が映画の物語に組み込まれた。こんにちでもギリシャで、夕方のテレビ番組として飽きられもせずに放映されている、一九五〇年代のほとんどすべての白黒映画では、主人公たちがタヴェルナや他の音楽酒場に行くというのが、物語にお決まりの要素となっていた——ちなみにそれは全体の筋とはまったく関係なかった。たとえば作中で楽団長をしているツィツァニスやミツァキスというのが、映画で頻繁に見聞きできる音楽家で、パパイオアヌなどはいちど主役まで務め、「民衆の」音楽家——これ以外の役回りはありえない——をそこで演じている。

図 17　1956 年に撮られたコメディー映画の一場面。「民衆の」音楽家がひょんな理由から、威張っていて頑固な貴族たちからお城に招待され、かれらをもちろん音楽で正しく諫《いさ》めるというストーリー。貴族らがパーティーではしゃいで、ゼイベキコの踊り方を習うということで、大団円は最高潮に達する。左下がヨルゴス・ザベタス、右隣はアナ・フリサフィで、さらにその右は楽団長のヨルゴス・ミツァキス。

だがそうした映画で一九五〇年代に最多の出演記録をもつのがマノリス・ヒョティスだろう。かれはレベティコからライコへの展開とレベティコ展開史の終わりに決定的な影響を及ぼした。

豪華《ノーブル》なレベティコ

ヒョティスはレベティコの第三世代に属し、様式としては保守的とも言える数々の歌（たとえば「金なんかには目もくれないぞ」）で、一九四〇年代の終わりからすでに有名だった。だがやがてブズキの並外れた達人《ヴァーチュオーゾ》ぶりを発揮し、これが一九五〇年代の初めからその作曲の特徴となって、新しい様式の方向を際立たせることとなった。この様式は当初はゼイベキコ中心のレベティコ形式の枠に収まっていた。だがその細かいメロディーの付け方は従来の歌とは異なっていた。かつての歌は音楽の「パターン」すなわちメインの主題に基づきながらも、演奏者は好みと能力に応じてその主題を仕上げることができた。ヒョティスの新しい形式はそれとは違う演奏の仕方を要求し、当時の楽器の扱い方としては著しく高い技能を音楽家に求めたのだ。

ヒョティスが一九五〇年に作曲したウサク旋法のゼイベキコ、「粗末なブズキ」はその一例で、題名とは裏腹に「粗末」というどころの歌ではまったくない。この歌の録音事情を物語る逸話があるので、説明のためにそれを以下に挙げておこう。ヒョティスがその歌の最初のレコード録音をしたのは、アメリカ合衆国での比較的長いツアーの出発直前だった。かれがそうした録音の日程を組んだのは、この歌はヒットするだろうから、作品の権利をもっているレコード会社は、原盤用にもういちど録音するだろう、と見込んだからだというのが本人の弁である。かれが本当にそう見込んで行動したかはともかく、当の歌は大ヒットして最初の録音はすぐ売り切れになった。この曲を演奏できるブズキ奏者を探すということがレコード会社の問題になった。この曲を演目にしていたディミトリス・

ステルギウ（ニックネームは「ベビス」）に問い合わせが行った。だがそれは自分自身の作品ではないし、自分は他人の「拡声器」にはなりたくない、という理由でステルギウはレコード録音への参加を断った。イオアニス・タタソプロスなら演奏の準備ができるということがついに分かり、かれがスタヴロス・ヅゥアナコスを歌手にして演奏した録音は、最初のヒョティスによる録音をはるかに上回る売り上げをあげた。

ベビスもタタソプロスもいい加減に選ばれたブズキ奏者ではなく、ヒョティスやその他のほんの一握りの者たち、すなわちヨルゴス・スタマティウ（ニックネームは「スポロス」）、ハリス・レモノプロス、ヨルゴス・ツィビディスらとともに、この楽器が当時めぐり会えた最も傑出した達人だった。かならずしも作曲家や歌手ではもはやない、「デクシオテフネス」すなわち達人の登場も、一九五〇年代初めになって出てきた現象である。かつては楽器奏者と歌手の兼任（作曲家との兼任もしばしばあった）こそが、レベティコの特徴だったのに、一曲の歌に加わる音楽家の厳格な分業が、この間ますます見られるようになってきた。たとえばマルコス・ヴァンヴァカリスは自分の歌で、メロディー楽器（ブズキ）を演奏して歌も歌っていたが、これが新しい曲ではすでに技術的な理由から、あってはならない暴挙となったのである。歌詞を書くことに特化した人、ブズキの演奏に特化した人、歌うことに特化した人が、この間に登場したのはそれゆえ、当然の帰結だったように思われる。なかでも男性歌手や（この時期はとくに）女性歌手の独立は新しい現象で、従来の考え方とは矛盾するものだった。一九三〇年代に有名な「ピレウス四重奏団」で歌手を務めたストラトス・パユムヅィスは、楽器を演奏しなかったにもかかわらず、写真ではブズキをもった格好で写っている（図11を参照）。ステージに上がるには当時の他の歌手と同様、こういう格好をしなければならない、楽器がなければステージには上がれない、とパユムヅィスが思ったことがそうした格好をした理由だ（足を台に載せたヌロス［歌手］の写っている図7も参照）。このことは一人の人物が歌手と楽器奏者――なおかつそれは男である――を務めた、レベティコ初期の特殊な集団的文脈を示す証拠となっている一方で、これと

図 18　ツィツァニスとパパイオアヌが「フィルマ」として、一緒にステージに並んでいる。1950 年代初めの写真。ツィツァニスはだらしなく後ろにもたれ、右手はマイクを握り、左手は火の付いたタバコをもっている。パパイオアヌはバグラマスで可笑しな身振りをしている。画面左端にいるブズキ奏者（アネスティス・アサナシウ）は、体の姿勢も顔の表情も、この陽気な光景には場違いだ。かれは「カズマス」として主旋律を担うだけでなく、パパイオアヌがバグラマスで無茶をしないか、見張りもしていなければならないのだろう。

は対照的な戦後の演奏のあり方は、レベティコがそうした文脈からは解かれたということを裏付けている。専業の歌手が登場するとともに、傑出した単独の役回りすなわち「スター」の演出が、いまや「パルコ」での日常的な公演にも広まった。「スター」の演出は以前ならレコード録音の分野だけに限られていた。こうした楽団内の序列化がいまやブズキ奏者にまで現われ、かれらは「フィルマ」と「カズマス」という二つの範疇に区別された【図18】。「フィルマ」(字義通りには「スター」だが、歌手を表わすのにも用いられる概念)と呼ばれるのは、名前がすでに知られ、自分が引き受けるのは公演の一部だけという楽団長で、この仕来りはこんにちまで続いている。かれの登場が短いのはまずはそれ自体が演出を狙ってということが多い。「カズマス」(元々は軍隊用語の「つるはし」に由来)はそれとは対照的に、演奏本位の仕事をすることを担当するが、かれが聴き手から然るべく認められて正当な評価を受けることなど望むべくもない。

以上の展開は［音楽演奏をする］構造が近代化したのだとも言えるし、根本的な問題のある概念ではあるものの、ある意味では「ヨーロッパ化」の一形式だったとも言える。パパイオアヌに見られた「民衆」と「ヨーロッパ」の二項対立を背景にすると、これは矛盾するイメージに行き着くことになる。レベティコがヨーロッパ的ないしは西ヨーロッパ的な「エラフロライコ」とは異なる表現で、ギリシャ社会のすべてを包摂する「民衆の」歌「ライコ」へと変化するにつれて、この音楽を生産したり演奏したりする仕組み《メカニズム》のほうは、かえって「ヨーロッパ化」ないしは「西ヨーロッパ化」したのである。ちなみにその展開は別の興味深い現象からも確認できる。

おとぎの国のブズキ――「東方趣味《オリエンタル》」

一九四〇年代終わりから続いたレベティコの最盛期には、「東方趣味」と呼ばれる歌の方向が活況を呈した。[41] これに属すのが、ヒョティスによる一九四六年の「ヅェミレ」、カルダラスによる一九四八年の「アルジェリアの歌」、次の三曲はいずれもツィツァニスによるものだが、一九五一年の「ギウル・バハー［トルコ語で「春の薔薇」］」、一九五一年の「セラハ」、一九五二年の「ザイラ」などで、音楽の点でも歌詞の点でも、当時の怪しげなハリウッド映画でお馴染みの、東方趣味の主題が加工されたものだった。たいていの歌詞で歌われるのは、マハラジャやアーガ［オスマンの高官］やスルタンのハレムから解放すべき、絶世の美女たちである。以下は「セラハ」の最後の詩節である。

Κλαίνε στα χαρέμια οι σκλάβες –
τρέμουν την οργή του πασά
κλαίνε στο σαράι οι αγάδες –
ποθούσαν της Σεράχ την ομορφιά

ハレムでは奴隷女たちが泣いている、パシャの怒りに恐れ慄《おのの》いて
サライ［スルタンの宮殿］ではアーガたちが泣いている、セラハの美しさに恋焦がれて

次は「ザイラ」の第2詩節である。

Ζαΐρα λάμπεις σαν αστέρι στην Αραπιά –
μ' άναψες φωτιά – δεν αντέχω πια

Κάστρα θα γκρεμίσω, μα δεν θα σ' αφήσω
Σκλάβα του μαχαραγιά

ザイラ、おまえはアラビアで星のように輝く、おまえはおれの炎を燃え立たせた、おれはもう我慢できない
おれが城塞を木っ端微塵にしてやる、おまえをマハラジャの奴隷女では終わらせない

こうした歌詞に加えて、トルコ語やアラビア語の、あるいはそうした言葉に聞こえるかけ声で、ヴァースがふんだんに装飾される。「アッラー《アラハ》、アッラー《アラハ》、幸あれ《エギウレ・オルスン》」（「セラハ」）、「おお、わが主よ《ヤラビンド・ヤハビ》、おお、わが愛する方よ《ヤラビンド・ヤハバ》」（「ギウル・バハー」）というのがそれだ。この間に過去のものになったアマネスのかけ声とは対照的に、ここで用いられているかけ声は、色合いを添える混ぜものの機能を満たすだけで、内容に関わる意味はまったくない。これらの歌にはっきりと現われている視点は、奇異であるというどころか裏切りですらある。なぜならその視点は徹底してヨーロッパないしは西方《オクシデント》のものだったからだ。「東方《オリエント》」は地理的に一緒くたにされて（「アラビア」という言い方を参照）、異国情緒的《エキゾティック》なものの総体として描かれ、インドのマハラジャとオスマンのアーガの区別など、まったく取るに足らないものだった。なにしろ歌われているのは基本的に空想世界（映画世界？）の出来事だった。「東方趣味」の視点と「東方」の音楽とのあいだには深淵が広がっている。たった二〇年前に「東方」の音楽は、「スミルネイコ」としてギリシャでとても人気を博し、この音楽の担い手はほとんどの場合は自分たちの経験から、パシャやアーガがなんなのかまだよく知っていたのだ。

こうした視点の転換が生じたのは歌詞の領域だけであり、音楽の構造には影響しなかったということは、条件付きで言っておくことができる。「アルホンドレベティコ」と呼ばれるものも「豪華な《ノーブル》レベティコ」も、形式的には

戦間期に出来たのと同じ枠内で展開していた。

ヒョティス、ザベタス、新富裕層

だがそうした枠が一九五〇年代半ばから、ポピュラー音楽のまったく新しい方向の誕生によって崩れ、レベティコ展開の歴史に終わりが始まった。このことに重大な関与をしたのがヒョティスで、かれはだれにもましてその変革に結び付けられる。

この時期のヒョティスはその音楽創作において、それまで用いられていた形式から意識的に離れていった。たとえば当時の西ヨーロッパやアメリカで流行っていた、スイングやルンバやマンボのリズムを意図的に採用し、これに合うような楽器編成を行なった。楽器編成では、打楽器の分野（ボンゴなど）、金管の採用（トランペットやトロンボーンなど）がとくに目立った。こうして生まれた大規模な楽団では、かならずしもブズキにはもう主たる役割はなく、達人がソロを聴かせる特殊な楽器という役回りに移行する傾向となった。ヒョティスは一九五〇年代の終わりごろにブズキに四番目のコースを設けて〔四対すなわち八弦になった〕、新しい様式の方向にとっては旧来の3コース〔三対すなわち六弦〕以上に相応しい、演奏の可能性を広げるような技術革新も行なった(42)【図19】。

「昔の恋の物語」「悲しみ」「わたしが抱きしめるのはもう嫌なのね」「何度も」のような歌は、この様式の特徴をよく表わし、ヒョティスの商標ともなって、こんにちではレベティコに貢献した歌という以上に、かれの名前と結び付いた歌となっている。ヒョティスは映画だけでなく毎回の公演でも自分の出番を演出した。配置を綿密に考えたステージに、「非の打ち所のない衣装」で現われ、立ったままで演奏した。この立ったままというのは、伝統的な「パルコ」では考えられない、前代未聞の振る舞いだった（図19の写真を参照）。

図19　トロンボーン奏者も加わった楽団を指揮するヒョティス。1960年代初めの映画で撮られたもの。楽団長のブズキはふんだんに装飾が施され、4コースになっていることに注意。ボディーは全面が黒い人工素材で覆われ、ネックには蔓模様の装飾がびっしり施されている。ブズキを首からストラップで吊っているので、かれは立ったままでも安心して演奏できる。

だがその「パルコ」もタヴェルナも、こうした音楽や「ライコ」を、普通に演奏する場ではなくなっていた。かつて市内にあった比較的質素な音楽酒場は一九五〇年代から次第に、大きなダンス・フロアー（「ピスタ」という）のある「コズミコ・ケンドロ」（エレガントな社交場）に取って代わられた。この社交場の内装たるやその過度な金のかけ方に優るのは、客がそうした店で吹っかけられる料金ぐらいだった。こうした発展はとどまるところを知らず、趣味が良ければそんなに華美にならないのにという限界を越えて、こんにちまで続いているが、あらゆる雑多なものを呑み込んでいくその力は、尽きてしまうことが当分なさそうだ――こうした酒場に行くといまも気が滅入る印象を受け、将来にたいして気がかりな予感を抱くことになる。

以上の現象は「コズミコ・ケンドロ」の客をめぐる問いを投げかける。このような店に行くことができたばかりか、好んで行ったのは要するにだれだったのか？

かれらはそれ相応の財力のある都市の聴衆だった、という以上に明確な答えは得られないが、新しい音楽様式の目指したことを観察するといくつかの推論が得られる。

ヒョティスが音楽ならびにステージ技術で行なった革新は、旧来の形式とは一線を画して音楽による娯楽を洗練させようという試みに、明らかに動機付けられていた。酒場の贅沢な飾りや高い飲み物なども相まって、自分はこのように自己演出された上流社会の一員だと、場に加わる者のだれもが思える枠組みが整えられたのだ。

このように「上流社会」を自己演出するという意味で、レベティコないしはライコの慣習的な音楽形式との違いは、たしかにどう大きく見積もっても大きすぎることはなかった。なぜならその音楽形式はあまりにも貧困や不幸と結び付いていて、ということは多くの者にとってはいまだに生々しくて、なるだけ早く過去のものにしたい記憶と結び付いていたからだ。だがその一方でその記憶を過去のものにするのはそれほど簡単ではなかった。なぜならこの音楽に固有の特徴は古着のようには捨てられないからだ。同時代の西ヨーロッパ音楽の潮流を無条件に受け入れて、たとえば「本物の」スイングやマンボなどを楽しむことは、こうした人々の集団には難しかった。このような意味で「楽しみたいのは山々だが、実際には楽しめない」人々の欲求に、ヒョティスの新しい音楽は理想的に応えたのだ。かれの音楽はすなわち新富裕層に応えたのである。

「新富裕層」を戦後ギリシャの社会集団として、社会学的に正確に捉えることは可能ではない。かれらの構成はあまりにもばらばらで、概念そのものもまたあまりにも不明確だからだ。だが「コズミコ・ケンドロ」とそこで演奏された音楽の展開に、「新富裕」と呼んでもよい気質が沈殿していることは重要だと思われる。現在にまで至るライコのさらなる展開にも、レベティコの終わりにも、決定的な役割を果たした気質である。

なるほどまったく違った仕方ではあるが、ブズキ奏者ヨルゴス・ザベタス【図20】の主たる音楽作品も、以上のような文脈に属している。かれはこの時期に有名になって、一九六〇年代からギリシャの映画に頻繁に登場した。ザベタスは映画で巧みに「三枚目」像を築いていったが、これはお笑い芸人としてのその大きな才能に合致した。かれの歌の多くはしたがって「流行歌」として作られ、レベティコの特定の要素が戯画化されている。たとえばしわがれ声を誇張して歌った歌、歌に挿まれる「オパ」「アラ・ティス」などといった多くのかけ声、ステージ上での「マンガス」風の大袈裟な身振りなどが、そうした戯画化の一部である。「一番出来の良い生徒」「黒人」がそうした歌の例である。たとえば「サナシス、あなたはどこにいるの」のようないくつかの歌では——かれならではの特徴でもあるが——懐かしい時代への郷愁が主題で、「五〇歳の男」「ナンバー・ワン」のようなそれ以外の歌も、結局はフランク・シナトラのような歌手の様式の、同時代のアメリカのヒット曲によく似ていた。これらはすべて前述のようなファンの好みに応えるものであったのと同時に、レベティコやその周辺の音楽がけばけばしく散りばめられただけの形式のライコである。

図 20　演奏中のヨルゴス・ザベタス。ブズキをアンプに繋いでいる螺旋状のケーブルに注意。これによって演奏者は、楽器をもったままパルコから離れ、ダンスフロアー中央や近くのテーブルまで行って、客をもてなすことも可能になった。「カズマス」のほうは、この写真では左の膝と楽器のネックしか見えないが、持ち場からはけっして離れない。この写真に写っているようにザベタスが、手袋をしたままで演奏できるかどうかは疑わしい。

「インドによる支配」、カザンヅィディス、地方出身労働者

だがレベティコの終わりは一九五〇年代半ば以降、数のうえでは小さかった新現象［新富裕層］の環境とは縁のない、ギリシャ社会のなかの別の大集団が関わる次元でも始まった。この集団とはすなわち、a さきに述べたような都市への流入者、b 出稼ぎ労働者《ガストアルバイター》として外国で雇われた、増大する一方だった労働移民、c「離村」しないでギリシャの地方に残っていた人々である。

さきに述べた地方における自立した文化の喪失は音楽の真空状態を招いた。この真空状態を埋め合わせることは、たとえばヒョティスに人気をもたらした「新しいライコ」にはできなかったし――大多数の「普通の人々」はまさに経済的な理由からだけでも、この音楽を楽しむことがまったく不可能だった――、都市の生活世界を強く反映しすぎた古典的なレベティコにもできなかった。たしかに「曇り空の日曜日」のような歌はその間に地方でも知られたが、結婚式や洗礼式や村祭りにはほとんど使われなかった。

こうした意味で地方へのライコの実際の浸透は、伝統的な音楽の聴き方の習慣にさまざまな点で寄り添う、異なる方向の音楽の歌との組み合わせでなされた。たとえばクラリネットやヴァイオリンのような楽器［これらはギリシャでは民族音楽の楽器だった］を頻繁に使い、リズムは少なくともその構造が伝統的ダンスと相性のあるものが、旋法は伝統的な音楽のそれと合致するもの――支配的だったウサク旋法がとくに――が基礎となった。

ここで問題となるのが「インドプレピ」と呼ばれた「インド風」の歌で、これはギリシャに大量輸入されたインド映画の歌のメロディーに、ギリシャ語の歌詞を付けて音楽的にコピーしたものである。インドは一九五〇年代すでに世界最大の映画産業を擁していたので、ギリシャに輸入されたレコードで満載のトラックを見た、というツィ

ツァニスの発言には信憑性がありそうだ。かれは当時のギリシャを襲った音楽版「インドによる支配《インドクラティア》」――政治用語の「トルコによる支配《トゥルコクラティア》」をもじった言い方――にも言及している。こうした関係では同時期のトルコでも同じような現象が見られ、トルコでもギリシャでもヒットした歌がいくつかあった、ということは付言しておくに値するかもしれない。これらは歌詞は違うが原曲は同じである。たとえば「いや、いや、わたしを捨てないで」「花嫁」「立ち上がって踊ってくれ、おれのお人形さん」「わが哀れな心」がその例である。

これらの元々は無断コピーだった歌のヒットはとても目覚ましく、こんにち上記の歌はライコにとって不可欠の要素になっている。ライコの代表者たちもその人気に応えることを余儀なくされたのだ。だからツィツァニスですらこの手の一連の歌を作り、たいへんヒットした「流れ」はその特徴をよく表わした例である。

「インドによる支配」やそこから巻き起こった反応に関連して、一九五〇年代後半にはギリシャに新しい音楽家が登場した。かれらはもはやブズキ奏者ではなく歌手だったのがその特徴である。この形式のライコの傑出した人物がステリオス・カザンツィディスで、かれの名前は言わばある世代全体にとっての象徴と見なされている。なかでも一九六〇年代初めから中央ヨーロッパに渡った大量の労働移民にとっての象徴で、かれはこんにちに至るまでほとんど聖人のように崇められている。「今宵しかない」「汚れた手」「異国で食べるパン」「野花」は、カザンツィディスの商標となっているのと同時に、ライコのある方向を代表するものともなった。この方向はその展開の出発点だったレベティコからはますます遠ざかり、この音楽の元々の出自を偲ばせる要素は――ヒョティスの演出でもそうだったように――最後はたった一つになってしまった。ブズキがそれである。この楽器なしにはギリシャのポピュラー音楽がもはや立ち行かなかったのは明らかである。ただし一九三〇年代にはまだ忌み嫌われていて、ハシッシュ吸引窟などへのガサ入れのさいは、叩き壊される格好の対象となっていた楽器とは、技術上の数多くの変化のせいで似ても似つかぬものになっていた、という事実はすっかり無視されている。ヒョティスに始まる流派が前述の第四のコースを採用したことと並んで、アンプの使用が演奏技術にもたらした結果も大きかった。

芸術的な知ったかぶり――「エンデフノ」とフォークロア

こうしたブズキのもっている威光は、ミキス・テオドラキス、マノス・ハヅィダキス、マノス・ロイゾスのような音楽家が、一九六〇年ごろから登場してきたとき、かれらも十分に知っていた。かれらは新しい形式のポピュラー音楽「エンデフノ」、すなわち「芸術的な《エンデフノ》ライコ」の代表者である。かれらは作曲にブズキを意図的に持ち込むことで、ブズキがギリシャ・フォークロアの商標として、躍進していく道を広げるような役割も果たした。このフォークロアは、『日曜はダメよ』や『その男ゾルバ』のような国際的にヒットした映画で、世界中に知れわたった〔『日曜』(一九六〇年)はハヅィダキスが、『ゾルバ』(一九六四年)はテオドラキスが音楽を担当〕。ただしそれらの映画はクリシェを形成する性格があり、これが一九六〇年代からギリシャの観光開発にとって軽視できない原動力となり、こんにちもまだギリシャ人とギリシャが回復できないでいるステレオタイプを、生んだり広めたりする決定的な要因となった。

このことは措くとしても以上の映画はまた、ギリシャ音楽をめぐる一連の歴史的誤解の源泉ともなった。「シルタキ」と呼ばれるダンスがその典型である。これは民族舞踊《フォークダンス》ではなくテオドラキスが作曲したメロディーで、ダンスのステップも映画のために特別に作られた振り付けに基づき、アレクシス・ゾルバを演じたアンソニー・クイン【図21】の十分とは言えない運動能力に合わせて、調整されたものだったのである。

テオドラキスやハヅィダキスや「エンデフノ・ライコ」の他の代表者が社会にもたらした音楽には、西ヨーロッパのクラシックを手本にした特徴があり、かれらの作品にはそれがありありと現われている。かれらはギリシャ音

図21 偉大な俳優アンソニー・クインと偉大なブズキ奏者ハリス・レモノプロス。1970年代初めにアメリカで撮られた写真。

楽を形式においても内容においても、完全に自立させようとしたのだが、これがレベティコと結び付けられるのは不当である。たとえばブズキやときどき用いられるゼイベキコのリズムなど、レベティコの個々の要素がいわゆる「エンデフノ・ライコ」で翻案されているのだが、こうした事情があったとしても不当であることに変わりはない。かれらが基本的にレベティコの要素を取捨選択しているということが、二つの音楽の方向のあいだにある内容上の隔たりをかえって表わしている。

だがそうは言っても「エンデフノ」と呼ばれる音楽は、レベティコ展開史の終わりと結び付いている。この終わりに達したのが一九六〇年以降だったことは疑いない。ギリシャのアイデンティティーは以前から、「東方」と「ヨーロッパ」とのあいだのジレンマにあって、このジレンマが結果的にもたらすイデオロギーは、レベティコないしライコにその最初から影響を及ぼしてきたが、あらためてそうした観点が問題となったのである。かねてよりその音楽の敵対者は自分たちの批判をするにあたり、この音楽形式に「東方」の性格があることは価値の低さを示す証拠だ、ということを支えにしてきたが、レベティコ人気には痛手を与えられなかった。ならばレベティコないしはライコを全否定するのではなく部分的に取り入れていこう、というのが「エンデフノ・ライコ」が登場したときの新たな論拠だった（新しい音楽は「ライコ」という名前を受け継いでいる）。ただしそのライコは「洗練」されなければならない、という条件付きで新たな音楽の岸辺に漕ぎ出すことが、あらかじめ宣言されていたのである。

なにしろ「エンデフノ」（「芸術的な」などに相当）という形容詞には、評価を下そうという視点がすでに明確に現われている。この視点から見ればライコもレベティコも、劣った水準の音楽形式ということになり、「芸術的」ではないということになる。「エンデフノ・ライコ」の多くの代表者はその発言によれば、自分たちの音楽でギリシャのポピュラー音楽の洗練に寄与しよう、とさしあたりは大真面目に考えていた。こうした視点の問題はそれが成功したかどうかということとはさほど関係ない。なぜならそれは音楽の良し悪しの相に関わる問題だからで、決

図22　ヴァシリス・ツィツァニスとマノス・ハヅィダキス。1960年代の初め。

着が付くような判定はおのずから禁じられている。だがそこでなによりも問題なのは、一九五〇年代の終わりまで展開してきたようなギリシャのポピュラー音楽は、総じて「洗練」させる必要があるという言外の考え方である。こうした考え方は事実関係の怪しい解釈に基づいている。この点で際立った例外となっているのがマノス・ハヅィダキス【図22】で、かれはすでに一九四九年の有名な講演で、レベティコの音楽的豊かさを強調し、体制側にいる音楽家を敵に回してもいた。さらには洗練させるべき点がないのだから、レベティコは洗練させることができない、という考えまでハヅィダキスはもっていた。

かれはそれにもかかわらず自分の作品によって、「洗練」していると見なせる音楽には寄与したが、かれ自身の発言によればそれが意味するところは、レベティコにたいする決定的な最後の止《とど》めだったのである。かれが一九七八年に反省もなしに行なっている発言は、少なくともそうとしか解釈できない(43)。

わたしたちがそれを手にしたとき、レベティコは存在を停止したのだ――フェリーニの撮った地下墓所《カタコンベ》のフレスコ画が、地上［上の世界］の空気に触れたとたんに消えたのと同じように［フェリーニ監督による映画『フェリーニのローマ』（一九七二年）の場面を踏まえている］。

ギリシャのポピュラー音楽を、「エンデフノ・ライコ」によって、「耕地整理」しようとした試みは、失敗に終わったと見なせるだろう。最初から教育者ぶった姿勢が内にあり、ライコとは音楽構造の領域でわざと一線を画したため、この音楽は広範囲にわたる影響を及ぼすことができず、結局は「普通の人々」にはとくに馴染めない音楽となった。この点でも右で引用したレベティコとフェリーニのフレスコ画との比較は示唆するところが多い。なぜならそれはいわゆる「エンデフノ・ライコ」を「上の世界」の空気だとする類似《アナロジー》を含意するからだ。この音楽は現にその当初からずっと、ギリシャの高尚な音楽文化を代表《レプリゼント》する、という主張を掲げることには成功した(44)。だがその音楽は当然のことながら本来のライコを、押しのけることも埋め合わせることもできなかった。ただしライコも然るべき社会的評価を拒まれて次の展開ができずに、「スキラディコ」すなわち「犬の音楽」と言われるのが珍しくない道を、目下のところ歩んでいる［原書の出版は二〇〇一年］。

第3部　音楽編

リズムの相

レベティコの主たる部分はダンス用に作られた歌やメロディーからなり、これはその音楽の根底にコミュニケーションの性格があることを示している。音楽の場が「テケス」であってもタヴェルナであっても、さらには「コズミコ・ケンドロ」〔131ページ参照〕であっても、送り手と受け手すなわち音楽家と聴き手は——あくまでもそれが明確に区別されたかぎりでだが——、たとえばコンサートや演劇のような場とは異なり、たがいに明確に区別された存在ではけっしてなかった【図23・24】。送り手も受け手もそれぞれの仕方で演奏の内容に影響を及ぼし、ダンスで頂点に達する一つの全体を構成する要素なのである。この点は過去から変わりがなく現在もそうである。だからと言ってもちろんどの曲でもダンスできるというわけではないが、ダンスができるという基本の可能性がなければレベティコ音楽に意味はない。

以上のことが明らかにしているのは、レベティコの理解にはリズムの相に中心的な意義がある、ということである。これは同じことが言える民族音楽のほとんどの形式を理解するときと同様である。レベティコのリズムは二つ

図 23　これなら演奏する側も聴く側も似た者同士……（1950 年代初めのミティリニにあったウゾ酒場。左のブズキ奏者はヨルゴス・ムフルゼリス）。

図 24　これでは似た者同士とはとても言えない……。1968 年の春にアテネのヒルトン・ホテルで撮られた、ヴァシリス・ツィツァニス（左から 4 人目）のコンサート。

の異なった形式で現われる。なんのダンスなのかはっきり分かって、踊る者にも識別することができる、明確に構成された枠構造をもった形式と、この枠からは明確に区別されるが、なにかの曲の一部になっている、「タクシミ」と呼ばれる形式の二つである。レベティコに特徴的な個々のダンスのリズムに入るまえに、「タクシミ」の検討からまず始めよう。

タクシミ

「タクシミ」という概念はトルコ語に由来し、「分割された」とか「切り離された」という意味で、これはそれが曲のなかで果たしている役割を示している。タクシミはダンスをする部分のまえに置かれるか、二つの別々の曲を繋ぎ合わせることが多い。メインの曲のリズムの文脈は維持しつつも、この曲のメロディーの文脈からは離れて演奏する、楽曲内のパッセージも「タクシミ」と呼ばれる。この場合はそれが挿入されるのは歌の終わりのほうが多く、最後から二番目と最後の詩節のあいだがとくに多い。タクシミのもつ機能はさまざまな説明がされる。これはもちろん即興によって演奏能力を見せつける絶好の機会になる。さらにまたタクシミは演奏中の歌の決まったリズムの枠から離れて、演奏者が次の歌の調や中心となるメロディーの主題を合図することで、他の演奏者や聴き手にその歌の準備をさせることもできる。これは次になんの歌にするか演奏者自身が考えるための時間にもなる。この場合にタクシミは［エンデフノの音楽家の主張とは異なり］、完全な自由リズムにも無拍リズムにもならない。対称的な数の音価や非対称的な数の音価が、二つの音符の組や三つの音符の組に分けられ、上位のリズムの文脈の発生を妨げるような仕方で、タクシミに組み合わされていく。タクシミはその即興的な性格ゆえに、次の歌の作曲を準備する構造化の機能がない。ある特定のメロディーの型に頻繁に戻ることがとても明らかでも、生み出される結果はすべて瞬間的なものだというのが基本だ。かくしてタクシミの時間は制限できない。なぜならタクシミの長さはもっぱらそれを生み出す演奏者の裁量だからだ。

この最後の点はレベティコを生《なま》で演奏する場合はとくに当てはまったが、レコード録音に必然的に伴う制約とは矛盾するものでもあった。演奏を機械で記録するレコードは、録音時間が制限され、1分でも1秒でも費用がかさむ商品なので、経費は厳しく管理されなければならなかった。ギリシャで生産されたシェラック製のレコードの場合、録音時間は3分ないしは最大でも4分だった。(45) こうした事情からタクシミが取れる選択肢は三つあった。タクシミを丸ごと省いてしまうか、短い時間内に収めるか、録音をすべてタクシミだけにして、ダンスのリズムを諦めるかである。最後に挙げた選択肢の例としては、マルコス・ヴァンヴァカリスの初期の録音の一つ、一九三三年(ないしは一九三二年)の「セルフ」のタクシミ、あるいは最後の部分でゼイベキコが意のままに演奏される、一九三二年の「テケスのミノレ」[「ミノレ」の詳細は172ページを、さらには注45も参照]がある。だがタクシミは概して省略されるか縮められるかされ、演奏者は新たな要求を課せられることになったので、最後はタクシミの新しい形式に行き着いた。タクシミはすなわち合図の機能が可能なかぎり圧縮されたのだ。だれもが認めるそうした鍛錬の達人がヴァシリス・ツィツァニスで、かれが歌に加えたタクシミは、たとえば一九四〇年の「おまえの黒い瞳のために」、一九五〇年の「エキサイティングな青春期」で聴ける。これらの簡にして要を得た表現型を聴いてみると、一瞬で生み出されたタクシミであったという可能性はなく、ツィツァニスは入念に準備していたということをむしろ窺わせる。これらの曲ではタクシミから歌への移行、「バシモ[「入り口」の意]」に特別の重みがある。なぜならタクシミのもつ踏み切り板の機能が、歌の構造に本質的な影響を及ぼしたからだ。このことで特定のタクシミはついに、あとに続く歌と密接に結び付けられて、タクシミにあった元々の機能は逆転してしまった。このことを端的に表わしている例が、「曇り空の日曜日」の数ある録音のなかで、こんにち最もよく知られている、ステリオス・カザンヅィディスが歌ったものだ(一九五九年)。これではタクシミの最初の音を聴いただけで「タクシミのあとに歌になる」、この歌を知っている聴き手なら聴き覚えがあるので、これから始まるのがなんの歌なのかすぐ分かってしまう。以上で手短に述べたように形式の変化はあったものの、タクシミはそれでもレベティコ音楽の確固たる要素にとどまった。

アマネス

タクシミとは呼ばないが内容の似たものとして、アマネスという音楽形式が挙げられる。これはトルコのガゼルと同じソロの歌である。歌詞は一五音節のヴァースを二つ使うのが基本で、これらのヴァースを構成している要素を、歌手はメロディーの流れに合わせて何度も繰り返し、「アマン」――アマネスという名称の由来である――とか「ヤレム」といったかけ声や言葉を加える。こうした苦しみや絶望を表わす言葉［日本語の「ああ」などに相当］は、リズムを取るといった機能とともに、歌詞内容を表わす機能も果たしている。伴奏を付けることもできるが、なくてはならないというわけではない。伴奏は歌の基礎となっているリズム――通常はツィフテテリ（後述）――を使った形式か、歌を中断する単一ないしは複数のタクシミでなされる。最後にリズムの明確な器楽ソロが繋げられることも珍しくない（ツィフテテリ、ゼイベキコ、ハサポセルヴィコスなど）。「スミルナ」様式ないし「カフェ・アマン」様式の曲には、アマネスのパッセージが曲そのものの文脈に組み込まれるものもあり、この場合はそれが曲の最後のほうに――前述したタクシミのパッセージに類似している――置かれるのが通例だ。

だがそれでもアマネスは基本的には独立した曲で、タクシミと同様にそれ自身のリズムのルールに従う。アマネスは戦間期のギリシャのレコード制作に見られた音楽形式で、一九三五年まで数多くの曲が録音されたが、このあと多少の差はあれ急激に姿を消してしまった。これらの録音では個別の題名がほとんど与えられていない点が目立つ。アマネスではないが同じような二行詩で歌った他の歌は、タイトルが付けられて他の歌と取り違えられることがなかった。アマネスはそれとは対照的に、「ミノレ［短調］」「ヒヅャス」「サバハ」といった、旋法を表わす名称［172ページを参照］や、「スミルナのミノレ《スミルネイコ・ミノレ》」「ヒオス島のアマネス《ヒヨティコス・（ア）マネス》」「コンスタンティノープルのアマネス《ポリティコス・（ア）マネス》」「ガラタのアマネス《ガラト・（ア）マネス》［ガラタはイスタンブールにある地区］」、さらに一九三三年からは「ピレウスのアマネス《ピレオティコス・（ア）マネス》」といった、地名を表わす名称が与えられた。こうした習慣から推測できるのは、アマネスの曲にとって具体的な歌詞の意味内容は副次的と見なされ、なにかをタイトルに加える必要がなかった一方で、出所が具体的に分かってさえいれば、歌を特定する目印になったということである。

歌手がアマネスを歌うときは二行詩の歌詞をほぼ自由に選べたとは言え、これらの歌詞の主題ないし基調にはすべて共通の傾向があることが窺える。アマネスの歌詞はすなわち一貫して憂鬱であり、絶望を表現するものがとても多い一方で、屈託のない生の喜びを表わすことはけっしてない。次の三つの例でそれを具体的に示してみよう。

Σ' αυτόν τον ψεύτικο ντουνιά το κάθε τι πεθαίνει –
σκέψου κι εσύ ω άνθρωπε πως μια κακία μένει

この偽りの世界ではものみな死ぬ
だから人間よ、おまえも思いをはせよ、悪のみが長らえることに

これはアンドニス・ダルガスがほぼ無伴奏で歌った「嘆き［挽歌］」である。

Λησμονησέ με ολοτελώς, μην έχεις πια ελπίδα –

και πες πως δεν σε γνώρισα, ούτε ποτέ σε είδα

おれのことはすっかり忘れ、希望はもう抱くんじゃない
おれがおまえとは、知りあうことも、出会うこともなかったかのように、振る舞うんだ

これはコンスタンディノス・ヌロスが、ヴァイオリンとサンドゥリの伴奏、ツィフテテリのリズムで歌った「ガラタのアマネス」である。

Ανοίξετε τα μνήματα, τα κόκαλα σκορπίστε –
τον πλούσιο απ' τον φτωχό να δείτε αν θα γνωρίστε

墓を掘って、骨を撒いて、見るがよい
おまえたちに、貧乏人と金持ち、区別が付くかどうか

これはストラトス・パユムヅィスが、ブズキ（スピロス・ペリステリスによる）を伴奏にして歌った「墓を掘って」で、ブズキが冒頭とハーフヴァース同士のあいだと最後のところでタクシミを演奏している。

ヌロスとダルガスはアマネスを代表する傑出した二人だったが、この音楽形式はけっして男だけが得意にした分野ではなかった。アマネスを歌った女性には、リタ・アバヅィ、ロザ・エスケナジ、「トルコ女」ことマリカ・カナロプルが挙げられ、これらの女性はみな「スミルナ」の音楽方向を代表する有名人だった。アバヅィとエスケナ

ジは民族音楽に属すレコード録音でも大きな存在だった。こうした歌手の全盛期は一九二〇年代で、「スミルネイコ」全般の後退が始まる一九三〇年代半ばまでヒットが続いた。ギリシャのレコード生産から「スミルネイコ」が後退し、アマネスもほぼ全面的に消えたことが、前述したように、メタクサス独裁や検閲局設置と、時期的にどこまで一致するかは曖昧で、これらの出来事とアマネス消滅の原因は、直接は結び付けられない。アマネスはその一方で形式においても内容においても、東方的な特徴のある音楽文化のまさに典型例で、ギリシャの音楽から「東方の野蛮な」要素を「清掃」しようとする、イデオロギーに突き動かされた代表者が攻撃するには、付け入りやすい標的となった。(46) ただしそれだけではアマネスが広範囲で消滅した説明としては十分でない。なぜなら文化の掃除屋を自称する者たちが、人々の音楽趣味に及ぼした影響は——ありがたいことに——、「ピレウスの」レベティコのヒットが最もよく裏付けているように、全体としてわずかにとどまったからである。だとしたら人々の趣味のほうが一九三〇年代半ばに変わったのではないかと推測される。これは前述のレベティコ「第二世代」の登場と関係があるかもしれないし、かくしてまた西ヨーロッパの特徴をもった音楽形式へと向かう、全体的な展開の兆候であったのかもしれない。

対称的なリズム——ハサポセルヴィコスとハサピコス

ハサポセルヴィコスすなわちセルヴィコスと、ハサピコスは、両者ともリズムは4/4拍子ないしは2/4拍子の小節から構成されている。同じ基本構造を元にしたリズムで、速さが両者の主たる違いだが、速さは純粋に音楽的な視点からすると、解釈に余地のある基準で問題がある。こんにちでは一般に、ハサポセルヴィコスは「速い」ダンス、ハサピコスは「遅い」ダンスと定義されるが、これは元々の形式からかけ離れた展開をした結果である。これら両者のダンスの機能は著しく異なる。

ハサポセルヴィコスは、参加者がたがいに肩を摑んで、輪になって踊る速い集団ダンスで、何人で踊ってもかまわない【図25】。基本ステップがギリシャのダンスのなかで最も簡単で、限られた広さの場所でも即興することができる。必要な動きが複雑ではないので、「仲間《パレア》」（会食に集まった者同士など）だけで踊っても、飲食店にいる客全員で踊っても、一体になるには持ってこいの機会になる。こうした性質のおかげでハサポセルヴィコスは、夜でも深夜でも手始めに踊るには理想的である。簡単なステップで集団で踊れるので比較的気軽で、踊りに加わるためのハードルも低く、こうした効果をダンスの動きの速さも強めている。この効果は曲の進行とともに速さが徐々に増すにつれて大きくなる。こうなるといわゆる「カザスカ」というダンスに繋がることもある。これはハサポセルヴィコスのとりわけ速い形式と称することができる。この形式では踊っている人の一人が集団から飛び出して、非常にアクロバティックな動作を即興することが多い。ハサポセルヴィコスの2/4拍子や4/4拍子の型は表面の枠だけを示すもので、ダンスの内部構造となっているリズムを限定的にしか表わしていない。さまざまな変種があるので実際の結果は相当に異なる。このことは、ディミトリス・ゴンゴス・「バヤンデラス」による一九三八年の歌で、ハサポセルヴィコスの「古典」と言ってもよい、有名な「ハヅィキリャキオ［ピレウスの一画］」と、マノス・ヒョティスの一九四八年の歌「おまえは苦しみの種」を比べれば分かる。前者のリズムが均一化されているのにたいして、後者は最初の1/4の拍に付点があって全体の印象はむしろスイングに近い。

ハサピコス（「肉屋のダンス」）も複数の人数で踊るが、人数は二人から三人に制限されるのが通例である【図26】。輪になって踊るハサポセルヴィコスとは異なり、前後左右に動くので型は十字のような形になる。ハサピコスのステップの組み合わせは、こんにちの形式ではかなり固定していて、即興がその組み合わせに吸収されてしまっていることが、ハサピコスにフォークロア的性格を与えている。コンスタンティノープル起源と思しいハサピコスは、戦間期のレベティコで多用されたダンスのリズムだった。こんにちの実際の場でもハサピコスは演奏され

図 25　ダンスをしている集団［ハサポセルヴィコスを踊っている］。1927 年にサラミスで撮影。

図 26　ハサピコスのポーズ。宣伝用かレコード・ジャケット用に撮られた 1971 年の写真。

ることが多いのに、これで踊るということが少ないのはそれゆえ奇妙に思える。ハサピコスが展開してきた歴史にその理由の一つがあり、このダンスの元々のステップはすなわち、こんにちの形式とは違って固定していなかった。ここで議論の出発点になるのは、かつての踊り手はその都度、特殊なステップの進め方で集まり、これに独自の即興を加えていった一方で、固定した基本型を無理に作らなかったということだ。だからどの踊り手の集団にも、自分たちの好みで作ったダンスがあり、他の集団のものと間違えられることはなかった。こんにちの固定したハサピコスにもそれを偲ばせるようすがが、ダンスの始めのほうに残っていて、即興にこそハサピコスの起源があったことを、ありありと伝える動作もいくつかある。ハサピコスが当初もっていた自由な形式は、このダンスが行なわれた社会空間に適したものだった。なぜなら特殊なステップを作るには、参加者が知り合いであるということ、たとえばタヴェルナで近所仲間がそうするように、頻繁に顔を合わせることが前提だったからだ。かくしてこのダンスはまた、友人や同僚などからなる小規模の集団が、知り合いの観客にたいして自分たちの団結を、ダンスで披露するための表現形式だったのだ。だがそうした人間関係の枠組みをタヴェルナのように維持することは、戦後の「コズミコ・ケンドロ」ではもはやできなかった。「コズミコ・ケンドロ」で、テーブルをその都度一緒にする相手は、匿名性のほうがどちらかと言うと優り、顔馴染みが隣のテーブルにいることなど、客はもう当てにできなくなってしまった。タヴェルナから「コズミコ・ケンドロ」へという、一九五〇年代に見られた音楽の場の移動がすなわち、ハサピコスが固定した形式になるのを促したのだ。このダンスに加わる者のだれもがその形式に縛られて、かえって顔見知りでなくても一緒に踊れるようになった。ただし自由だった形式はそれによって後退し、ハサピコスのもっていた意味もしばらくは衰えた。親しい人間関係があって一目で見渡せる「フェイス・トゥー・フェイス」の社会が、自分たちを表現するための形式だったのが元々のハサピコスだが、「コズミコ・ケンドロ」のどちらかと言うと匿名的な性格はそれとは相容れなかった。こうした新しい枠組みのなかでしばらくすると、ダンスの固定した形式からその魅力が失われ、このことから容易に推測されるように、踊るのに必要な正確なステップの流れを準備する、すなわちそれを習得するということが、だんだんと苦に思われるようになっていき、苦労した結果が割に合わなくなった。こうしてハサピコスはついに、実際のダンスの場で踊るレパートリーから、かなりの部分が消えてしまい、フォークロアのダンス・グループによって手厚く保護されるか、観光客相手の商業的なものになるしかなかった。このダンスはレベティコ展開史の終わりを生き延びられなかった唯一のダンスである。

ここでハサピコスとハサポセルヴィコスに関わる別の現象にも触れておきたい。両者は本章の冒頭で述べたように、リズムの基本構造が同じだということから、速さが両者の違いを見分ける最も重要な目安となる。ただしそれに基づいてハサピコスは「遅い」ダンスで、ハサポセルヴィコスは「速い」ダンスだとする定義は、固定した前者の形式が広まった戦後にはじめて出てきたものだ。だがそうした定義はそれ以前の時代には当てはめられない限定付きのものだ。なるほど2/4拍子や4/4拍子で速く踊るハサポセルヴィコスは早い時期からあった。たとえばパパイオアヌの「スミルネイコ」（一九三七年～一九四〇年）、ツィツァニスの「果てしないもの」（一九三八年）や「ツィツァニスの華々」（一九四八年）、あるいは一九四〇年代の後半以降に、たくさん作られたいわゆる「ホレス［「ダンス」の意］」がそれである。ハサポセルヴィコスないしはカザスカで踊る歌を表わす、「ハサピコ・アレグロ」という名称まであった。当時はその一方でまずとても遅いハサピコスはほとんどなかった。こんにちの基準からすると、ハサピコスはたいてい中位の速さで、「速い」ハサピコスで踊っているのか、「遅い」ハサポセルヴィコスで踊っているのか、判別するのが容易でないことがしばしばある。このことを理解するための好例となるのが、マルコス・ヴァンヴァカリスの「フラゴシリアニ」（一九三五年）と、ヴァシリス・ツィツァニスの「バクセ・ツィフリキ」（一九四六年の作で、タイトルはテッサロニキの郊外）で、これらはいずれも作曲者の「商標」となった有名曲である。おまけに「フラゴシリアニ」はこんにち最も有名なレベティコの歌である。これらの歌はどちらも初期の録音はとても似たような速さで、こんにちの基準ではハサピコスとハサポセルヴィコスの中間だった。「バクセ・ツィフリキ」はそれどころか「フラゴシリアニ」よりも幾分遅く演奏されている。だがその二つの歌は一九五〇年代以降の数多くの録音では正反対の方向に進んだ。「フラゴシリアニ」は明らかに遅く演奏されて、ハサピコスの模範と見なされるようになった一方で、「バクセ・ツィフリキ」のほうは明らかに速く演奏されて、ハサポセルヴィコスの模範となっている。初期の録音はほとんど忘れられてしまい、こんにちではレコード市場の希少盤となっている。

このような例から分かるように、ハサピコスとハサポセルヴィコスは、なんのダンスなのかはっきりさせ、機能が際立つように展開してきたと解釈できる。ハサポセルヴィコスが元々もっていた、踊ることにたいするハードルを下げるという効果は、速い動きの流れで増すことになった一方で、さほど踊る機会のなくなったハサピコスは、なおさら遅く演奏されることによって、演奏者がメロディーに装飾を施せる余地が以前よりも増した。これは説明の手がかりとしては裏付けの不確かな推測でしかない。ただし二つの「対称的なリズム」のダンスのあり方が、第二次世界大戦以降に深刻な変化を被り、こんにちではそれらの初期形式が、かろうじて想像することしかできなくなってしまったことは確かだ。

非対称的なリズム――9/8拍子のダンスの部類（ゼイベキコ、アプタリコス、カルシラマス）

ゼイベキコ

ゼイベキコの拍子を表わすのに、かならずしも8分音符を基礎にする必要はなく、対称的なリズムを――一般にそうされているように――4分音符に納めるのであれば、9/8拍子はそれとは内容的に矛盾することになる。なぜならそうするとゼイベキコは9/4拍子にしなければならないからだ。こうした話にならないということは、演奏の場で使われている9/8拍子という考え方が、容認されているということを示し、これは何十年にもわたって独自の歴史的重みを獲得している［9/4拍子という表記を見かけることもある］。

9/8拍子はレベティコの支配的なリズムで、ゼイベキコにはそれが最も端的に表われている。レベティコのゼイベキコは一人で踊るもので、決まったステップというものがまったくない【図27】。踊り手が形式に縛られないので、即興と個人的な踊り方を、最大限に可能にする枠組みとなる。かくしてゼイベキコは比類のないほど個性を表現するダンスで、ダンスのなかのダンスと見なされるのも当然で、このことを別にしても踊り手の私的な、それどころかその人だけの財産とまで見なされ、これを傷付けることはひどい侮辱になる。だれか別の者がゼイベキコを一緒に踊るのは、ダンスを台無しにするということを意味する（「ダンスを台無しにする《ハラオ・トン・ホロ》」という言い方がある）。かつてはそれがひどい無礼とも挑発とも見なされ、侮辱された者はしばしば暴力的な仕返しに及んだ。こうした事情からゼイベキコが厳密な意味で男のダンスだったことは言うまでもない。このような規則は以前の習慣のような厳しさこそ失いはしたが、原則に従っていまでも残っているというのが実情だ。

このダンスの起源が小アジアにあったことはその語源から推測できる。ゼイベキスはスミルナ周辺の山岳地帯に住んでいた戦闘的な部族で、男たちはしばしばオスマン軍の非正規兵を務めた。ゼイベキスのダンスは二人の人物で行なった。二人はたがいに向き合って、半円形になるステップを踏み、決闘しているような様子を模した【図28】。こうした理由から踊る者が右手か両手に、ナイフを握っていることもあった（本書60ページ以下のパヴロス・ニルヴァナスによる記述を参照）。この闘いのダンスの変種としては、ギリシャ語で「ユルキコス」と呼ばれるものが伝わっている。これもゼイベキコと同様に「トルコの」戦闘的な部族「ユルック」に由来すると推測される。ペアで踊るゼイベキコとしては東エーゲ海のレスボス島のものがあり、おそらくそれはゼイベキコがギリシャ［本土］に広まるさい橋渡しの働きをしたのだろう。[47] こんにちトルコで知られているゼイベキコの「ゼイベキ・ハヴァス」

図 27　ステファノス・ミラノスが、自身の経営する有名なタヴェルナ（「ミラノのスカラ」という名前だった）で、ゼイベキコを踊っている。1964 年にヴォロスで撮影。

図 28　2 人のゼイベキスが、オスマン軍の将校たちのまえで踊っている。第一次世界大戦時の撮影。

は、ギリシャのものとはいずれにせよとても異なる。かつては共通の起源をもちながらも、こんにちでは知られていない形式が、別々の方向に展開したのではないかと推測される。

9/8拍子がレベティコに現われるときの様子はさまざまで、拍節の長さによって内部構造には数多くの変種が生じる。本来のゼイベキコは二つの異なる基本形式に区別され、一方は「古い」ゼイベキコと称され、他方は「新しい」ゼイベキコないしは「スパニオールの」ゼイベキコ［「スパニオール」は一五世紀末以降、スペインから逃れてきたユダヤ人を指す］と称された。ただし「古い」ものを「遅い」としたり、「新しい」ものを「速い」としたりするのは、現にそう呼ばれてはいるが誤解を招く。9/8拍子の構造を示すには①のような四つの区分からなる図を使うのが最善である。

①

1.	2.
3.	4.

②「古い」ゼイベキコ

1/8 1/16 1/16	1/8 1/8
1/8 1/16 1/16	1/8 1/8 1/8

[| ♪♬ | ♪♪ | ♪♬ | ♪♪♪ |]

③「新しい」ゼイベキコ

1/16 1/16 1/8	1/8 1/8
1/16 1/16 1/8	1/8 1/8 1/8

[| ♬♪ | ♪♪ | ♬♪ | ♪♪♪ |]

これに当てはめると「古い」ゼイベキコは②のように分割される。小節は四つの区分に分けられ、第1と第3の区分は同じで（1/8 1/16 1/16）、第4の区分（3/8）は第2の区分（2/8）よりも音符が一つ多い。この第4区分の「三つの8分音符の組」がゼイベキコに独特の性格を与えている。

「古い」ゼイベキコの数多くの実例からは、イェニツァリスの「ガキのころからマンガスになる定め」（一九三七年）、パパイオアヌの「日の出まえ」（一九四九年）が挙げられる。

「新しい」ないしは「スパニオールの」ゼイベキコは、第1と第3の区分の音符の順がひっくり返り、1/8 1/16 1/16の代わりに、1/16 1/16 1/8となっている点が、「古い」ゼイベキコと異なっている（③）。

さきに歌詞を引用したイェニツァリスによる「サルタドロス」、ツィツァニスの「雨垂れ」（一九四七年）、パパイオアヌの「かまわないで、かまわないで」（一九五二年）がその例である。

これらゼイベキコの二つの基本形から逸脱する数多くの変種がある。変種は区分内の音符をどう割り振るかによって決まる。たとえば第2区分の1/8 1/8を1/16 1/16 1/8にし、残りの区分は「古い」拍節のままにして、ゼイベキコの一形式にするという仕方があり、これは「ラクダ追いのダンス《ガミリエリコス》」と呼ばれている。これはよく知られた伝説によると、ラクダを追うという日中の苛酷な仕事が終わったあと、夜のくつろぎの時間に体の節々や脚の筋肉の疲れをとくにほぐす、特殊なステップでなされたダンスだったという。この説明はそれほど真に受けられないが、ラクダ追いのダンスはリズムの構造が、（後述する）カルシラマスによく似ていて、前者は後者より遅いというのが主たる違いである。

「気の触れた実娘」（ヴァンゲリス・パパゾグルの作で、制作年は不明だが一九三三年以前だろう）、バティスの「ジプシーの女」（一九三四年）、ムフルゼリスの「おれは学校を出てない」（一九六九年）がその例である。

これら以外のゼイベキコの変種の名称は、歌が作られた土地の名前、様式の要素や決まったメロディーに基づくもので、特別なリズム構造に分類されるわけでない。このことが当てはまるのが、前述の「ユルキコス」や、「アイディニディコ」ないしは「アイディリディコ」と「アイヴァリョティコ」——両者は小アジアの西岸にあるアイドゥンとアイヴァルクのゼイベキコである——、それに「ミティリニョ」（レスボス島のゼイベキコ）で、「重い」ゼイベキコ（「ヴァリス・キ・アシコトス」）を意味する「ムルムリコ」（「ささやき声の」「つぶやき声の」）もそうである。たとえば「ムルムリコ」の歌としては、さきにパヴロス・ニルヴァナスの短編を、一部抜粋したときに引用したヴァースの歌がそれである。これらの名称はすべて形容詞としてのみ理解すべきで、独立したリズムの変種があると理解してはならない。

アプタリコス

ただし「ミティリニョ」と同じくレスボス島でとても広まったアプタリコスは事情がまったく異なる。おそらくその名称は、「不器用な者」を意味する「アプタリス」に由来する可能性がとても高く、これはダンスの踊り方に関係するのだろう。なぜならアプタリコスの拍節は「古い」ゼイベキコの正反対で（②を使って言うと4-3-2-1の順になる）、この場合は三つの8分音符の組からなる最初の小節がその特徴となっている（④）。「新しい」ゼイベキコをひっくり返した変種があっても、理論上はおかしくないが、これに該当する例はない。(48)

アプタリコスの例としては、伝統的な歌の「ペルガメ」（「ペルガモン」）、マルコスの「トランプの札を置いてくれ、ジプシー女」（一九三七年）、「あの人は仕合わせだよ」（パナヨティス・トゥンダスの作（?）、一九三九年）がある。

④アプタリコス

1/8　1/8　1/8	1/8　1/16　1/16
1/8　1/8	1/8　1/16　1/16

[｜♪♪♪｜♪♬｜♪♪｜♪♬｜]

⑤カルシラマス

1/8　1/8	1/8　1/8
1/8　1/8	1/8　1/8　1/8

[｜♪♪｜♪♪｜♪♪｜♪♪♪｜]

⑥アルギラマス

1/8　1/8	1/8　1/8　1/8
1/8　1/8	1/8　1/8

[｜♪♪｜♪♪♪｜♪♪｜♪♪｜]

カルシラマス

カルシラマスも制限付きだが9/8拍子の一つで、この名称は「向かい合う」「向かい合わせる」といった意味のトルコ語に由来し、二人で向き合って踊ることを指している【図29】。きわめて少ない数のステップの型に基づき、かなり自由な即興をすることができ、ゼイベキコ以上に動きを強調する傾向があり、性別を問わず男女が等しく踊るダンスでもある。カルシラマスそれ自体を踊ることは、こんにちでは少なくなってしまったが、このダンスはツィフテテリ（後述）と解釈されるか、シルトス形式のサークル・ダンスとして踊ることが頻繁に観察される。カルシラマスは9/8拍子に制限されるわけではなく、7/8拍子や5/8拍子を基礎にすることもできる。9/8拍子の場

図29　カルシラマスを踊るジプシー。1915年にテッサロニキで撮影。一方が他方になにかの飲み物を渡している。両者がその音に合わせて踊っている楽器はズルナで、この地域で広く使われたオーボエ似の楽器だったが、ギリシャ本土の民族音楽では、クラリネットによってしだいに駆逐されていった。

合は⑤のような図式になる。カルシラマスは「スミルネイコ」ないし「カフェ・アマン」の音楽様式にとくに見られ、これがほとんど用いられなかったいわゆる「ピレウス」のレベティコの特徴ではない。

カルシラマスの例としては、パナヨティス・トゥンダスの伝統的な歌「誉れある労働者」（一九三〇年）、同じくトゥンダスの「ぼくの可愛いディミトルラ」（一九三六年）、ミツァキスの「ジプシーの女」（一九四八年）がある。

7/8拍子と5/8拍子は右の図式に即して言うと、第1の区分を欠いたもの、第1と第2の区分を欠いたものとして表わせる。こうした場合でも特徴的な第4区分の三つの音符の組はけっしてなくならない。7/8の例にはミツァキスの「手拍子」（一九五四年）がある。興味深い例外が、ザハリアス・カシマティスの「テケスの経営者」（一九三五年）で、器楽の部分は5/8なのに、歌の部分は7/8となっている。

9/8拍子の部類を概観した締めくくりに、「アルギラマス」にも触れておく。ゼイベキコとアプタリコスを説明したときの図式を使えば、アルギラマスはカルシラマスをひっくり返したものだ［第1と第2の区分が第3と第4の区分に入れ替わる］（⑥）。このリズムはしかしながらレベティコでは用いられることが総じて少ない。例としては、伝統的な歌の「あなたの甘美な目から霊水が流れる」、スピロス・ペリステリスの「プラカ［アテネの旧市街］の路地で」（一九三七年）がある。

これまでスケッチしてきたように9/8拍子に変種が多かったことは、「スミルネイコ」が戦間期に重要な役割を果たしていたことのなによりの証拠である。だがゼイベキコが現在のようになるうえでとく重要だった二つの展開の相に触れておきたい。

9/8拍子のリズムは一九四〇年代半ば以降、変種の幅が狭まっていく傾向が認められる。「新しい」ゼイベキコに押されて、「古い」ゼイベキコとアプタリコスが衰えた点に、この傾向が現われている。「新しい」ゼイベキコは一九五〇年代の終わり以降、欠かすことのできないほぼ唯一の形式として、勝利を収めはじめるようになった[49]。以上のような展開が起こった理由としては、かくも多様なリズムのあった「スミルネイコ」が、一九三〇年代半ば以降に衰退したことが、この展開を強く促したのではないかと推測される。さらにはハサピコスとハサポセルヴィコスの展開を手がかりにしてすでに観察できたように、こうした展開はダンスの明確化と単純化への需要に応えるものだったのかもしれない。このことはゼイベキコの速さに関わるもう一つの相と無縁ではない。戦間期のゼイベキコはその大多数が、戦後に作られたゼイベキコに比較すると速く演奏されていた。「古い」ゼイベキコを「遅い」ゼイベキコとするのが事実にまったく反する所以である。聴いてすぐ分かるほどゼイベキコを遅く演奏することは、「新しい」タイプに属すというのが通例であるが、これを開始して広めたのがツィツァニスだった。ブズキ奏者にとって遅い形式は速くて古い形式以上に、メロディーの随所で装飾を付けることを可能にし、当時の新しい曲作りをするのにも適していた。こうすることで踊る側にとっても、複雑な動作を即興する可能性が広がったが、ダンスの性格全体もまた変化することになった。この変化とはすなわち、ステップの強調から動作の強調への展開、と言うことができるだろう。ゼイベキコはその証拠にダンス学校で教わる対象となり、即興という元々の考え方からすると完全な倒錯となった。部分的にクラシック・バレエを思わせる、さまざまなポーズを連続して取ることで、踊り手は鷲などの動きを真似するよう、努めなければならなくなった。

ゼイベキコはその結果、フォークロア化する傾向となった。このことはハサピコスの例ほどはっきりとは目立たないが、なぜならそれは一人で踊る場合は当然ながら、個人がダンスを組み立てる部分が大きいからだ。ただしゼイベキコもハサピコスと同様、こんにちの踊り方は初期のものとは著しく異なり、この初期の形式はおぼろげにしか分からない、という印象がどうしても拭えない。

その他のリズム（ツィフテテリ、シルトス、ワルツ）

ツィフテテリ

「ツィフテテリ」という名称はトルコ語の çifte teli に由来し、これはもともと「二本の弦」を意味し、使用する楽器の相を示していた。ツィフテテリはベリー・ダンスのさまざまな形式の名称に使われるので、これらを一緒くたにして単一のリズム構造に還元することはできない。ただしそれでもステップの固定されない踊りはすべての形式に共通し、個々の踊り手はお尻や胸の動きの流れを中心に存分に即興することができ、このダンスにそなわったエロティックな傾向の性格を表現する。

ツィフテテリは本来は女性のダンスで、男に与えられたのは見るほうの役割だった。たとえばアネスティス・デリヤス作のレベティコの歌、「コンスタンティノープルのハマム［浴場］で」（一九三五年）のとくに最後の二つの詩節で、次のように描かれているのもそうした理由からだ。

Αργιλέδες να φουμάρει με χασίσι τούρκικο
Και χανούμια να χορεύουν τσιφτετέλι γύφτικο

Έτσι την περνάνε όλοι οι πασάδες του ντουνιά
μ' αργιλέδες, με μπουζούκια, μ' αγκαλιές και με φιλιά

トルコのハシッシュの入った水ギセル（をかれは喫おうとし）

ハレムの女たちにジプシー風のツィフテテリを踊らせる
この世のパシャたちはみな、このようにして時を過ごす
水ギセルを喫い、ブズキを聴き、女を抱き、女に口付けをして

こうした男女の役割の違いはしかしながら、役割が逆だったゼイベキコほど厳格ではなく、ツィフテテリはすでに戦間期には、男女の違いに関係なく踊るものになっていた【図30】。ツィフテテリはカルシラマスと同様、「スミルネイコ」の方向の音楽で頻繁に用いられた一方で、(いわゆる「ピレウスの」)レベティコでは希少価値しかなかった(前述の歌はそのかぎりで例外である)。これは第一世代(マルコス・ヴァンヴァカリスなど)にも第二世代(ツィツァニスなど)にも当てはまる。ツィツァニス自身は一九四〇年代の終わりまでツィフテテリを一切書かず、一九五〇年以降に書いたツィフテテリは自身の発言によると、「インドによる支配」〔134ページ参照〕に応えた、この流行に便乗したものだったという。ここで言っておきたいのは、「スミルネイコ」に代表されるような東方の音楽を、ツィツァニスは総じて評価していなかった、ということである。かれは一九六三年のラジオ・インタヴューでこう訊かれている[50]。

あなたが三七年に活動を開始したとき、スミルネイコには衰退や消滅が始まっていました。あなたはスミルネイコ派からなにか影響を受けましたか?

以下がツィツァニスの答えである。

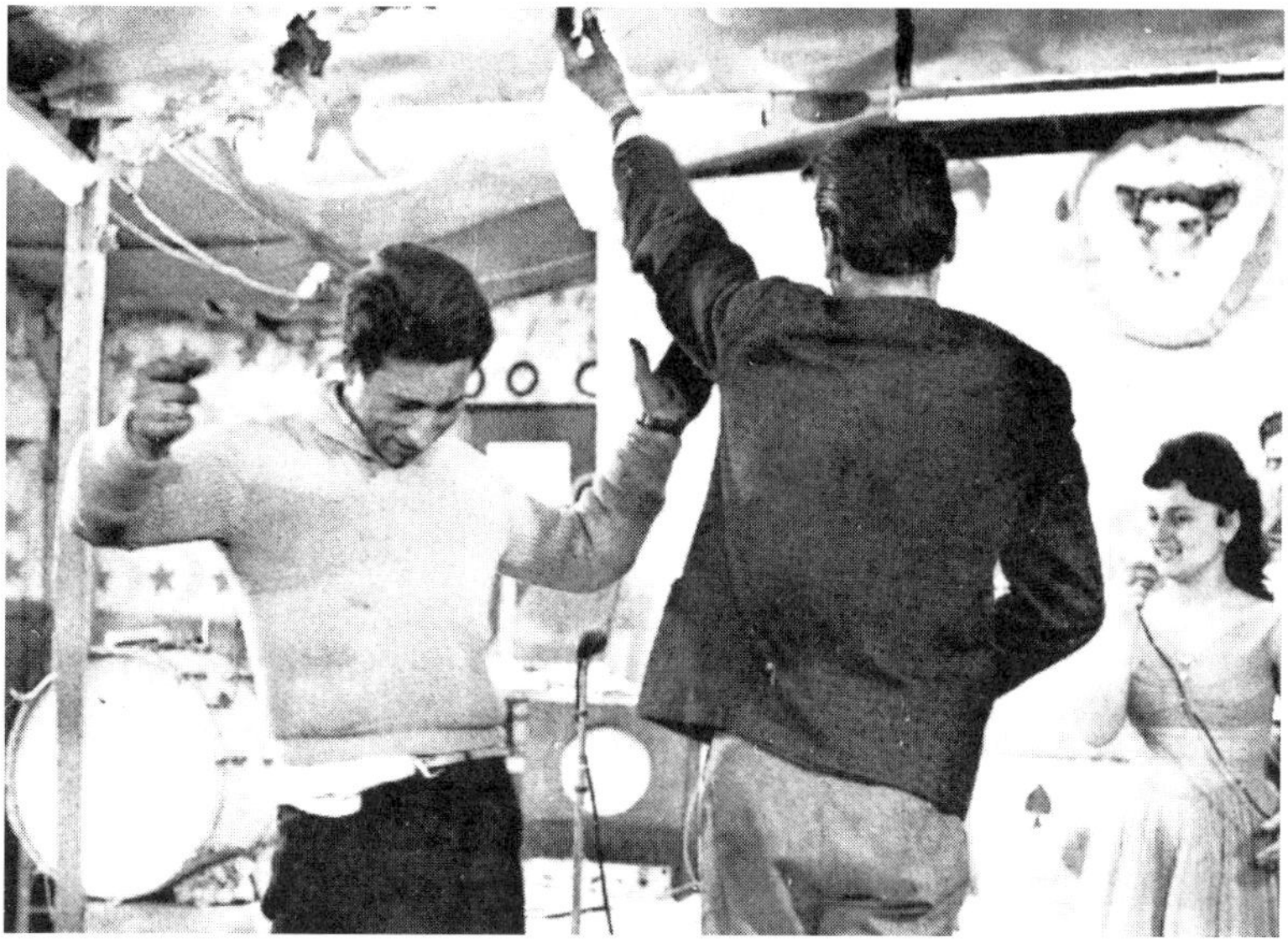

図 30　ある酒場で 1960 年代初めに撮られた写真［ツィフテテリを踊っている］。

スミルネイコからは影響をまったく受けなかったどころか、あの延々と泣き言ばっかり言ってる兄弟たちが、いつ果てるとも知れないアマネスを歌ってるのを聴くと、わたしはひどく虫唾《むしず》が走ったものさ。たしかにスミルネイコ時代の何千曲もの歌のなかには、わずかながらとは言えとてもいい歌もあるけどね。

ツィフテテリはアマネスと同様に「東方の」音楽の象徴だったので、これを激しく嫌った者がギリシャにいたのも当然である。ただしアマネスとは違ってツィフテテリはこんにちまで残っている。一九五〇年代に「インドによる支配」や「カザンヴィディス」様式と結び付いて、わりとブームになったりもした。ここで考慮しておかなければならないのは、第一に、戦前とは違って音楽酒場に来る客のうちに、これまで以上に多くの女性が数えられるようになり、ツィフテテリはダンスへの女性の要求に当然もってこいだったことで、第二に、ツィフテテリはリズムの点である種の民族舞踏《フォークダンス》、たとえばシルトスに似たところがあることで、ここからは「田舎の人々」を惹き付けたいわゆる「シルトツィフテテリ」も生まれた。最後に現在の状況について述べておくと、ディスコないしは「クラブ」で見られる踊る環境、すなわち踊る者が満員のフロアーで各々踊るという環境にも、ツィフテテリは向いている。こんにちのツィフテテリはしたがって、歌のリズム・パターンが変えられないときに、いつでも使える「スイーパー［サッカーで最後のディフェンスになる］」になっている。こうした柔軟性は本章の初めで述べたように、ツィフテテリというダンスが、単一の拍子からなる構造には固定できない、という事情から生じている。たいていは4/4拍子を基礎にして用いるが、内部構造は多くの逸脱が可能である。たとえば次のような組み合わせが可能である。1/4 1/8 1/16 1/16 - 1/4 1/8 1/8 や、1/4 1/8 1/16 1/16 - 1/4 1/8 1/16 1/16 や、1/4（付点付き）1/16 1/16 1/16 1/16 - 1/4（付点付き）1/16 1/16 1/16 1/16 など、あらゆる組み合わせが可能なのである。

リズム・パターンがそのすべてで厳格というわけではないが、「アラビアの（ないしは黒人の）ツィフテテリ」や「バヨン」など、ツィフテテリには下位グループの名称もある。これらと密接に関係しているのが「ボレロ」や「ルンバ」と呼ばれるダンスで、これらは「東方趣味」の音楽でとくに使われたリズムの名称として用いられる。

ツィフテテリの例としては、伝統的な歌の「わたしはグラスを砕く」、タタソプロスの「来て、立ち上がって、踊って」があり、「ボレロ」の例としては、ハヅィフリストスの「船頭」（一九三九年）が、「ルンバ」の例としては、前述の「東方趣味《オリエンタル》」の歌がある。

シルトス

シルトス（syro が「引っぱる」を意味するので、syrtos は字義通りには「引っぱった」）は、集団で輪になって踊る伝統的なダンスで、起源は古代にまで遡る可能性がとても高い。近代ギリシャの文脈ではとくにエーゲ海島嶼部の音楽とされる。このダンスのステップに無数の変種があるということは、伝統的なダンスのなかで土地ごとに差異化した結果である。だから島や地域や村はもちろんのこと、家ごとに異なる独自のステップまであり、これはその集団ならではのアイデンティティーを表現した。二〇世紀に地方が国民国家に吸収されて自立性を失っていくにつれて、均質化した形式に席を譲って後退を余儀なくされたのがそうした多様性だった。こういう展開の行き着く先がダンス学校で、これらの学校は――ハサピコスやゼイベキコがそうだったのと同様――、元々の意味では生きていたダンスのどれもが放り込まれる、死体の仮置き場ともなりかねない。シルトスのリズムは 4/4 拍子で表わされるが、説得力があるとはとても言えない（たとえば同じ型をもったツィフテテリが、同じ 4/4 の型で表わされることを参照）。

シルトスは昔から「スミルネイコ」で使われてきた一方で、戦間期のレベティコではほとんど使われなかった。

戦後になるとそれでも第二世代に属す者たちが、シルトスのリズムを使って一連の歌を書いた。なかでも名前を挙げておきたいのが、パパイオアヌとツィツァニスである。たとえばパパイオアヌであれば、一九三七年の「可愛いエヴァンゲリカ」、一九四六年の「漁船」ないしは「船長アンドレアス・ゼポス」、一九四六年の「ヤハビビ［人名］」、一九四八年の「カカヴィア［魚のスープの一種］」がシルトスであり、ツィツァニスであれば、一九五〇年の「ようこそ、サンタ・クロースという名前の、わたしの帆船」、一九五三年の「ベルベル人の地のチュニジア」がそうである。

以上の例は同時に、島嶼部の伝統音楽のほうが、本土側のそれよりも、レベティコに近かったことを示している。こうした関係は歌詞すなわち韻の規則にも認められ、この規則はレベティコでも島嶼部の民謡でも厳格だったが、本土側の民謡では厳格でなく、港町こそがまさにレベティコ発祥の地だった、という仮説を支える補足的な根拠となっている。

ワルツ

この章を締め括るにあたって、レベティコの歌のなかには3⁄4拍子に基づいて、ワルツで踊るものがあるということにも触れておく。これは全体のなかでは珍しい例外である。ハヅィフリストスの「夜はけっして明けるな」、パパイオアヌの「傷付いた燕」がその例である。

メロディーの相

レベティコで用いる旋法ないしはその種類の考察には根本的な問題がある。さまざまな前提に基づいた異なる和声体系が重複しているのがその主たる原因である。

実際の演奏では「ドロモス」（ギリシャ語で「道」を意味する［複数形は「ドロミ」］）ないし「マカーム」という旋法が用いられ、これらの名称はトルコ語やアラビア語がその語源である［後述の「マヅォレ」や「ミノレ」などイタリア語のものもある］。これらがギリシャでようやく文献に出てくるようになったのは近年のことで、名称についても数についても意見はまちまちだ。ハラランボス・パヤティスはそのハンドブック(51)で、一六の主旋法と八の副旋法を挙げているが、自分が用いている名称は実際の演奏では、別の旋法に分類されることもある、とさっそく前置きで述べているようなありさまだ。［パヤティスの言う］主旋法を挙げると次ページの表のようになる（メロディーは半音に基づいて構成され、1は一半音の、2は一全音の、3は三半音の音程を意味する）［アラブやトルコのマカーム名も一部併記する］。

副旋法には次のものが挙げられている。1魔術《マジック》、2ラスト・アヅェム、3フセイニ［フサイニー］、4ネヴェセリ、5ネヴァ、6タバハニョティコス、7ツィンガニコス（「ジプシーの」を意味する）、8アンダルシア音階。これらはパヤティスによると主旋法の変種にすぎず（たとえばセンギャハ旋法の魔術など）、上昇のときと下降のときの音列の違いが重要だという（同様のことは後述のラスト旋法でも起こるので、なぜパヤティスはそれを主旋法に定義したのかという疑問が生じる）。パヤティスの挙げた「ドロモス」については、存在が否定されているものもあり（たとえば後述のニグリス旋法すなわち牧人の短調）、逆にパヤティスの挙げていない旋法（たとえばスシナク旋法）も問題になる。(52)こうした異論は旋法がもっぱら口伝で継承されてきた結果で、特定の音列に独立した旋法の資格が与えられるか、あるいは変種の資格しか与えられないのかというのは、観察する者の見方によるというのが常だ。あれこれの旋法を持ち出してくる動機には、イデオロギー的な性格のあるものもあるだろう。だからパヤティスの挙げている、ピメニコス・ミノレ旋法（牧人の短調）、ニシオティコス・ミノレ旋法（島の短調）にも、

ヒヅャス［ヒジャーズ］旋法：1－3－1－2－1－2－2（Aを基音としたヒヅャス旋法は次のようになる：A－A#－C#－D－E－F－G－A）

ヒヅャスキャル［ヒジャーズ・カール］旋法：1－3－1－2－1－3－1（ヒヅャス旋法との違いは最後から2番目の音で、Aを基音とした場合はGがG#になる）

ピレオティコス旋法（ピレウスの旋法）：1－3－2－1－1－3－1

マヅォレ旋法（長調）：2－2－1－2－2－2－1

ラスト［ラースト］旋法：パヤティスによるとマヅォレ旋法との違いは、下降音列が2－1－2－2－1－2－2となる点だけである（1－2－2－2－1－2－2とはならない）。「ラスト」という名称はしばしば、パヤティスが次の「フザム」と表わしている旋法にも使われる。

フザム［フザーム］旋法：3－1－1－2－2－2－1（マヅォレ旋法との違いは2番目の音で、Aを基音とした場合はBではなくCになる）

センギャハ旋法：3－1－1－2－1－3－1（フザム旋法ないしラスト旋法との違いは5番目の音で、Aを基音とした場合はF#がFになる）

ニシオティコス・ミノレ旋法（島の短調）：2－1－2－2－1－2－2

ウサク［ウッシャーク］旋法：1－2－2－2－1－2－2（数ある短調の旋法との特徴的な違いは、最初の音程が半音になっていることで、Aを基音とした場合はBではなくA#になる）

サバハ旋法：2－1－1－3－1－2－2（最後の音が半音の音程となって、Aを基音とした場合はAではなくG#となり、オクターヴが完結しないという逸脱がしばしば起きる）

カルヅィガル旋法：2－1－2－1－3－1－2（この旋法はパヤティスの名称とは違って、一般にキウルディ旋法と呼ばれる）

キウルディ［クルド］旋法（クルドの旋法）：2－1－2－2－2－1－2

ピメニコス・ミノレ旋法（牧人の短調）：2－1－3－1－2－1－2（この旋法はニグリス旋法と呼ばれる場合もある）

ニアヴェンド旋法：2－1－3－1－1－3－1

アルモニコス・ミノレ旋法（和声的短音階）：2－1－2－2－1－3－1

メロディコス・ミノレ旋法（旋律的短音階）：2－1－2－2－2－2－1

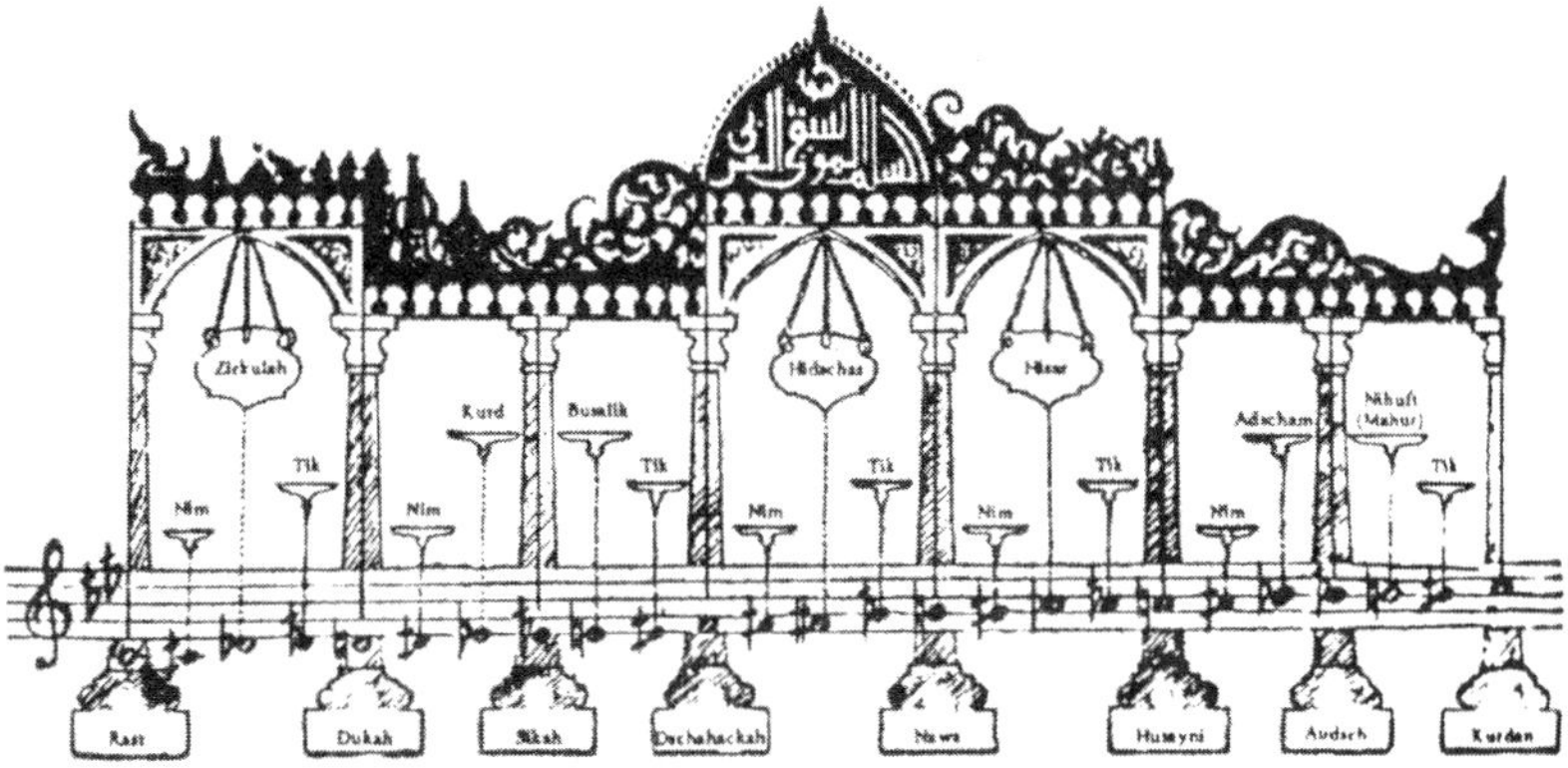

図 31　アラブ音楽の主たる旋法の種類を表わした図。

疑いをどうしても抱かざるをえない。このような名前の付け方からしてすでに、ギリシャ音楽の偉大な豊かさを証明したいという著者［パヤティス］の意志が、命名のさい大きく働いたのではないかという疑いである。実際に演奏を行なっている何人かの音楽家の考えでは、旋法の数は一〇しかなくて最大でも一一である。[53]

確実に言えるのは、ギリシャ語で用いられる旋法の名称は、わずかな例外（サバハ、ヒヅャスキャル、ニアヴェンド）を除き、トルコ語やアラビア語による同名のマカームとは、合致しないということである【図31】。このことは、ギリシャのポピュラー音楽が戦間期以降、平均律で調律した楽器を広範囲で用い（後述）、限られた音しか出せなくなった、という理由からしても当然のように思われる。[54]

実際の演奏では、パヤティスの挙げた音列から逸脱するものが、たびたび観察される。これらは特定の箇所に現われることから、決まった規則に従っていることは明らかだ。たとえばサバハ旋法はしばしば最後の音が全音ではなく半音になってオクターヴが完結しない。ヒヅャス旋法は最後から二番目がときおり半音になり（1－3－1－2－1－1－3）、ウサク旋法は特徴的な最初の半音が下降音列にしか現われず、これ以外のときは短調で上昇していくことがしばしばある。

こうした現象は「エルクシス［「引く」という意味］」として、ビザンティンの教会音楽の時代からすで知られ、たとえばウサク旋法や（メロディーとしては同じ）［ビザンティン聖歌の旋法の］第一調《プロトス・イホス》の「エルクシス」など、この現象に相当するものは教会音楽にもいくつかある。これら以外の場合はその現象は元々は自然だった音を、少なくとも似せて出そうとする試みだと解釈できる。ただしそれだけでもすでに問題のある状況なのに、前述の「ドロモス」ないしマカームを、ビザンティンの教会音楽の旋法ばかりか、古代ギリシャの旋法とも未整理のまま同一視してしまうので（たとえばリディア旋法やミクソリディア旋法を、ヒヅャス旋法と同一視する）、全体がますます複雑になっていく一方である。こうしたことが往々にして起きるのは、ギリシャ音楽が古代から現代まで、途切れずに続いてきたことの証拠を、裏付けようとするためである。

こういう姿勢にしたがえば古代ギリシャの旋法からビザンティンのそれが生じ、さらにはそれがオスマンの征服者に引き継がれて改名されたということになる。このような見方はギリシャ音楽の連続性を主張するという点ではさほど問題ではない。芸術の展開というのは先行するものを拠り所にし、手本から完全に自由になれないのは当たり前だからだ。さらには伝統音楽の分野では古い要素のほうが、新しいそれよりも耐久力があり、辺鄙な地域では音楽を表現する形式が、百年も変わらずに停止したままの状態になる。こうした意味で連続性があることに疑いはない。

だがそれでも対象を排他的な「ギリシャ音楽」に還元するのは容認しがたい単純化である。なぜならビザンティン音楽は一枚岩のものではなかったし、ギリシャ人ないしはギリシャ語話者だけのものでもなかったからだ。なにしろこの音楽がビザンティン帝国以外の音楽要素、たとえば隣国ペルシャの音楽要素に影響されたのは明らかではないのか？　ビザンティンの旋法がオスマンの征服者に、単純に「改名」されたという主張[55]も納得できない。さまざまな名称にはオスマンとは別の要素も反映されているのに、この種の主張はそうした要素を見落としている。たとえば「ヒヅャス」（ないしは「ヘヅャス」）という名称は、アラビア半島の地理学上の地域ヒジャーズを、「キウルディ」は「クルドの」を意味している。古代ギリシャやビザンティンの旋法を、二〇世紀のポピュラー音楽の旋法に、未整理のまま等置するということは、後者の根底にある和声体系の決定的な違いを、結局は見落としてしまうことにもなる。平均律で調律した楽器の使用が、ギリシャの音楽で増えていったということは、西ヨーロッパの和声学を受け入れることに繋がり、広範囲にわたってその影響を及ぼした。音列はいまや自由に移調することができ、適切な和音を施すこともできるようになった一方で、楽曲が表現するものへの根本的な解釈もまた変わった。なるほど音楽の良し悪しの判断基準など長続きしないものだが、なにが一般に「良い」と感じられ「悪い」と感じられるかが変わったのだ。

こうした重大な転換がギリシャの音楽に起きたのは、二〇世紀の真ん中の三〇年ほどの期間で、かなりの部分でレベティコの展開と同期していた。たしかに本書が考察の対象にしている音楽空間の内部では、平均律で調律した楽器が一九世紀にはすでに用いられ、歌は西ヨーロッパの和声学による和音体系に基づいて演奏された。これはイタリアの影響を受けたイオニア諸島の「カンダダ」にも、コンスタンティノープルで「エストゥディアンティナ」と呼ばれた音楽にも当てはまる。ただしそうした音楽形式は、ある音楽風景のなかに散りばめられた、「西ヨーロッパ」的な部分にすぎず、この音楽風景にはそれ以外の点では、「東方」の特徴があったのである。ここでは西ヨーロッパ的な意味での和音を使った伴奏はさほど知られておらず、ビザンティンの教会音楽の時代に出来た「イシ」「イソン」とも称される」や「イソクラティマタ」として知られるドローン音を伴奏の代わりに用いていた。

だからレコードに録音されたレベティコ初期の歌には和音を使った伴奏が皆無である。ブズキかバグラマスだけで演奏し、開放弦でドローン音「イシ」を発生させるか、打楽器（たとえばダラブカがそれだが、スプーンやグラスや数珠《コンボロイ》のときもあった）で伴奏をするか、あるいはその両方を行なうこともあった。さきに引用したマルコス・ヴァンヴァカリスの「カラドゥゼニ」（一九三三年）がその好例である。メロディーが形成するのは外側の枠だけで、細部の仕上げは演奏者が責任を負い、基本的な構造さえ守られれば、繰り返しをするたびに細部が変えられた。このときとくに用いられたのが「型《パターン》」、すなわちどんなに異なる場面でも用いられる、メロディーの埋め草だった。

これ以降の録音になるとブズキの他に、ギターが伴奏楽器として加わった一方で、バグラマスも伴奏の機能を引き受けた。これはまずとても地味な形式で行なわれた。ギターは簡単な低音だけに限られたが（ポジション・チェンジはしばしば一つだけ）、バグラマスは完全に開かれた演奏がなされた。マルコスの「ゼイベキコのタクシミ」（一九三四年）がその例である。この曲のゼイベキコの部分はサバハ旋法のメロディーに基づき、「ヴォタニコス

［アテネの一画］のマンガス」の原型ともなった（スピロス・ペリステリスによる一九三三年の作曲で、ザハリアス・カシマティスが歌い、一九六二年に歌手のステリオス・カザンヅィディスが再録）。

次の展開への移行は一九三〇年代後半に生じ、おもにそれを行なったのは第二世代だった。和音による組織的な伴奏が第一の展開だが、基本的にその和音は取捨選択されたものだった。実際に選ばれたのは和声学で可能な和音のごく一部だった。ここに「古典的」なレベティコ独特の音色を決定した様式の中心的要素がある。この展開の第二の相は同一の曲のなかでの旋法の転換を導入したことで、これは以前のレベティコには知られていなかった（ただし「スミルネイコ」では知られていた！）。ヴァシリス・ツィツァニスの「トリカラのゼイベキコ」（一九三八年）が典型例で、楽器の独奏がタクシミなしに長調と短調とキウルディ旋法でなされる。第三の相としてようやく多声の導入が、最初は歌のなかだけで、だがやがて楽器の演奏部分にも現われる。イオアニス・パパイオアヌの「ファリリヨティッサ」（一九三六年）がその例だ。

ちなみに述べておかなければならないが、リズムと旋法は勝手には組み合わせられなかった。このことが最もはっきりしているのが、対称的なリズムのハサピコスとハサポセルヴィコスで、これらのリズムにとって、ウサクやサバハやキウルディ（カルヅィガル）の旋法はタブーであるらしい[56]。ワルツはそもそも珍しいリズムだが、短調かヒヅャスしか用いられず、ツィフテテリがサバハを使うことはまれで、ニアヴェンドの使用は皆無である。ウサクはツィフテテリで総じて好まれた旋法である。ここに挙げた観察は対称的なリズムを除いて、ルールの規範とするには十分と言えないが、レベティコでどのリズムの相が、支配的な地位を占めているかということを示している。

平均律で調律した楽器の導入が切り開いた可能性の枠は、右でスケッチしたような展開によって徐々に完成していった。西ヨーロッパの和声体系のもっている可能性が、こうして実際の演奏で用いられるようになったのだ。このした過程が第二次世界大戦後にますます進み、和音の幅広い配置や第三の声部の導入がなされていった。このことで同時にメロディーが以前よりも強く構造化され、自由なメロディーの付け方が減る傾向ともなった。さらにまたレベティコ本来の三つの標準的楽器、ブズキとバグラマスとギターに、別の楽器が加わることにもなった（たとえばヴァイオリンやピアノ）。なかでもアコーディオンには重要な意味が与えられた。なぜならアコーディオンは多くの曲で、ブズキの音楽的な対抗馬の役割を担ったからだ。これはすでに述べたように、歌手や作曲家や作詞家へというように、音楽家の分業化の増大に応えたものだった。ブズキとアコーディオンを対立的に用いた例としては、ヒョティスの「粗末なブズキ」（一九五〇年）がある。

だがそうしたことと平行して一九五〇年代には、洗練したメロディーの増加に矛盾する傾向が観察される。旋法の多様性が相対的に減少するという傾向である。この減少は多少の差があるとは言え、サバハ旋法、キウルディ旋法（パヤティスの分類ではカルヅィガル旋法）、ニアヴェンド旋法、ラスト旋法（パヤティスの分類ではフザム旋法）にとくに当てはまり、短調（全音階的なものと和声的なものとを問わず）、ウサク旋法、ヒヅャス旋法は逆に優遇された。ヒヅャスはそうでなくてもギリシャ音楽で最も頻繁に用いられる旋法の一つである。このように制限付きだとは言え似たようなことは、ダンスのリズムが辿った展開にも認められる。以下にその全体像を示すことにする。

戦間期のレベティコは、最小限の和音伴奏と楽器で、比較的自由なメロディーを付けながら、リズムと旋法が多様だったという特徴や、作曲家と作詞家と楽器演奏者と歌手が、広い範囲で兼務されるという特徴があった。こうした関係が戦後は反対の方向に進み、兼務されていた役割は分業化され、リズムと旋法は単純化されることになった。このような展開を素朴から成熟への直線的な進歩と解釈するのは大きな間違いである。なぜなら得るものがあれば失うものもあるからだ。だとしたら音楽的にどちらに優劣があるのかは言えない、二つの異なった音楽概念があるとしたほうがよいだろう。

進歩という一面的な解釈を自分たちの拠り所にしているのは、レベティコを忌み嫌っている側の批判だけではない。レベティコを支持する側に広まっている推測もそうであり、この点は昔も今も変わりがない。レベティコはすなわち一九五〇年代以降、洗練の度を増すことによって、初期にあった活力を失って衰退したという推測である。あらゆる共感とは裏腹にそこにあるのは、レベティコは素朴である、「本物であるという評価」を得るには、素朴でなくてはならない、という言外の前提である。だがそんな前提では先入観のないレベティコの考察などそもそも無理なのだ。(57)

歌詞の相

イリアス・ペトロプロスはその著書『レベティコの歌』において、レベティコの歌を歌詞に基づいてテーマ別に分類しようと試みた。かれはそこで以下に挙げるような結論に至った。

1ラヴ・ソング、2別れの歌、3憂鬱な気持ちの歌と抗議のための哀歌、4下層社会の歌、ハシッシュの歌、5牢獄の歌、6貧困の歌、7労働の歌、8病気の歌、9カロン［冥土の川の渡し守］やハデス［死者の国の支配者］の歌（「死の歌」）、10母の歌、11異人の歌、12夢や東方趣味やその他エキゾティックな歌、13タヴェルナの歌、14ささいな心配事が題材の歌、15嘲笑や戒めの歌、16さまざまな生活の印象を伝えたり示したりする歌、17さまざまな都市やその住民を讃える歌、18軍隊や戦争の歌、19特定の人物に向けた歌。(58)

このように列挙しているということ自体がまさに、レベティコをテーマ別に限定することの難しさを物語っている。なにしろ項目の重複がしばしば起こるので難しさはなおさらだ。同じ歌詞が異なるテーマに、たとえば「ラヴ・ソング」にも、「憂鬱な気持ちの歌」にも、「ハシッシュの歌」にも属してしまう。右に挙げた項目の一つだけに属す歌詞は実はむしろ例外である。レベティコは「普通の人々のための普通の音楽」だ、というペトロプロスに由来する定義にしたがえば、レベティコの歌詞の多くが反映しているのは日常の世界、すなわち日常の大なり小なりの願い、心配事や悩み事であるという一方で、この場合の日常の世界とは都市のものだ、と言うことはできるだろう。以上のように前置きしておくのは、こうしたことを示しておいて、レベティコのテーマを単純化させないためである。
レベティコで歌われるテーマはけっして、ハシッシュや下層社会がすべてだったわけでも、大部分がそうだったわけでもないことは、調査をした結果を見れば明らかで、ペトロプロスのアンソロジーのなかでも、最大の項目となっているのはラヴ・ソングで、別れの歌がそれに続いている。さらにまた調査の結果からは、性質がどのようなものかは別にして、政治的ないし社会批判の傾向が、レベティコにあったということも導けない。このような解釈の対象になる歌の項目（「抗議のための哀歌」）は、数のうえでは「タヴェルナの歌」とほぼ同じだが、「ハシッシュの歌」や「牢獄の歌」のほうがそれを上回っている。

ただし以上のようなことを別にしても、レベティコの歌の歌詞がなにによって特徴付けられ、あるいはそもそも「レベティコ的」と言える固有の特徴があるのかという問いに、ペトロプロスの分類は満足のいく答えを出してくれない。この分類の短所はとりわけ、それぞれの時代的な次元を無視して、レベティコが経てきた展開の相を考慮していない点にある。だから一九世紀や二〇世紀初めの「作者不詳」時代の歌詞が、一九六〇年代初めの歌の歌詞と並べられてしまう。これらの歌がまったく異なる条件下で生まれたことは明白である。前者の歌が伝統的な「民謡」とほとんど区別が付かない一方で、後者の歌はもちろんライコに分類されることがしばしばだ。これとは別の根本問題となっているのは、以上のような分類が歌詞の相だけを絶対視して、最終的に生み出された歌というものに、重要な影響を与えている他の要素を、見えにくくしているということである。こうした要素に属すものとしては、韻律の必要上どうしても生じる制約と並んで、一曲の歌を取り巻いている社会空間とその歌のもっている特別な機能、だれがだれのためにどんな理由でそれを書いて演奏したのか、ということがある。歌を書いた者と演奏する者は同一の場合もあれば別の場合もある。こうした関係で示唆的だと思われるのが、マルコス・ヴァンヴァカリスの書いたヴァースである。[59]

Εγώ δεν είμαι ποιητής τραγούδια να ταιριάζω
Και μου τα φέρνει ο αργιλές και τα κατασκευάζω

おれは歌を書く詩人じゃない
歌をもたらしてくれるのは水ギセルで、おれがするのは歌を組み立てることさ

かれはここで歌詞は本来的な意味での詩ではないときっぱりと断じている。歌詞を書くことはハシッシュを喫うなど別の行為と密接に関係している。だから歌詞を書くのも歌うのもそれだけで独立した行為ではなく、たとえばこの歌の場合であれば「テケス」のように、決まった場所をもった具体的な文脈に埋め込まれる。こうした点を見れば歌詞の相だけに基づいてレベティコのテーマを分類するのは問題で、歌詞の構造をまず考察してみるほうが上手くいくのではないかと思われる。このさい決定的な転換点となるのがレコード生産の開始で、これは「初期の」（それ以前の）レベティコと、「展開を遂げた」（それ以降の）レベティコとを区別する、最も信頼できる判断基準をもたらしてくれる。

スタシス・ガウントレット[60]は初期のレベティコをその構造から、伝統的に受け継がれてきた歌と定義し（作者不

詳で、口伝であって、形式は流動的）、レベティコが民謡と異なるのは、下層社会を題材にした特殊な歌詞だけだとしている。かれはそうした議論のさい、異なる詩節を比較的自由に組み合わせる、開かれた「歌の使いまわし《ソングサイクル》」について述べている。このように既存の詩節に新しい詩節を加えたり、レベティコとはもともと無関係だった歌に、なにかを補ったり変形したりすることはしばしばあった。このことは初期のレコード録音のいくつかからもまだ窺える。マリカ・パパギカが歌った作者不詳の歌で、ウサク旋法のアプタリコス「あなたの顔立ち」（レコードには制作年が挙げられていないが、リイッシューした会社によれば一九三〇年以前[61]）がその例だ。この歌ではエーゲ海島嶼部の民謡で歌われる伝統的なヴァース、「わたしたちを島に連れてって、お義母さんもわたしも、あなたと一緒に」が第3詩節になっている。だが第5詩節「あんたはみんなからハシッシュ中毒呼ばわりされるけど、わたしに言わせればあなたはただの道楽者」はあとから補われたもので、内容が他の部分と合致しないし伝統的な文脈とも繋がらない。この歌ではレベティコの性格を付与する新しいヴァースが、既存の民謡にはめ込まれたのではないかと推測される。

　こうした現象がとくに顕著なのがいわゆる「アデスポト」、すなわち「持ち主のいない」と称される歌である。こう呼ばれるのは作者の名前が知られていないからで、個々の詩節は内容がたがいにばらばらになっている。ヨルゴス・バティスが作曲して自分で歌も歌っている、ピレオティコス旋法の「新しい」ゼイベキコの歌、「ああ、おまえはとんだ災難だったな」（一九三四年）はその例である。楽器はバグラマスと、伴奏を付けるブズキである。

Αχ, σου 'χει λάχει – Αχ, σου 'χει λάχει – …
Αχ, σου 'χει λάχει, σου 'χει λάχει – έ ρε να το φας απ' το σελάχι

Ωχ να το φας απ' το σελάχι – αχ τίποτις για να μη λάχει
Ωχ τίποτις για να μη λάχει – έ ρε να σε πιάσει αχ το στομάχι
Ε ρε σου 'χει λάχει, σου 'χει λάχει – αχ να σε πιάσει το στομάχι

Ωχ να σε κυνηγούν οι Βλάχοι – αχ και να χάσεις και τ' αυλάκι
Ε σου 'χει λάχει, σου 'χει λάχει – αχ να σε κυνηγούν οι Βλάχοι

Κάτω στην Άγια Μαρίνα – ...
κάτω στην Άγια Μαρίνα – Αχ τα 'χω ψήσει με μια φίνα

Αχ Παναγιά μου – ωχ δώσ' του, δώσ' του – ...
Αχ Παναγιά μου – ωχ δώσ' του, δώσ' του –
Αχ μαχαιριές κι εγώ γιατρός του

"Γεια σου ρε Μπάτη!"

Αχ, μου παρήγγειλε τ' αηδόνι – ...
Αχ, μου παρήγγειλε τ' αηδόνι – Άιντε με το πετροχελιδόνι

"Ε, ρε να ζήσουν τα ντερβίσια!"

ああ、おまえはとんだ災難だったな、セラヒ（幅広の帯）に一発食らうぞ（次のような意味にも取れる）ああ、おまえは上手くやったな、セラヒからくすねるのが上手い（おまえは掏摸《すり》なんだな、というような意味））

おお、おまえはセラヒに一発食らうぞ、おお、なにも起こらないといいな、おい、土手っ腹にやられるぞ、おい、おまえはとんだ災難だったな、土手っ腹にやられるぞ

おお、ヴラフ人［ルーマニアなどにいる民族でワラキア人とも］の連中に追われるぞ、ああ、おまえはパニくるにちがいない

おい、おまえはとんだ災難だったな、ヴラフ人の連中に追われるぞ

下の聖マリナ《アギア・マリナ》［地名］のところで、おれは可愛子ちゃんとイチャついた

ああ、生神女様《パナヤ》が、あいつに食らわす、あいつに食らわす、あいつにドスを食らわす、おれがあいつの医者になってやる

［かけ声］「いいぞ《ヤ・ス》、バティ」

図 32　自分の「コーヒー店」で撮影されたヨルゴス・バティス（中央でブズキをもっている）だが、この店にはどう見ても 1 人分の席しかない。かれの 2 人の友人ないし弟子（ギターとバグラマスをもっている）は店外に座る羽目になる。「『絶望通り《イ・オドス・アペルピシアス》』コーヒー店、市長さんのご指示によりオープン、ゾルズ（すなわち「ジョルジュ」）・A・バテ、262 番地」と看板に書かれている。

ああ、小夜啼鳥《ナイチンゲール》がおれに告げた、ああ、燕と一緒に来て告げたんだ

［かけ声］「デルヴィシどもは長生きしろ！」

引用符に入れたくだりの部分は、詩節のあいだに挟まれた呼びかけだ。最後の詩節のまえでは歌手の名前が呼ばれている［「バティ」すなわち「バティス」【図32】］。これはジャンルに関係なく戦間期の録音に広く見られた慣習だった。当時はラベルに演奏者名を挙げないのが基本だったので、自分たちの宣伝をするには名前を呼ぶしかなかった。

第5と第6の詩節［「ああ、生神女様が……」「ああ、小夜啼鳥が……」］には、民謡でも知られている伝統的なヴァースからの借用が認められる。これら以外の部分からは適当な思い付きと相手への気遣いぐらいしか認められない。この歌の場合は歌詞の内容にはまったく二次的な意味しかなく、歌手は録音をする段になってはじめて個々の詩節を即興で作ったか、あるいはマルコスの言い方を使えば「組み立て」た、というのが真相に近いように思われる。だから歌詞のなかに隠されているかもしれない、意図されたメッセージを探るのは無意味で、歌を内容によって分類しようとする試みも、馬鹿げているように思われる。

初期のレベティコはその傾向として、内容によって構造化された歌なのに、韻を踏むためにやむを得ない場合には、意味を歪めるような間違ったアクセントが、単語のいくつかにしばしば置かれた。これは歌詞の内容に二次的な意味しかなかった一般的な証拠でもある。さきに引用したマルコス・ヴァンヴァカリスの「カラドゥゼニ」はその一例である［76ページを参照］。かれは自分が作曲をするときの様子を自伝のなかで述べている。明らかに作曲の第一歩となるのはいつもメロディーの主題で、ブズキを手にしてはじめてその仕上げに取りかかった。

おれは寝てる最中でもときどき、音楽をやるときがあって、音楽が出来るとすぐ起きあがって、ブズキを手にして弾いてみるんだよ……。ブズキを弾くとそれ（歌）がすぐ見つかるのさ。

かくして作曲の第一歩は純粋に音楽的な相であって、歌詞の仕上げはそのあとではじめて行なわれた。かれはまず「間違った言葉」（すなわち「関係のない言葉」）を使ったとも述べている。

おれは間違った言葉で歌うんだ、いろいろな言葉でね。思い付くまま歌ってみて、歌に合うのがどの言葉か確かめる……間違った言葉でね。正しい言葉を書くのは後回しだ。間違った言葉で歌って韻を取る。歌のための韻だとか、正しい言葉のための韻、正しい言葉はあとで書くんだ。言葉が数えられるように、音節が数えられるように。一行に言葉がいくつあるかとか、数えられるようにするんだよ。(62)

だから歌は歌詞が書かれるまえから出来ていて、歌詞から独立したものとして存在しているのだが、歌詞はなくてもかまわない飾りというわけではない――かれが右で述べている見方によれば、歌詞が必要であることは明らかなのだが、歌詞内容にはヴァースの韻や音楽の構造に次ぐ意味しかない。かくして既存のヴァースを引っぱり出して、新しいヴァースに組み合わせるのは、完全に合法的なことでもあった（マルコスは右の引用では触れていないが、かれの歌の多くからもそれが裏付けられる）。なぜなら歌詞に知的財産というものがあり、作者にその権利があるという考え方は、レコード生産と結び付いた商業化によってようやく、その基礎が築かれはじめたからである。
たがいに内容が異質な詩節を自由に組み合わせるには、その前提として詩節の韻律が同質でなければならなかった。さきほど挙げたバティスの例で言うと、［詩節は］八音節のハーフヴァースを二種類使い、これら二つの種類のハーフヴァースは同じ韻で、A－A－A－Bという型で歌われる。こうした性格、すなわち、音節の数、詩節の型、韻の強制が、初期レベティコの特徴であり標準である。韻はいつも必要だったが、[63]ヴァースの韻と詩節の型には、さまざまな形式があった。たとえば一五音節ないし「ポリス［コンスタンティノープル］のヴァース」は広く用いられた韻律で、八音節と七音節のハーフヴァースから構成される。この形式はギリシャの民衆文学で中世のころから、きわめて広い範囲で用いられてきて、民族音楽にもその影響を与えている。

たとえばA－A－A－Bの型は、パヴロス・ニルヴァナスの短編で触れた「あいにくデカたちがやって来た、こんな時間に」がそうだった［62ページを参照］。

これ以外に頻繁に用いられた型には、A－B－B－A、A－A－B－B、A－B－C－Cがある。A－B－B－Aの型の例としては、ミハリス・イェニツァリスによる一九三七年のゼイベキコ「ガキのころからマンガスになる定め」、マルコス・ヴァンヴァカリスによる一九三九年のアプタリコス「おまえは両手で摑んだ」（「枝の笞」とも）がある。A－A－B－Bの例には、ヴァンゲリス・パパゾグルによる一九三三年のカルシラマス「水ギセルの声」、A－B－C－Cの例には、マルコス・ヴァンヴァカリスによる一九三五年のハサピコス「フラゴシリアニ」がある。

最後に述べておくとハーフヴァースの繰り返しをすべて放棄した歌がある。繰り返しの完全な欠如は一九三〇年代半ばまでは例外だった。ただしまったく知られていなかったというわけでもない。たとえばヨヴァン・チャウスことイオアニス・エイヅィリディスの歌はその典型だった。[64]こうした現象が目立って頻繁に起きるようになったのは戦後からで、ツィツァニスの「岸辺、日没」（制作年は不明だが一九四八年か？）はその一例である。この時期にはまたリフレインの増加も認められる。これは戦前の「スミルネイコ」では用いられていたが、レベティコでは広い範囲で未知のものだった。一九四〇年代終わりからのリフレインの導入、ならびに以前は支配的だった一五音節の放棄には、作曲家でブズキ奏者だったヨルゴス・ミツァキスが大きく関わり、かれの歌詞は模範となってやがて流派を形成した。

以上の観察をレコード生産からの影響に結び付けると、次のような解釈の可能性が得られる。A－A－A－Bという詩節の型になる形式は、最も単純で最も初期のものと見なせる。なぜなら自由な組み合わせや自由な即興への要求に、最も広く応えられるものだからだ。最初のハーフヴァース［A］をその後二回繰り返すことで、歌に加わる者たちは唱和することが可能となり、先唱する者は二番目のハーフヴァース［B］を考える時間が稼げる。既存のハーフヴァースを探したり、新しいそれを考えたりするのだ。さらにまたA－A－B－BやA－B－B－Aの型も、集団で歌っていたという初期の文脈を示している。なぜならハーフヴァースの繰り返しは唱和を容易にするからだ。だがA－B－C－Cの型ないしは繰り返しの放棄となると事情は異なる。こうした場合に唱和ができるのは詩節をすべて知っているときだけだ。ただし前者のようにリフレイン［C］が一回でもあるのは足しになる。なぜならそれだけでも唱和したいという欲求には応えられるからだ。

かくして繰り返しの減少ないしは回避というのは、レコード生産から否応なく生じた結果だったと解釈できる。このため詩節の自由な組み立てや自由な即興は、長期にわたってその余地が失われてしまった。詩節の数と内容は逆に録音前にすでに決まっている必要があった。さらには一曲につき3.5分ほどという時間枠は、おそらく以前であれば無制限だった詩節の数を、三つから四つに制限することにもなったのである。

このような制約のために歌詞の相との関わり方は根本的な変化を強いられ、歌詞内容の意味は歌全体の文脈から評価されるようになった。

このように自由な余地が狭まったことで、歌詞の構造化が以前より強まったのは当然で、歌詞はいまや一個の完結したまとまりとなった。きっちりと定められた始めと終わりのある小さな物語を、歌のなかで語るという傾向がすなわち促進されたのである。

以上のことを二つの歌の歌詞を手がかりにして明らかにしてみよう。これらの歌はそうした展開の始まりと終わりを形式的にも内容的にも示している。

第1詩節の最初のハーフヴァースと同じ、「これをやりな、スタヴロス」という題名の歌が、ここで取り上げる最初の歌である。これはマルコス・ヴァンヴァカリスの作で、ラスト旋法のアプタリコスである。楽器は、ブズキ、ギター、バグラマス。マルコスは、作者、ブズキ奏者、歌手を兼務している。一九三六年に録音され、初期のレベティコが「開かれた」形式だったということを、きわめて強く反映している歌である。ハーフヴァースの繰り返しは、A－B－B－Aの型になっている。

Κάν' τόνε, Σταύρο, κάν' τόνε
βαλ' του φωτιά και κάφ' τόνε

Δώσε του Γιώργου του τρελού
του μάστορα του ξυλουργού

Αλά! Ντάγκντούγκουντούγκουντάκ – ντάγκα – ντάγκαντούγκουντάγκ
ντάγκντούγκουντούγκουντάγκ – ντάγκα – ντάγκαντούγκουντάγκ

Τράβα, ρε Γιάννη αραμπατζή

που 'σαι μαγκιόρος τεκετζής

“Με λίγωσες αδερφάκι!”

Δώσε του Νικολάκη μας
να βγάλει το μεράκι μας

“Γειά σου, Μάρκο μερακλή!
Γειά σου και 'συ τεμπέλη με το μπαγλαμά σου!”

Τζούρα δώσε του Μπάτη μας
του μόρτη του μπερμπάντη μας

“... τον έφαγες!”

これをやりな、スタヴロス、これをやるんだ、これに火を点《つ》けろ、これを燃やすんだ　［1］

ヨルゴスにくれてやれ、あのいかれたやつに、あの親方さんに、あの指物師に　［2］

だけどな!、ダグドゥグドゥグダク、ダカ、ダカドゥグダク
ダグドゥグドゥグダク、ダカ、ダカドゥグダク
これを喫いな、御者のヤニ、大したテケス経営者だ　[3]
[かけ声]「おまえはおれをめろめろにしてくれたぜ、兄弟!」
ダチのニコラキにくれてやれ、おれたちの辛さが分かるように　[4]
[かけ声]「いいぞ《ヤ・ス》、マルコス、道楽者!、いいぞ、バグラマスをもった怠け者!」
ダチのバティスに一服くれてやれ、ダチのモルティスに、ダチのベルバンディスに　[5]
「……おまえはあいつに喫わせすぎだろ!」
(傍点を付した言葉の意味は本書の第1部[30ページ]を参照)

第4と第5の詩節のあいだでは、歌手とその相方の名前が呼ばれている(「怠け者」というのはストラトス・パユムヅィスのニックネーム)。第2と第3の詩節のあいだで歌われる発音の不明瞭な「ダグドゥグドゥグダク」は、マルコスが自伝で触れていた「間違った言葉」(前述)を想起させる。これらの言葉はなるほど意味はないものの、

正確なリズムで歌の文脈のなかに組み込まれている。

　ここでまず目立つのは場所を示す文脈の欠如である。「テケス」での出来事が歌われ、「やる」のも「火を点け」るのも、水ギセル《アルギレス》だということは、第3と第5の詩節から、間接的にしか推測することができない。こうした事情は聴き手には馴染みのことだろう、ということが明らかに前提となっている。分かりきったことはあえて触れるには及ばない。以上のことがはっきりと示しているのは、この歌はハシッシュの吸引に直接関係することから作られ、おそらくはそれに伴う機能があったということだ。詩節の数が五だということは、レコード録音での平均の三から四を上回っていて、このことだけを取ってみてもすでに、初期の開かれた歌の使い回し《ソング・サイクル》を示している。だがそれを紛れもなく裏付けているのは詩節の相互関係で、詩節ごとの大きな独立性がその関係を決定付けている。詩節はどれも内容がばらばらに説明され、たがいに関連付けられるということがない。だからそれらはおそらく最初の詩節を除いて、順番が変えられてもかまわなかっただろうし、このことで歌詞全体の構成が損なわれることも、「メッセージ」が変わってしまうこともなかった。歌詞の構造は並列的であり、あらゆる時間的な次元を欠いている。たんに個々の人物が現われては消えるだけで、物語の筋らしいものも出てはこない。だがすべての詩節を結び付ける要になっている真の物語は、自明の前提となっていてテーマ化されることがない[65]。

　たしかにハシッシュや下層社会をテーマにした歌は、レベティコの歌全体のなかで副次的とは言えない部分を占めているが、以前も述べたように初期レベティコのテーマを、ハシッシュや下層社会に安易に単純化することはできない。こうした文脈に属さない歌の場合でも、右で観察したのと似たようなことが言える。このことが当てはまるのが、ヴァースがA‐A‐A‐B型の圧倒的多数の歌であり、A‐B‐B‐A型の相当数の歌もそうである。ハシッシュの歌「これをやりな、スタヴロス」はそのかぎりで、歌詞の特徴が総じてレベティコ初期の形式の典型となっている。

二番目の歌はいろいろな点で最初のものとは正反対で、レコード生産によってもたらされた結果だと言える、形式が構造化されたレベティコの典型である。「工場」という題名の、マヅォレ旋法（長調）の「古い」ゼイベキコで、ヴァシリス・ツィツァニスが作曲して一九五〇年に録音した。楽器はブズキとギター、それとブズキの対となるように持ち込まれたアコーディオンである。歌は二声で歌われる（第一の声部はプロドロモス・ツァウサキス、第二の声部はヴァシリス・ツィツァニスとマリカ・ニヌ）。第1詩節と第4詩節の二番目のハーフヴァースは繰り返すが、これら以外はリフレインの部分を除いて繰り返しはない。

Σφυρίζ' η φάμπρικα μόλις χαράζει – οι εργάτες τρέχουν για την δουλειά
για να δουλέψουνε όλη την μέρα – γειά σου περήφανη κι αθάνατη εργατιά

Βλέπεις κοπέλες στα υφαντουργεία – κι άλλες δουλεύουν στ' αργαλειά
στα καπνομάγαζα, στα συνεργεία – γειά σου περήφανη κι αθάνατη εργατιά

Φράγκο δεν δίνουνε για μεγαλεία – έχουνε μάθει να ζουν απλά
στάζ' ο ιδρώτας τους χρυσές σταγόνες – γεια σου περήφανη κι αθάνατη εργατιά

Σφυρίζ' η φάμπρικα σαν θα σχολάσουν – κορίτσια, αγόρια ζευγαρωτά
Με την αγάπη τους θα ξαποστάσουν – γεια σου περήφανη κι αθάνατη εργατιά

太陽が昇るやいなや、工場（のサイレン）が鳴り響く、労働者が仕事に向かう、一日中働くために、*ようこそ、誇り高き不屈の労働者諸君

紡績工場に、娘たちがいるのが見える、機織り機で働く娘も、煙草工場で働く娘も、作業場で働く娘もいる、リフレイン*

娘たちは贅沢には目もくれない、なぜなら質素な生活を学んだから、汗が金色の玉となって滴り落ちる、リフレイン*

仕事が終わるやいなや、工場（のサイレン）が鳴り響く、娘たちは青年たちと、二人組になって連れ添い、好きな相手とともに（恋人とともに？）休息する、リフレイン*

（第1詩節と第4詩節の冒頭で、サイレン音を模したパイプが鳴らされる）

この歌の四つの詩節は順番が明確に固定されている。なぜなら詩節は内容に沿って次々と積み上げられ、一貫した関連のある全体をなしているからだ。わずかな言葉で場所と時間の比較的明確な枠が示され、始まりと終わりのある物語がその枠のなかで語られる。ここで語られている小さな物語は工場を舞台にし、日の出とともに始まって終業とともに終わり、余暇の様子も少しだけだが伝えている。登場人物は男女の労働者である。かれらはしかし最後まで匿名の存在のままだ。なぜならそれは「労働者諸君」一般の代表でしかないからだ。「いかれたヨルゴス」や「御者のヤニ」など、具体的な人物しか出てこない「これをやりな、スタヴロス」とは対照的に、ある社会階層そのも

のが歌の主人公となっている。こうした抽象化は出来事が展開する場所にも及んでいる。ここで歌われている煙草工場も機織り機も作業場も具体的な場所ではなく、工場という労働の世界を代表しているにすぎない。こうした歌詞が書かれて理解されるには、下層文化が営まれている社会の周辺には属さない、あるいはもはや属していない、ある社会意識が前提となっていた。これはリフレインに簡潔に含まれている明確なメッセージを表現するための前提でもある。「工場」という歌はすなわち「誇り高き」「不屈の」労働者への賛歌なのだ。

ペトロプロスは自身のアンソロジーのなかで、この歌はリリースされるとすぐに市場から消え、二度と姿を現わさなかったと書いている。(66) かれはそこに政治的な背景があったことを仄めかしている。この歌には階級闘争的で革命的な内容がある、と人々が勘繰ったというのがその背景である。たしかにそれを端的に裏付ける点もいくつかあるが、かりにそれが本当だったとするなら、内戦終結後のギリシャの右派というのが、政治的にいかに知性が欠如していたかという証拠になる。かれらの知性の欠如たるやほとんど憐れみを催すほどだ。なぜならこの歌詞が描いているのは結局、資本主義による搾取の格好の餌食となる労働者のいる、小市民的で長閑《のどか》な光景だったからである。時間厳守(工場のサイレン)、勤勉(金色の玉となっている汗)、倹《つま》しい生活(贅沢を軽蔑すること)、おまけにもちろん非政治的であること(仕事後は政治的な活動をする代わりに、ガールフレンドと寛《くつろ》ぐ)。だからその同じ歌が[軍事政権の終わった]一九七四年以後に、こんどはヨルゴス・ダララスが録音したり歌ったりして、ギリシャの左翼から大歓迎されたという事実は皮肉でもある。

一九三五年の「これをやりな、スタヴロス」と一九五〇年の「工場」を比べると、著しい対照をなしていることが分かるが、これほどはっきりした対照はもちろん、レベティコのすべてに当てはめられるわけではない。さらにまた「工場」に現われているような、「構造化された」タイプにむしろ属す歌詞は、戦間期にもすでにあったたし、初期の「開かれた」タイプの要素を示す歌は、一九五〇年代になってもまだ書かれていた。このような点を除けば以上で観察したことは、「スミルネイコ」には当てはまらないし、一九三〇年代に作られた混淆様式《シンクレティズム》の歌の多くにも当てはまらない。こうした関係［混淆様式］で言えば、以前引用したパナヨティス・トゥンダスの「獄中の会話」［80ページ以下］がその好例だ。だからレベティコ全体を調査すればその結果は、二つの歌を手がかりにして得られたものよりもはるかに複雑で、「開かれた」タイプから「構造化された」タイプへと至った経過もはっきりしない。だがそうした誇張の恐れがあるにせよ、二つの歌はそれぞれのジャンルを代表する有名曲だったことからも、右で行なったような対比も基本的に許されるだろう。かくしてこの考察は次のようにまとめることができる。

レベティコの歌詞はレコードの生産が開始して以来、根底を揺るがされるような変化の過程に巻き込まれた。この過程は平行する複数の展開のレール上を進み、これらのレール同士がまた影響を及ぼしあっていた。ヴァースの構造という領域に目を向けると、たとえばA－A－A－B型とか、A－B－B－A型といった、ハーフヴァースの繰り返しは、口承性によって決定付けられていて、なおかつ音楽家と聴き手という、送り手と受け手の境界が曖昧だったレベティコ初期の実際の演奏から、必然的になされていたという部分がむしろ大きい。レコード録音の場ではそれとはまったく異なる要求がされたので、繰り返しが後退していく傾向となったのも当然と思われる。時間が制限されることによってすでに、歌詞は長さの短縮とより一層の構造化を強いられた——これはメロディーの領域でタクシミに見られたのと似た過程である。こうした純粋に構造的な変化はしかしまた、新しい条件下で歌詞の重要性が以前よりも増し、始めと終わりの明確な小さな物語の歌が増えるという、歌詞の内容にまで影響を及ぼす結果となった。以上のような展開にとって、初期のレベティコにあった、作者と歌手と主役の楽器奏者との兼務が、分業の増大のために解消されたことも重要だった。なぜならそうした兼務の解消とともに、歌詞は完全に独立して書かれるようになり、さらには売ったり交換したり（あるいは盗んだり）する対象となった一方で、歌詞をメロディーやリズムに結び付けることが、別々の作業工程となったからだ。これはマルコスが述べていたのとは反対の方法である。こうした点やその他の点で生じた専門職化は、レベティコとその代表的音楽家が、前述のように下層文化を担っていた社会の周辺から抜け出して、ライコという音楽の形成に至ったことと密接に関係していた。このことが本章でスケッチした歌詞内容の変化を可能にした。

レコード生産以降のレベティコの展開史はしたがって、さまざまな個別の相《アスペクト》が絶対化することによって、歪みがところどころに生じざるをえなかった、ある全体的な過程と見なされなければならない。こうした過程で重要だったもう一つの個別の相は、レベティコの演奏で用いられてきた楽器、なかんずくブズキとバグラマスの展開である。

楽器

レベティコが支えにしているのは数多くの楽器だが、［ピレウス様式以降は］ブズキとバグラマスの重要性が突出している【図33】。これは［ピレウスの］レベティコが「スミルネイコ」とは根本的に異なるもう一つの点である。「スミルネイコ」では、ヴァイオリンかリラ（膝立てヴァイオリン）、カノナキかサンドゥリ（両者が一緒に使われることはない）、それにウティとジュンブュシュが代表楽器で、これら以外にクラリネットや金管楽器など、他の多くの楽器も用いられた――ただしブズキとバグラマスは用いられなかった。これが「スミルネイコ」に「サンドゥロヴィオリ」という別名があった所以で、この別名はメロディー楽器のヴァイオリンと伴奏楽器のサンドゥリとの古典的組み合わせを示している。

「スミルネイコ」とは対照的に、ブズキとバグラマスの両方を欠いた、あるいはその一方を欠いた［ピレウスの］レベティコの歌はない、と主張されるのが基本である。数少ない例外に、エマヌイル・フリサファキスが作曲し、

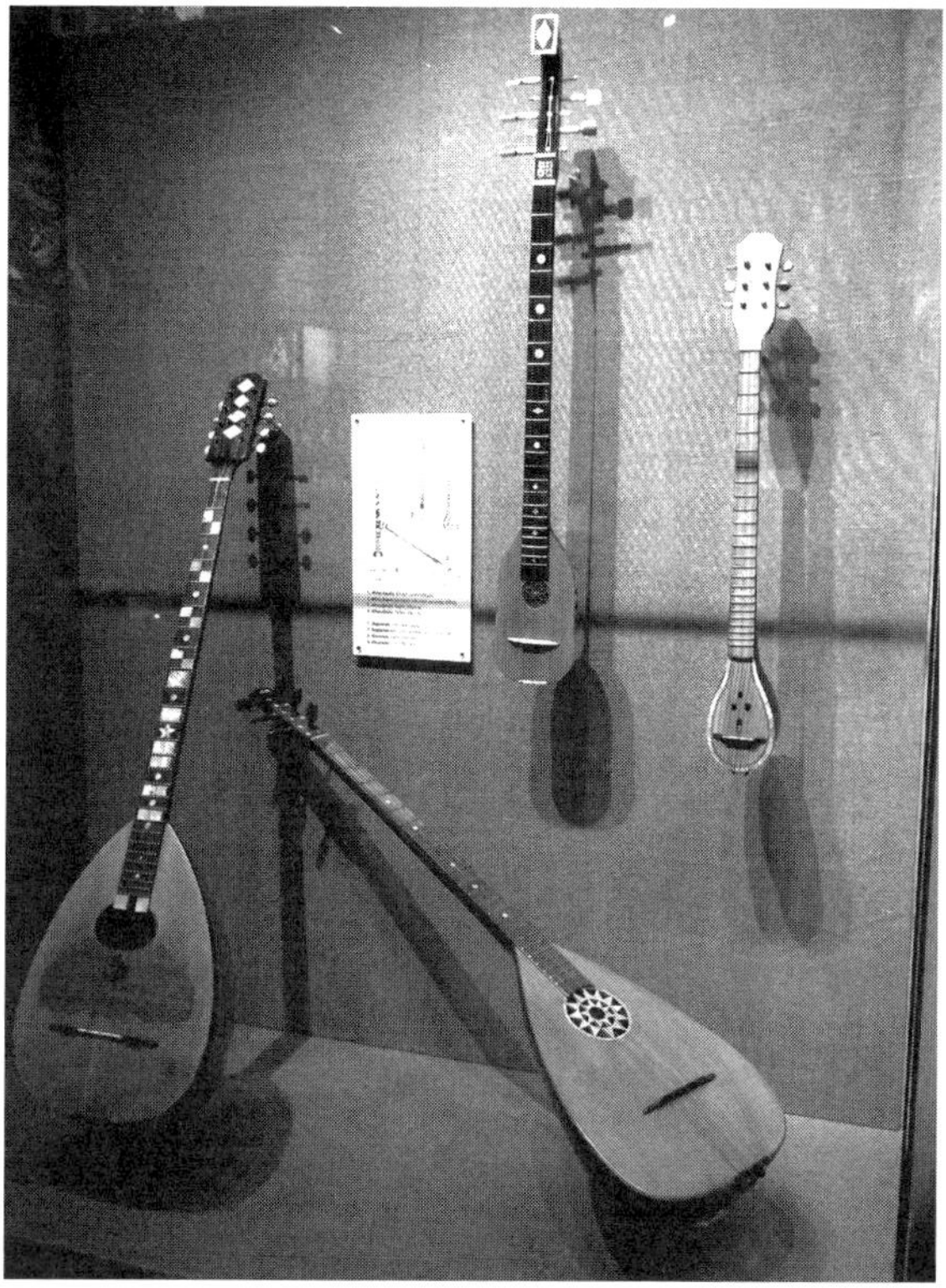

図33　2挺のブズキ（下）とバグラマス（右上）とヅゥラス（左上）。ここに写っている楽器はフィヴォス・アノヤナキス［1947年という早い時期にレベティコを擁護した音楽学者で音楽批評家］のコレクションで、現在はアテネのプラカ地区にあるギリシャ民俗楽器博物館の所蔵。

二本のギターで歌われた、ウサク旋法の「古い」ゼイベキコ、「二人のならず者」（一九三二年）や、アメリカ合衆国で生涯を送ったヨルゴス・カツァロスの歌が挙げられる。これらはいずれもギターで演奏されているが、ブズキの響きを模したとても変わった形式である。レベティコの伴奏によく用いられた特殊なギターの形状は「キサロニ」と呼ばれ、ボディーが通常のものよりも明らかに小さかった。

ブズキとバグラマスの特別な重要性を理解するには、さらに詳細な考察が必要になってくる。これらの楽器の展開を手がかりにして、レベティコ史のもつもう一つの相を補ってみたい。

ブズキ

ブズキは平均律で調律したネックの長いリュート属の楽器で、初期の形式では通常D－A－Dに調律した3コースを用いる［複弦を使って三対六弦になる］。上のコースのD弦のうち一本は、下のコースより1オクターヴ低く調律する［D3 D4－A3 A3－D4 D4］。この1オクターヴ低く調律された弦［D3］は巻き弦なので、「ブルガナ」（船索）と呼ばれる。これ以外の弦は「カンディニ」［D4－A3 A3－D4 D4の部分がそうで、イタリア語のcantoなどに由来］と称される。一九六〇年以降はC－F－A－Dに調律した4コース形式のブズキが広まった［複弦を使って四対八弦］。これらの弦のうち上の2コース（CとF）のうち一本は巻き弦（「ブルガナ」）にする。3コースのブズキは一九七〇年代にほぼ消滅したのち、一九八〇年代以降のレベティコ再発見とともにまた人気が出てきた。

この楽器の名前はトルコ語の「ボズク」に由来し、これは「壊れた」という意味で、転じて「調子の狂った」という意味になる。ある広く知られた伝説によると、トルコ人がそうした名称を使ったのは、平均律で調律されたこの楽器が、かれらの耳には不協和に聞こえたからだという。ブズキにフレットが設置されているのは、西ヨーロッパの撥弦楽器、たとえばリュート、ギター、マンドリンと同じで、だから平均律の音価しか生み出せない。この点からするとブズキは「西ヨーロッパ」の楽器ということになり、平均律よりも狭い音程すなわち微分音が出せて「東方的」な音色をもたらす楽器、たとえばトルコのサズすなわちバグラマ［ギリシャのバグラマスではない］やタンブールとは対照的だ。右に挙げた伝説はそうした事情を間接的に示唆しているが、この伝説に真に正しい内容があるかどうかは疑わしい。なぜならそれはまず次のような事実と矛盾するからだ。シリアの伝統音楽では、「ブズク」というネックの長いリュート属が用いられ、フレットの設置はサズと一致するが［現代であればナイロンを巻きつけただけ］、トルコ人の耳には「調子の狂った」ようには聞こえないだろう。ブズクの外見上の形状はタンブールに似ているが、響きはところどころでブズキのそれを彷彿させる。かくしてブズキの原形はギリシャとその音楽家だけの楽器ではなかったのだろうが、現在のようなブズキはすでに優に百年もまえから、こんにちのギリシャの領土となっている地理空間だけに限定された楽器である。こんにちのトルコを形成している地域では、逆にブズキがほとんど知られていなかった。一九二二年［小アジアでの大災厄の年］以降にギリシャに入ってきた難民は、少なくともブズキを基本的には知らなかったか、ギリシャに来てはじめて知ったというのが実情だった。このことはロザ・エスケナジの伝記にはっきり書かれている［ただしエスケナジは難民ではない］。エスケナジはコンスタンティノープルの出身で、「スミルネイコ」の偉大な歌手の一人である。長いキャリアをすでに積んでいた、一九三〇年代半ば当時を振り返るくだりだが、以下に引用する発言はとりわけ重要である。

その後、しばらくしてから（一九三三年から）、ブズキを演奏する人たちが現場に出てきて、あらゆるレコード会社で歌を作りはじめたのよ。わたしたちはブズキがなんなのか知らず、この人たちからそれを教わったというわけ！　わたしたちのもっていた楽器は別の楽器で、トルコ流《ア・ラ・トゥルカ》で、サンドゥリとかヴァイオリンとかウティとかそういうものだったわ。(67)

だがその一方でまた、こんにちのブズキを特徴付けている、平均律での調律やフレットの設置が、ギリシャでいつ始まったのか、この楽器をすなわちこんにちのような形態で、云々できるようになったのがいつなのかは、まったく不明なのである。

なるほどギリシャの地域ではネックの長いリュート属の使用が古代から知られている。たとえばそうした楽器は古典時代のレリーフにも描かれ、古代ギリシャ語の「パンドゥリス」はネックの長いリュート属だった。ビザンティン時代には「サンブリン」が知られ、たとえばテッサロニキのエフスタシオス［一二世紀半ばの大主教で学識者］の著作でも触れられ、『ディゲニス・アクリタス』という叙事詩［国境警備兵を歌った作品］では、主人公みずからがある楽器を製作して演奏もしている。おそらくトルコ語「タンブール」の語源が、ビザンティンの「サンブリン」に遡る可能性はとても高い。

ギリシャが独立する前後には「タブラス」という楽器が広まり、ヨーロッパからの旅行者が当時描いた絵にも頻繁に登場する。［独立戦争時の］一八二一年の英雄の一人だったイオアニス・マクリヤニスが、こうしたタブラスを所有して演奏もしていた(68)。

ビザンティンの「サンブリン」がすでに、貴族や宮廷ではなく普通の人々の音楽を演奏する楽器だったことは、興味深く思われる。タブラスもトルコのサズと同様に――さらにはギリシャのブズキと同様に――民族楽器だったのである。これらの楽器が密接に関係していることは明らかだ。

ペトロプロスは、サンブリンとパンドゥリスを参照しながら、古代に遡るブズキの系譜学を打ち立てているが、これはさすがに行き過ぎだと思われる。こんにちのブズキの先祖と目される楽器に、フレットが設置されていたかどうかは不明だし、あったとしても平均律で設置されていたのか、証明されていないということがその問題点であ

図34　16世紀に描かれた、アトス島の修道院のフレスコ画の一部。羊の腸で作られたフレットが、ネックに巻かれているのがはっきり分かる。

る。だがフレットを平均律で設置するのはブズキの中心的な特徴で、たとえばタブラスと同等に扱うのは誤解を招きやすい。ブズキはいつ成立したのだろうか？　これは言い換えると、こんにちブズキと称されている楽器はいつ成立したのか？

　このような問いの答えは推測の域を超えられない。こうしたテーマの資料はもともと乏しいのだが、この楽器に触れたものはないことはない。ただし当然のことながらフレットの設置についてはほぼ情報がない――なにしろフレットの設置というのは、自分が別に音楽家でもなんでもなく、部外者の視点からものを見るような場合には、あまりにも取るに足らない些事だろう。逆に音楽家ならフレットの設置は当たり前で、わざわざ言及するには及ばないだろう。だがなるほど部外者の見方の一例ではあるが、おそらくは間接的ながらも示唆的なことを含んでいて、別の視点から見れば興味深い一九〇八年の記事がある。この記事のなかで報告されているのは、ペロポネソス半島南東のメッシニアで有名だったと思しき、リクルゴス・ヴァネアスというブズキ奏者である[69]。かれのことを記事の筆者は口を極めて褒めている。なぜならその雑誌の読者ならブズキの野蛮な響きは、タヴェルナで耳にしていてお馴染みで、さんざんその響きが貶されてきたというのに、ヴァネアスときたらそのブズキから、この上なく美しい和音を引き出すすべを知っているし、粗野だった先祖のことをもう想起させないほどの洗練を、この楽器に加えるすべも知っているからだという。このあと記事は次のように書かれている。

> このブズキたるやヴァネアス氏の手で洗練されて大幅の進歩を遂げ、出身を示す品のない名前は当然ながらもう思い出させないし、無骨な「ツィクツァク」といった音を出す家系も思い出させない……、だがそれでいて原始的な装備は残したままだったし、弦も野蛮な兄弟の使っていたものそのままだった。

以上の文章は重要な情報を二つ含んでいる。a［レベティコは基本的に都市の音楽なのに］ブズキは一九〇八年にはギリシャの地方のようなところでも知られ、b ブズキと言えば評価が明らかに最低の音楽ということになっていた。ただしその音楽がレベティコだったのか、かならずしも定かではない。ここで言及されているその楽器の「洗練」が、ヴァネアス氏の演奏能力に関係することは確実だが、調律ないしはフレットの設置にも関係しているだろう。「装備」とはすなわちボディーと弦を指しているのだろうが、かれのブズキは祖先や兄弟の装備を残してはいたものの、このような楽器は二度と見かけなかったと筆者は言っている。かくしてヴァネアスはフレットを設置することで楽器を調律し、ここに演奏技術が加わることで前述の効果を上げたのだろう。こうしたことは証明されるわけでないが、ブズキにフレットを設置して調律することは、二〇世紀の最初の十年ではまだ異例と受け止められ、この時期からようやく広まりはじめたということも意味している。こんにちのような形態のブズキはつまり出来てから百年も経っていないのだ［原書の出版は二〇〇一年］。

当事者側からの見方を伝えてくれる資料となっているのが、マルコス・ヴァンヴァカリスの自伝である。かれがブズキに的を絞った質問に答えるインタヴューが自伝に含まれている。(70) かれはまずこんにちのブズキの形態について詳しく述べたうえで、現在のとは異なるフレットのブズキを憶えていないかと聞かれ、きっぱりと否定している――かれが見たり弾いたりしてきたブズキはすべて、こんにちの形態をすでに持っていたと言っている。マルコスは一九〇五年にシロス島で生まれ、一九一七年になってピレウスに出てきた。かれの発言が少なくとも基本的な部分で正しければ、(71) フレットの設置による調律は遅くともそのころには、一般に用いられていたにちがいない。だがその当時は少なくとも理論上はまだ現行のものとは違うフレットの可能性もあった。なぜならマルコスが別のところで認めているように、ブズキのフレットは当時はまだガット製［羊の腸で作った弦］で、これをネックに巻いて使っていたからで、リュートではこんにちでもそうしたフレットを用いている。こうした文字通りの意味での「フレット」［ドイツ語の「フレット」（Bund）は「結びつける」に由来］は、自分で好きなように設置することがまだ可能だった。位置が自由に動かせたガットのフレットは――マルコスによれば――、一九三〇年代にようやく真鍮になったという。これはブズキがレコード産業で出世したころからということで、真鍮製のフレット【図35】はもちろん丈夫さと澄んだ音を増せたが、位置はもう動かせなくなってしまった。

なるほど入手可能な情報には不明なところも、部分的に矛盾するところも多々あるとは言え、ギリシャでは二〇世紀の二〇年代ごろから、平均律で調律したブズキないしはフレットを設置したブズキを、従来の調律していないものよりも好んで聴くファンが、現われはじめたということがはっきり分かる。こうした好みの移り変わりは影響が広範囲に及ぶ意義を持った。なぜならその結果生じたブズキの技術上の変化は、西ヨーロッパの和声学がやがて広まっていく基本条件となったからだ。この和声学こそが戦間期以降のレベティコを、音楽構造的に支えていく土台となったのだ。ここに示されているのはすなわち、外から持ち込まれた技術が音楽の展開にも、この展開と結び付いた音楽の良し悪しの基準にも、大きな影響を与える要因となったという例である。

このようにブズキ・ファンの好みが変わった理由は推測できなくもない。これは「西ヨーロッパ」の音楽の聴き方が広まったからで、このことは「カンダダ」という音楽形式とおそらく関係がある。この音楽はアテネではいわゆる「プラキョティコ」（アテネ旧市街のプラカの歌）という形式を取った。「カンダダ」という音楽形式はイオニア諸島が発祥の地で、当地は承知のように一度もオスマンに支配されなかった。ここの音楽は南イタリアのそれとの類似性がある。長調や短調の調だけを基礎にして多声で歌うのと、平均律で調律した楽器、なかでもギターやマンドリンを使うというのがその特徴だ。だがその音楽は、遅くともイオニア諸島がギリシャに併合（一八六四年）されて以降、ギリシャ国内の他の地域にも広まっていき、都市住民の音楽の聴き方にとくに浸透した。このように考えてもおかしくないだろうし、こうした事情がブズキにも関係するということは、楽器製作上の技術的な細部を見ると確認できる。ブズキは3コースの楽器で六本の弦（三対の複弦）が張られるが（例外については後述）、二〇世紀前半の大部分のヘッドには八つのペグがあった。これらのうち一番上の二つのペグは付いているだけで使われなかった【図36】。こうしたペグを受ける部分（ギリシャ語で「クリダリャ［「錠」という意味］」）は、元々はマンドリン用の部品で（マンドリンは4コース）、おそらく楽器製作者は材料費削減のためにそれを汎用したのだろう。だから同じ製作者がマンドリンもブズキも作っていた、あるいは少なくともそれらの部品を共用していたとすれば、平均律で調律するマンドリンのフレットの設置が、ブズキにそのまま転用されたとしても不思議ではない。このことを別にしても4コースのブズキを作るという考え方は自然だし、二〇世紀初めにもそうしたブズキが実際にあったことは裏付けられている。マルコス・ヴァンヴァカリスの知り合いにも、4コースのブズキを使った戦間期の奏者がいた[72]。

だから一九六〇年以降広まった4コースのブズキが、マノリス・ヒョティスの発案だという推測は間違いだ。ただし3コースのブズキは4コースのものよりも、レベティコが初期に持っていた文脈にはるかに適していて、後者は以上のような理由から周辺的な楽器にとどまった。こうした事態になった理由の一つとして、初期は伴奏楽器がなかったということが挙げられ、これは3コースのブズキの特殊な演奏の仕方を導いた。メロディーはしばしば下のコース（Dに調律した「カンディニ」）だけで演奏され、伴奏には開放弦でドローン音を出す残りの2コースを使った[73]。だから一九三〇年半ばにようやく定着したと思しきD－A－Dとは異なる調律もあった。4コースのブズキには伴奏に回る他の楽器が必要になったが、手がネック上で左右に動く距離が短くなったことで、メロディー中心の演奏が容易にできるようになり、ある種の歌を演奏するには都合がよい。さきに引用したのと同じ箇所でマルコスが、4コースのブズキを演奏する二人の人物のうちの一人について、次のように言っているのは示唆的である。

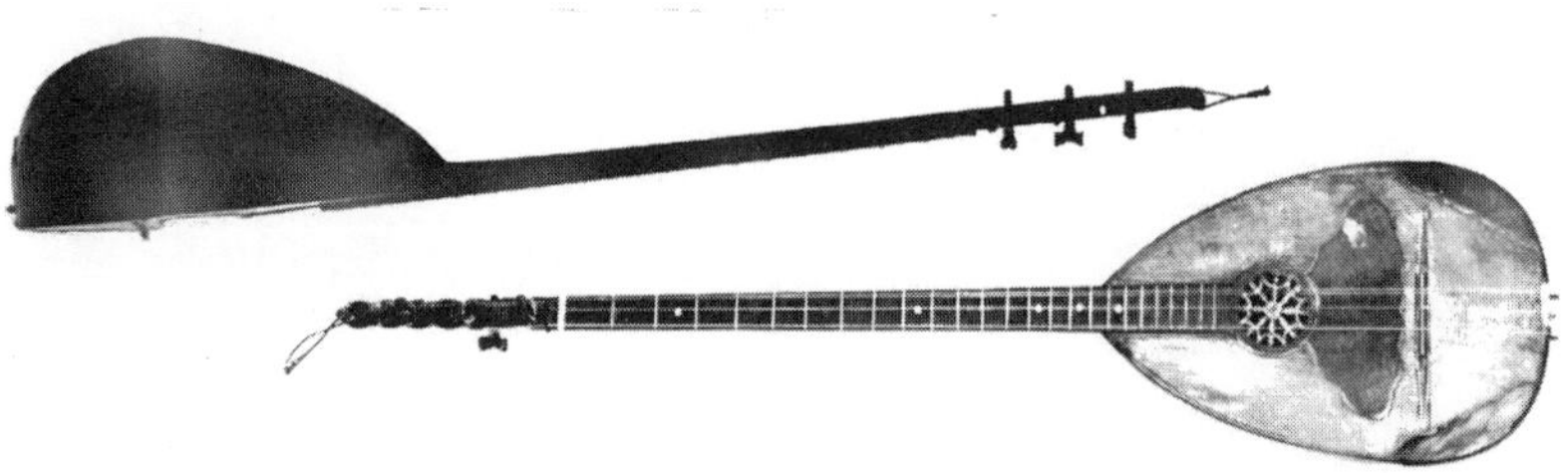

図35　ステファノス・ミラノスが所蔵していた20世紀初めの楽器。フレットはもともと腸でできていたが、あとになって真鍮製のものが付けられた。ペグは木製で、「クリダリャ」の形状は、タブラスのものになっている。

図36　ドイツ軍による占領期に撮られた写真。2人いるブズキ奏者のち、左はステリオス・キロミティスで、右はヨルゴス・ミツァキス。両者とも3コースのブズキをもっているが、ペグは8つ付いている。

> マネタスってやつがヨーロッパの（楽器）で演奏してた。おれのとは違う楽器で演奏してたんだ。かれはヨーロッパの人間だったんだ、だからワルツとかフォックス［・トロット］とかタンゴなんか演《や》ってた。あいつが演ってたのはそういう音楽だ。あいつが演ってたのはライコじゃない。

ここでマルコスが「ライコ」ということで理解しているのはもちろん、こんにちレベティコと呼ばれている音楽である。だがこの資料はブズキの次の展開を理解するうえでも示唆的である。なぜならその発言からはヒョティスが4コースのブズキを採用した訳も分かるからだが、かれがそれをようやく導入したのは一九五〇年代の終わりからだ。かならずしももうメインのメロディーを担うことがない、ソロ用の特別楽器として定義し直されたブズキの役割を果たすには、多くの点で4コースのほうが3コースより向いていたのだ。

4コースのブズキが一九六〇年代以降、大きな成功を収めるようになった理由には、ヒョティスの達人ぶりとその独自の演奏が方々で真似され、手本となったということが関係しているだろう。ヒョティスは偉大な達人だったので、高い技術が要求される曲は基本的に、4コースのブズキでしか演奏できない、という伝説まで生じるような始末だった。なかんずくそうした真似は、楽器を演奏する者の個性が傾向として、薄れていくというような結果までもたらした。聴き手も一九五〇年代半ばまでのレコード録音なら、比較的有名なブズキ奏者が容易に聴き分けられたのに、一九六〇年以降の録音となるとだれが演奏しているのか、演奏技術から特定するのはほとんど不可能になってしまった。

こうした点からはっきり窺える演奏技術の均一化の過程は、楽器製作の領域でのそれとも平行して進んでいった。初期のブズキが持ち合わせていた形態の違いは、製作方法を統一することで幅が狭まったのである。このことはまず共鳴体の統一で行なわれた。たとえば初期はアーモンドや洋ナシや水滴の形に作ったり、大きさも楽器ごと

図 37　1940 年に撮影されたゾゼフ・テルジヴァシアンの工房。右の兵士姿の男はイオアニス・パパイオアヌ。

に異なったりしていた。サウンドホールも形や大きさがまちまちだった。これらの要因は使われる材質と並んでブズキの響きに決定的な影響を与えた。ことのほか優れた楽器製作者に、ピレウスに工房を構えて一九三〇年代から繁盛した、アルメニア人のゾゼフ・テルジヴァシアンがいる【図37】。第二次世界大戦終結以降、著名なブズキ奏者のほとんどが、ゾゼフの楽器を手にしていた。こうしてゾゼフと言えば質の高い商標ということになり、かれの製作技術は真似する者を数多く生んだ。こんにち一般に広まっているブズキの形態が始まった所以である。ゾゼフは楽器をすべて一つの基本の型から製作したが、質と価格に応じて作り方を変えるという巧妙な手口を見つけた。質の良いブズキには共鳴体の背面に、劣った楽器よりも多くの湾曲した板（ギリシャ語で「ドゥエス」）を使った。高価なブズキの背面は六〇以上の板から作り、最も簡素なものは二〇ほどの板だけで作った。だがその違いは演奏者の目にしか見えず、聴き手の目には見えなかった。こうしたゾゼフ工房の特徴に基づいて生じたのが、「ドゥエス」の数が響きの質を左右するという広く流布した迷信だった。

ただしブズキの自然な音響をめぐる問いはすべて、一九六〇年代に導入されて広まった磁気増幅器《マグ・アンプ》のせいで、新たな局面を迎えることになった。かくしてそうでなくても響きの均一化が進んでいたブズキは、こうした均一化にますます拍車がかかったのである。

バグラマス

この名称はトルコ語に由来し、当地では3コース［三対六弦］のネックの長いリュート属を指し、サズ【図38】とかタンブールとも呼ばれている（前述）。ギリシャ語でバグラマスと言った場合、3コースの撥弦楽器を指すことしかサズとの共通点はない。こうした事情からときどき概念の混乱が生じてくる。コンスタンティノープル出身のロザ・エスケナジにたいして、コスタス・ハヅィドゥリスが行なったインタヴューを見ると、このことがとても

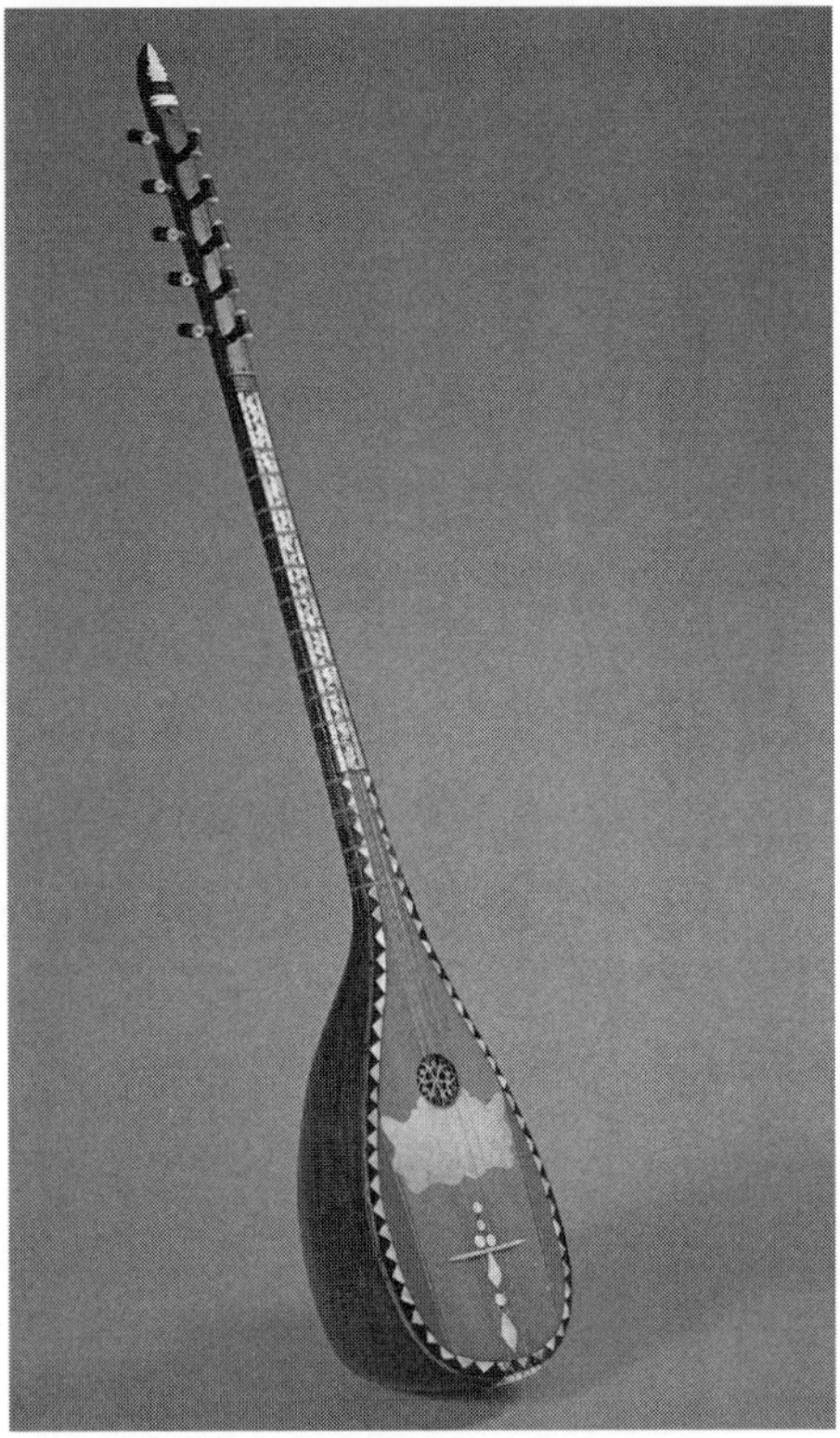

図 38　ケサリア地方（カッパドキア）のサズで、20 世紀初めのもの。ギリシャ民俗楽器博物館所蔵。Fivos Anoyanakis, „Greek Popular Music Instruments“, Athens, 1991, S. 225

よく分かる。ハヅィドゥリスが「バグラマス」という概念を、ギリシャの楽器に結び付けているのに、ロザはトルコの楽器［サズすなわちバグラマ］のほうに結び付けている。(74)

問い　バグラマスがどんな形かご存知でしょうか？
答え　長いやつよね……たしかそうだったわ……ネックがあって……人々はその楽器で演奏してた。ここにも（ギリシャにも）最近あるわよね。
問い　いいえ、ここのバグラマスは、小さなもので、とても小さな楽器です。
答え　いや、それはバグラマスじゃなくて、なにか別のものよ。あなたが言ってるのは、こんなに小さくて、「ドゥリンギ・ドゥリンギ」って、音を出すやつじゃない？
問い　そうです、そういうやつです。トルコにはそういうのもまったくなかった？（ロザは自分がトルコにいた当時、ブズキはトルコにはなかった、とそのまえのやり取りで断言している。）
答え　いや、そんなのはなかったわ。
問い　あなたは「バグラマス」ということで、なにか別のものを指しているのでは？
答え　バグラマスは大きな木で出来てた……ネックが長くて、下はブズキのようで。
問い　それはサズと呼ばれているものではないですか？
答え　サズ、そうよ、サズ、たしかそれよ！　そう呼ばれてたわ、バグラマス［ギリシャのバグラマスではない］とかサズとか。

ギリシャのバグラマスはせいぜい五〇センチの長さで、共鳴体は基本的に木をくり抜いて作り、これがネックに接

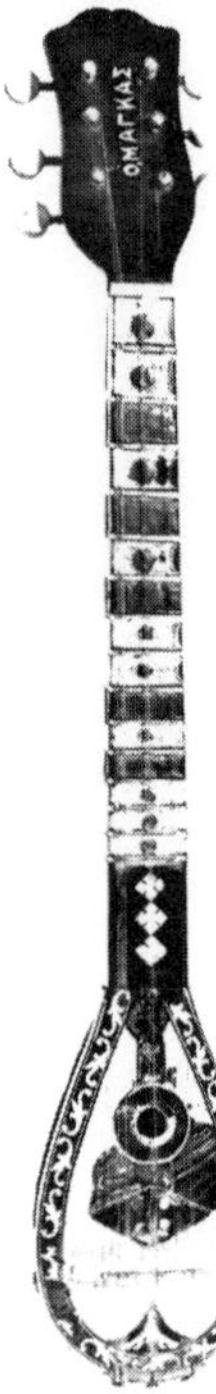

図 39　ヨルゴス・バティスのバグラマス。「マンガス」と名付けられていた。

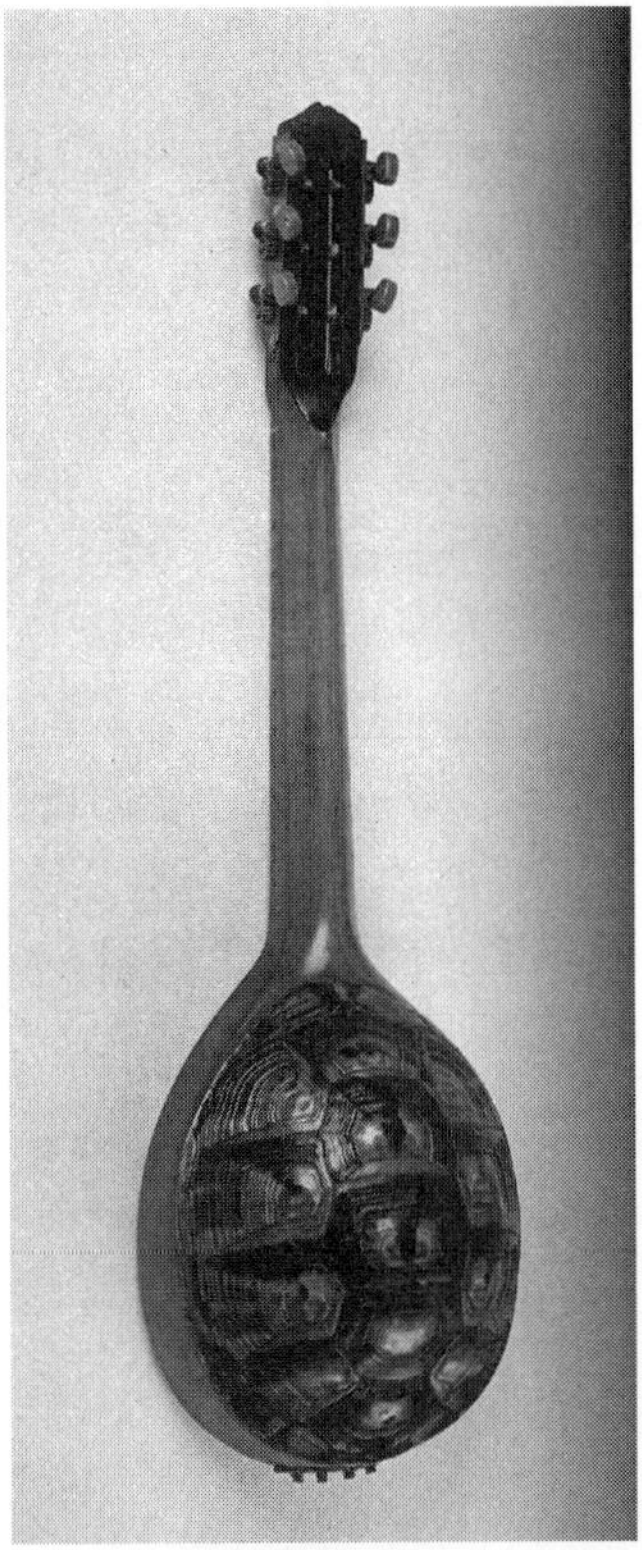

図 40　亀の甲羅でできたバグラマス。ギリシャ民俗楽器博物館所蔵。

がれている。なにか他の材料が手に入らないときは、共鳴体を亀の甲羅やブリキ缶で作って、これにネックを固定するということもあった。共鳴体の表側はたいてい［マツ科の］トウヒ材で作られ、山羊や羊の皮を張ることもまれにあった【図39・40】。

この楽器はその構造上の特徴自体が、使われた文脈を指し示している。ペトロプロスは監獄と「テケス」を挙げているが、かれはもともとそこをレベティコ発祥の地としていた。小さい楽器のほうが簡単に作れるばかりか、持ち運びも容易で必要な場合は隠すこともできた。バグラマスはその小ささに反してかなりの音量が出せ、基本的にはメロディーを担う楽器としての使命も果たせた。ただしそれは当然ながら演奏するメロディーが比較的単純なときだけだった。バグラマスの通常の調律は3コースのブズキと同じでD－A－Dである。フィンガーボードは2オクターヴ以上あって、二四個以上のフレットが埋め込まれているが、フレットの間隔が極端に狭いため、効果的に使えるのは上の一二個のフレットまでで、前述の調律で出せるのは2オクターヴだけである。だがそれですら初期のバグラマスが展開を遂げた結果だったのだ。この点についてもマルコス・ヴァンヴァカリスの自伝は示唆的な情報を与えてくれる。(75)

こんにちバグラマスを弾いてる連中はみんな、実はバグラマドブズキ（引用者注、バグラマスとブズキの中間）を弾いてるんだ。あれはバグラマスじゃない。バグラマスに付いてたフレット、「ベルデス」（たとえば劇場にある緞帳というのが元々の意味）は、七つだったんだぜ。この七つのフレットでなんでも弾いたんだ。こんにちのバグラマスには上にも音階があるけどね（2オクターヴ分のフィンガーボードがあるということ）、現在の連中に［以前の］バグラマスが弾けると思うかい？　以前はバグラマスを爪で弾いてたんだぞ。

マルコスはバグラマスとの関連で、ヅゥラスすなわち「ミソブズコ」（「ハーフブズキ」）にも触れているが、後者はネックがもっと長く、低い音域も出せるというところが、前者と唯一異なる点である。

ここでマルコスが述べている楽器、バグラマスとヅゥラスは当初、メロディー楽器ブズキの代わりに用いられたと推測できる。ブズキは手に入れるのが（場合によっては隠すのも）、バグラマスやヅゥラスより難しかったのだ。ただし一九三〇年代のレコード録音には、ヅゥラスを用いたものがなく、バグラマスが実際にメロディー楽器として登場する録音も、比較的わずかな数しかなかった。このわずかな録音に数えられるのが、ヨルゴス・バティスのほとんどの歌で（前述の「ああ、おまえはとんだ災難だったな」など）、これらの歌はその点でもレベティコ初期の姿をとどめている。

バグラマスとヅゥラスの誕生を最初に促したのは、演奏される環境による制約だったのだが、レベティコがレコード産業によって商業化されて、この大枠の条件の制約がなくなったことが、ヅゥラスの録音がなくて、バグラマスのそれが少ないことの理由だろう。これらの楽器はもう簡単に隠したり運んだりする必要がなくなったのだ。だがとくに必要がなくなったのがメロディーを弾くことで、なぜならいまやブズキが自由に使えたからである。レベティコがさらに展開をしていくなかで、バグラマスはまず伴奏楽器としての役割を強め、この楽器の果たす主たる音楽的貢献は、レベティコの際立った特徴と考えられたその音色だった、というようなことが観察できる。以上のことを裏付けてもくれるのが、レベティコのなかでも人気のある、バグラマスを歌ったいくつかの歌だ。こうした歌の一つがヨルゴス・ミツァキスによるもので（一九四七年）、題名は「なんて小っちゃな楽器だ」で、ヒヅャス旋法の「新しい」ゼイベキコである。

Σύρμα πάνω, σύρμα κάτω και τα δυο σ' ένα σκοπό
Σύρμα πάνω, σύρμα κάτω και τα δυο σ' ένα σκοπό

Μπαίνει κάτω από το σακάκι, κι όταν παίζει τραγουδάκι –
Όμορφο ντουζένι έχει, φίλε μου, τι να σου πω –
Σύρμα πάνω, σύρμα κάτω, και τα δυο σ' ένα σκοπό

Να τ' ακούσεις σαν χαράζει, σε μεράκι πώς σε βάζει –
Με το νύχι όταν παίζεις τον δικό του τον σκοπό –
Όμορφο ντουζένι έχει, φίλε μου, τι να σου πω

なんて小っちゃな楽器だ、バグラマスってやつは　［A］
上に鋼の弦が一本、下にも鋼の弦が一本、二本が一緒に調和する　［B］
上に鋼の弦が一本、下にも鋼の弦が一本、二本が一緒に調和する　［B］

上着のしたに隠せるし、ちょっと歌を奏でると　［C］
見事な調子になるんだ、なんとも言えない調子だ、友よ　［D］
上に鋼の弦が一本、下にも鋼の弦が一本、二本が一緒に調和する　［B］

夜明けにでも聴いてごらん、おまえはバグラマスで調子良くなる　［E］
おまえが爪でその調子を弾くと　［F］
見事な調子になるんだ、なんとも言えない調子だ、友よ　［D］

この歌はヴァースの構造が興味深い。第1詩節はA－B－Bというように最後のハーフヴァースが繰り返され、第2詩節にはハーフヴァースの繰り返しがない代わりに、第1詩節の二番目のハーフヴァースが最後に来て、C－D－Bという型になっている。同様のことは最後の第3詩節でも行なわれ、ここでは第2詩節の二番目のハーフヴァースが最後に来て、E－F－Dという型になっている。

この歌で描かれているバグラマスの演奏は、マルコスが発言したのと同様のことを示している。「おまえが爪でその調子を弾くと」という部分がそれである。だがこの歌はむしろ過ぎ去った時代を懐かしんでいるような印象がある。なにしろその歌詞で描かれている内容は音楽の構成と合致しない。この時期の特徴をよく表わしているのだが、バグラマスは主役こそ演じてはいるものの、楽器演奏の部分でブズキに伴われて使われるだけで、音楽的にはそのかぎりで脇役しか演じていない。

バグラマスの存在感は第二次世界大戦後、後退する傾向になったと言うことができる。ヒョティスのマンボは言うまでもなく、「東方趣味《オリエンタル》」や「豪華な《ノーブル》レベティコ」といった新しい音楽の展開にも、バグラマスは応じられなかったからだ。

第4部　結論

レベティコとはなにか？　本書は冒頭ですでに述べたように、この問いに完璧な答えを出すことができず、若干の観察を提供するだけのものなのだが、この場でそれらの観察をまとめてみよう。

最初に観察したのは、レベティコはオスマン帝国の文化的文脈に起源がある現象だ、ということである。このことはまず、レベティコを最初に担った集団を手がかりにして示したように、社会史的な相に当てはまる。一九世紀と二〇世紀初めのギリシャにおいて、下層文化として現われた「クツァヴァキス」や「マンガス」は、行動様式の点でも気質の点でも、西ヨーロッパの基準に合わせた、国民国家になったギリシャの新しい構想というよりは、オスマンの後退しつつあった古い社会モデルに属していた。来たるべきギリシャは国民国家でなければならず、こうした下層文化の集団はその国民国家の犠牲になって、二〇世紀半ば以降は当然ながら人々の視界から消えていった——ただしその痕跡をなにも残さなかったわけではない。なににも縛られず義侠心のある「荒くれ者」という、「マンガス」像の漠然としたイメージは、内容がその都度変わる概念として、こんにちもなおギリシャに残っている。レベティコの音楽的起源も、リズムや旋法の種類や楽器を手がかりにして明らかにしたように、オスマンの文脈を示している【図41】。

図41　20世紀初めに撮影された、盛装したゼイベキス。夥しい数の武器を身に付けているが、ネックの長いリュート属の小ぶりの楽器も、右の太ももからぶら下がっている。

たしかにそうした観察をすることによって、「東方と西方」という短絡的な図式が可能にするよりもはるかに細分化された、レベティコのイメージが得られることとなった。こうした図式による解釈によれば、ギリシャが属しているのは西ヨーロッパで、レベティコは東方の負の遺産の現われであり、あるいはレベティコは小アジアから一九二二年［小アジアの大災厄の年］以降、直輸入されたということになる。これらの見方が間違いであるということを本書ははっきりと論証し、これがイデオロギーに基づいた議論の一部であるということも明らかにした。こうした議論の上位にある意味関連はしかしながら、レベティコの展開史において最初から中心的な重要性があった。この展開史はそのかぎりで論争史として理解することも可能である。

この問題系はとても根が古く、アイデンティティー問題とも関連し、かつてはオスマン帝国に属していたのに、国民国家へと組織されていった数々の社会が、自己と向き合うのをつねに困難にしてきた。なぜならそれらの社会では、「西方イコール文明」対「東方イコール野蛮」という、西ヨーロッパ流の方程式が、きれいに割り切れなかったからである。前者への帰属を証明したいという意志は、後者によってその特徴が作られてきた現実と、たえず衝突を起こしてきた。かくしてギリシャでは建国以来［近代国家としての独立以来］、この衝突が古代のフォークロアを生み出し、一部では奇妙な行き過ぎももたらしたということは、第2部でスケッチした通りである。首都の建築物や公用語といった領域では、一応の「ヨーロッパ化」も達成できたのだが、音楽はだれが見ても分かるような限界にぶつかった。なぜならその相にあったのはまさに、西ヨーロッパとの、数百年にもおよぶ歴史のある、文化的な深い溝だったからだ。こうした問題にはギリシャの啓蒙思想家、アダマンディオス・コライス（一七四八年～一八三三年）が、関心をすでに向けていた［ギリシャ語の復興に努め、独立を促す論陣も張った］。かれは永住先のパリから、ギリシャ独立戦争勃発時の一八二一年に、ギリシャ性の文化的再生を願って、音楽への取り組みが人間の教化にもたらす大きな効用について、論文を書いていた。なにかを始めるにはギリシャはまさに特別に恵まれた状況にあるという。なぜならという理由をかれは次のように書いている。

……わが国の貧しい人々のなかには……リラ（膝立てヴァイオリン）をもっている人が多いことを、知らない人はいない。これまでよりももう少し協和音を使って、子供たちがヴァイオリンを弾くだけでも十分だ（本来なら「リラを弾く」（na lyrizosin）と書くべきところを、このように「ヴァイオリンを弾く」と書いている）。さらに言えばリラの演奏をする人は、楽器に携わっているだけ、ヴァイオリンを弾いているだけなのではなく、歌も歌っている。貧しい人々の教師が、中身がなくてしばしば淫《みだ》らでもある歌に代えて……喜びという装いのしたに隠されてはいるが、道徳的な戒めのようなものがある、神への賛歌などを書いたとしたら、なんと大きな効用がもたらされることだろうか。(76)

ヒオス島に縁《ゆかり》のあったコライスは、およそ島のどの家庭にもあるリラに触れたとき、きっと子供時代の記憶が目のまえに、ありありと浮かんでいたことだろう。ただし人生の大部分をフランスで過ごした当人の耳には、故郷の人々がリラで生み出す音楽は、不協和であるようにも、改善の必要があるようにも聞こえた。こうした評価が西ヨーロッパ音楽の絶対化に基づくことはまず間違いない。西ヨーロッパの音楽は価値の優った形式であり、かれの言う啓蒙化された社会にはその絶対化が相応しい。かれ自身が右で改善の必要ありと述べた事柄は、教育で簡単に改善できると考えたとき、かれがそのように楽観的でいられたのもその絶対化のゆえである。ヒオス島でリラを弾いていた当時の人々が、かれの意見にすんなり従うかと言えば疑わしい。だから引用した部分がはっきり示しているのはむしろ、異なった思考の参照枠に由来する理解の仕方の問題なのである。

「西ヨーロッパ」に影響された音楽理解と、こうした理解とは異質で多くの点で対立もする、「東方」の音楽の伝統とのあいだにあった、右でスケッチしたような二項対立をまえにして、レベティコの展開史もまた進んできたのだ。レベティコが展開していく歴史のうちで具体的に摑めるのは、二〇世紀におけるレコード産業開始以降のことだけだが、レベティコそのものも当の二項対立のおかげで成立した現象である。これはギリシャの特殊な文化地理学的状況から生じた二項対立である。

早い時期の録音といわゆる「ピレウス」様式を手がかりにして、こんにちでもその形式が跡付けられるかぎりで言えば、初期のレベティコを音楽的に特徴付けているのは、最小主義《ミニマリズム》とも言える比較的簡素な楽器の使用であり、これと結び付いた即興の比較的大きな自由な余地である。なおかつ即興は中心的要素だったと言わなければならない。リズムとメロディーと歌詞という、三つの個別の相のすべてにおいて、即興がレベティコ初期の根底をなしたからである。およそあらゆるダンスは、踊り手による自由な踊り方のために、自由な余地がたくさん与えられている（ないしは与えられていた）。これらのダンスのなかで最も重要なゼイベキコも自由な余地を基礎にしている。あらかじめ決められて固定したステップの流れは皆無だからだ。さらにメロディーの領域について言えば、タクシミは固定した部分ではあったが、実際の演奏では即興の自由な余地がかなり与えられ、歌のなかの器楽による間奏部も元々は基本型があるだけで、演奏者は好みと能力に応じてその仕上げを行なった。これに類するような自由な余地は当初は歌詞形式の領域にもあった。韻律が同じであれば個々の詩節は自由に組み合わせられ、新しく作ったヴァースを既存の型に組み込むことも容易にできた。

かくしてレベティコの特徴を音楽構造に基づいてまとめると、無制約で自由な性格が初期の重要な特性だったということになる。こうした特性は理由は異なるが歌詞内容の領域にも間違いなく見られる。ただしレベティコ初期の歌は歌詞の形式と比べて、歌詞の内容には低い価値が与えられる傾向があった。これらの歌の内容は周辺集団の生活環境を反映していた。かれらは自分たちのルールに従うか、さもなければいかなるルールにも従わなかったが、支配的な社会規範に反する生活をしていたことは確かで、社会規範の制約からはそのかぎりで自由だった。だからと言ってレベティコでときおり歌われる自由は、ロマンティックな自由の理想像でも、政治的な自由の理想像でもなかった。かれらの自由とはつねに、それ以外は生活で失うものがもはやほとんどない、完全に貧乏になった者、軽犯罪の前科のある者、麻薬中毒になった者、売春婦すなわち「操《みさお》の穢れた」女性などの自由だった。

ここに挙げた相は、このところ頻繁になされている、レベティコとアメリカのブルースを比較するための論点となる。たしかに戦間期という似たような社会的文脈があることは顕著で、両者の現象が辿った経路も驚くほど一致している。ただし前史の違いを考慮すると印象が変わるので注意が必要である。同じようなことは音楽構造の比較にも当てはまり、形式が比較的無制約で即興に中心的な重要性がある点は一緒だが、裏付けのできる本質的な共通点はそうでない点よりはるかに少ない(77)。

初期のレベティコは一九三〇年代以降のギリシャで決定的な変化を被った。この変化を主として推し進めたのは、レコード産業によるレベティコの発見であり、さらにはそれに起因するレベティコの商業化だった。こうした変化に音楽構造のほぼすべての相が見舞われた。録音によって生じた時間制限のために、タクシミが制約を強いられたばかりか、可能性としては無制限だった詩節の数も制約を強いられた。タクシミをそれでもなおレコードに録音するには、これまでとは異なる構造化が必要となり、詩節の数が制限されたことによって、歌詞は以前よりも入念に準備されなければならず、歌われる内容に重みが増すようにもなって、始めと終わりの明確な小さな物語を歌う歌が増えた。

このことは歌とその機能の決定的に新しい定義が伴っていた。レコードという人工的な媒体はまず音楽家と聴き手に、音楽情報の送り手と受け手というような、明確な役割分担を強いることになった。初期のレベティコは生《なま》の演奏がなされる実際の場では、両者を分かつ境界線がそれほど厳しくなく、聴き手もさまざまな仕方で歌の仕上げに参加できた。かれらは歌を唱和する——A‐A‐A‐BやA‐B‐B‐Aといった、繰り返しのある古い型は唱和するのに好都合だった——だけでなく、自分の詩節を持ち込むことすらあった。レコード生産が引き起こした送り手と受け手の明確な区分は、生の演奏が実際に行なわれる舞台にもじき広がった。このことはレコード生産のさらに別の重要な相にも関係した。知的財産の発見という相である。なぜなら音楽を人工的な媒体で商業化するという条件下ではじめて、メロディーや歌詞の著作権をめぐる問題が総じて重要となったからだ。こうして知的財産の売却、贈与、借用、盗作、盗作への対抗措置など、決着も収拾もつかない歴史が始まり、たがいに矛盾する権利への主張が、数多く生じることになった。こんにち著作権の所有者がもはや突き止められない歌が多い所以である。このことはまた分業の促進という別の現象にも関係した。当初はまだ頻繁に見られた作曲者と歌手と演奏者の兼務が、異なる分野への専門化によって徐々に切り分けられていった。こうして生じた音楽プロダクションの専門職化と同時に、レベティコはそれが生まれ育ってきた周辺社会から抜け出していった。一九四〇年代は代表的音楽家の世代交代と並んで、第二次世界大戦とその後の占領期や内戦といった政治的展開が、なかんずく決定的な役割を果たすこととなった。これらの期間にレベティコは多くの人たちのための音楽となることができた。かつてレベティコを少数者のための音楽にしていたのと似た理由からである。きわめて困難な生き残りのための条件というのがその理由である。このことでレベティコの歌詞は戦前と比べてはるかに多くの人々から受け入れられるようになった。レベティコが一九四〇年代の終わりに、多くの人々のための音楽としての地位が定まったとき、「ライコ」すなわち「民衆の」歌と呼ばれた経緯からも、以上のことが窺えるだろう。このあとレベティコは最盛期を迎えるのだが、一九五〇年代半ばから始まるレベティコ展開史の終わりは、この最盛期にすでにその原因が見えはじめていた。

これらの原因は部分的には内因的な性格のもので、たとえばそれは、特定のダンス・リズムや旋法や楽器の後退、組織的な和音の配置、第二声や第三声の導入など、音楽構造の変化から読み取ることができる。レベティコはそれが演奏される場が、タヴェルナから「コズミコ・ケンドロ」すなわち「エレガントな社交場」へと徐々に移ったことで、実際の演奏の仕方も変わっていった。一九三〇年代にすでに始まっていた、分業による音楽プロダクションの専門職化が、一九四〇年代の終わりからますます強まり、楽団員の序列化にまで行き着いた。なかでも最後は「スター」という考え方が広い範囲に及んだことは、男女の別にかかわらず楽団内の歌手が獲得した独立した地位を見れば分かる。こうしたことすべてが意味しているのは、ライコはその元々の出発点だったレベティコから、形式的にも内容的にも遠ざかったということだ。レベティコのもつ個別の要素のうちで最後まで残ったのは、ブズキや特定のダンス・リズムの使用というのがせいぜいだった。

レベティコ展開史の終わりには、本書冒頭ですでに触れた「東方と西方」という問題に関係する、イデオロギー的な相もあった。レベティコは下層文化としても音楽形式としても、自分たちは「西」に属するというギリシャのアイデンティティー構想に、最初から対立するものだったのである。こうした宿命はその本質からして、各地に根付く伝統を担っていた民族音楽も、本来的に共有するものだった。だがこちらの音楽はナショナリズムのおかげで、少なくとも独立戦争時の英雄の行為、民族の「健全な」「腐敗していない」活力を示すものなどと、なんとなく結び付けられ、「国民音楽」だと解釈することができた。こうして民族音楽は国家の認める「公式」文化のなかに隙間《ニッチ》が保障された。だがそもそもは下層の文化だったレベティコは事情が違った。レベティコは生まれつき都市の音楽形式で、たとえどんなに異なった音楽要素でも吸収してしまう、総じて著しい力をそなえたものだった。一九四〇年代のレベティコの成功および「ライコ」への展開によって、自立した都会的で現代的な音楽、さらにはそのかぎりでギリシャの――だがまさに西ヨーロッパのではない――生きた音楽の可能性が、姿を明確に現わしたのである。「ライコ」という概念それ自体は古くさかったかもしれないが、この時期の「民衆の」歌は社会的な相ではまったくの新現象だった。レベティコの成立は元々はばらばらだったギリシャの音楽風景の統合がその根底にあり、地方が文化的な独立性を失ったことで生まれたという面もあれば、映画やラジオといった新しいメディアの導入によって生まれたという面もある。こうしてギリシャにおいて、国境とも合致して一体となった音楽空間が、初めて成立したのである。レベティコから出てきたライコはいまや、この音楽は「民衆の魂」から発せられた声であり、かくして「国民音楽」の一つでもある、と相当の正当性をもって主張できるようになった。

　これはギリシャの「西」としてのアイデンティティー構想に矛盾し、社会的地位や受けた教育という点では、レベティコやライコの代表的な音楽家というよりも、ギリシャ公式の文化体制のほうに近かった者は、このことを問題ありと受け止めた。かれらが一九六〇年代に「エンデフノ・ライコ」という音楽で自分たちをマニフェストし、かれらなりの仕方でレベティコの終わりに貢献するという反動が生じた所以である。ギリシャ音楽は西ヨーロッパのものだから洗練させるべきだ、というのがそうした者たちが掲げたモットーである。こうした観点は、有名な映画『日曜はダメよ』［音楽はエンデフノ・ライコのマノス・ハヅィダキスが担当］の示唆に富んだシーンに、簡潔に表わされている。ここで主人公のメリナ・メルクリ［のちに文化大臣も務めた］は仲間のブズキ奏者を慰める。かれは音楽の能力がない（すなわち楽譜が読めない）と分かって絶望している。主人公は次のように言って聞かせる。「木々に止まってる鳥だって、音楽のこと分かんないでしょ、鳥たちの歌声はそれでもきれいよ」。このようにしてライコを象徴的に貶めるということは、「エンデフノ・ライコ」とその根底にある音楽理解が有利になるよう、役割を明確に差別化するということでもあった。「エンデフノ・ライコ」の代表的音楽家は言葉巧みだったので、ある程度まではその役割の差別化も人々に受け入れられたが、目指すべきギリシャのポピュラー音楽の「洗練」も、音楽趣味の根本的な変革も達成できなかった。ライコは当初こそ社会からの正当な評価を得られなかったが、ファンを獲得しながらその後も展開を続けていった。ライコが遅ればせながらも社会からついに評価されたのは一九八〇年代で、なかでもギリシャの首相が初めてブズキ酒場《ブズキヤ》を訪れたことがその証しだった。首相に選出されたばかりのアンドレアス・パパンドレウ［一九八一年から一九八九年までと、一九九三年から一九九六年まで、首相を二回務めた］は一九八一年、このブズキ酒場を訪れたさいゼイベキコまで踊った。かれはその象徴的行為によって、政治家の要人はそうした酒場に大っぴらに足を踏み入れてはならない、というそれまでのタブーを破ったのである。

一九七〇年代以降のレベティコ再発見もそうした流れの一部である。レベティコが再発見されたということは、社会的枠組みのまったく異なる条件下でも、この音楽は人々の心に届くことができ、イデオロギーに動機付けられた解釈には左右されない、音楽内容の本質に基づく「時代を超えた」価値を有している、ということを示すまたとない証しである。イデオロギーを動機にした解釈は、レベティコが軍事独裁政権の終結後［独裁は一九六七年から一九七四年まで］に迎えた、最初のルネッサンスの最中もなされた。レベティコは社会的抗議の音楽形式だ、と当時ならではの問題提起に乗じた解釈をされたのだが、こうしたかたちで社会的抗議をしたことは、レベティコにはそれまで一度もなかった。一九九〇年代の第二ルネッサンスの最中も、イデオロギーによる解釈がなかったわけではないが、こんどはむしろ南東ヨーロッパの政治的な大変動［具体的にはユーゴスラヴィア紛争］を背景に、激動する新たな民族主義の文脈で解釈された。かくしてレベティコはしばしば、西ヨーロッパとは一線を画す、起源がビザンティンを超えて古代にまで遡る、ギリシャの混じり気のない文化的アイデンティティーを表わしていると見なされ、現在もなおそのように見なされている。このような説明は検討に値しないしろものだが、ギリシャ地域の伝統的な音楽形式、たとえばビザンティン時代の歌やほぼ消滅した多様な楽器への一般の関心が、こうして呼び起こされたという点では、副次的な効果もあった。こうした事物への取り組みがとくに表われているのが、十年前からの「エンデフノ・ライコ」の形式である。この音楽は伝統的な音楽形式との微細な関わりがその特徴である。以上のような意味で、レベティコはその展開の歴史が終わったのちもなお、こんにちに至る何十年もの期間にわたって、ギリシャのポピュラー音楽を豊かにしつづけている。

第5部　人物

ここに挙げる伝記的データはすべて、きわめて矛盾する情報を含む文献から採っている。疑わしいときは正しそうなものを優先するか、一般に信頼されている著者に頼るかした。かくして間違いは排除できないし欠落も避けられない。以下で紹介するのはいずれにせよ、レベティコ入門に必要なごく一部の人物にすぎない。題名を挙げた歌は人物以上に数を絞っている。これをきっかけに関心のある読者はどうかご自身で歌を探していただきたい。

アシキス、グリゴリス（Asikis, Grigoris / Ασίκης, Γρηγόρης）［生］一八九〇年、コンスタンティノープル［没］一九六七年、アテネ　家具職人、寝台職人。一九二二年［小アジアでの大災厄の年］にギリシャに渡ってきた当初も、家具職人の仕事を続けていた。かれはやがてウティを学び、一九二五年から職業音楽家を始める。歌手、音楽家、作曲家としての活動は、一九六〇年まで切れ目なく続いた。スミルネイコ様式の有名曲をいくつか書いた。

［代表曲］「アルメニア人の娘」、「可愛いカリオペ」、「三人の孤児」、「無情な心」

アバヅィ、リタ（Abatzi, Rita / Αμπατζή, Ρίτα）［生］一九一四年、スミルナ［没］一九六九年、アテネ　ロザ・エスケナジと並ぶスミルネイコの傑出した女性歌手で、数多くの民謡も歌った。歌唱力がとくに要求される歌が巧みに歌えることで、レコード会社に名前が知られて重用された。

イェオルガコプル、イオアナ（Georgakopoulou, Ioanna / Γεωργακοπούλου, Ιοάννα）［生］生年不明、ザハロ（ペロポネソス）［没］二〇〇七年、アテネ　活動を始めたのは一九三〇年代だったが、大きな成功を収めたのは一九四〇年代からで、一時はギリシャの優れた歌手の一人だった。イェオルガコプルの名前は、レベティコの最盛期と密接に結び付いていて、この時期の歌い方はまさにその模範だった。

イェニツァリス、ミハリス（Genitsaris, Machalis / Γενίτσαρης, Μιχάλης）［生］一九一七年、ピレウス［没］二〇〇五年、ピレウス「ガキのころからマンガスになる定め」が大ヒットした一九三五年からブズキ奏者として活動。内戦の終わりまでレベティコの大家たちの全員と共演したが、一九五二年からはブズキを仕舞って野菜市場で働いていた。一九七〇年代に、レベティコ最初のルネッサンスとの関係で再発見された。

［代表曲］「ガキのころからマンガスになる定め」、「サルタドロス」、「テッサロニキの美しい女」、「おまえを手に入れる男は他にいない」

ヴァンヴァカリス、マルコス（Vamvakaris, Markos / Βαμβακάρης, Μάρκος）［生］一九〇五年、シロス島［没］一九七二年、ピレウス　一二歳でピレウスに出てきて、さまざまなその場しのぎの仕事で糊口をしのぐ。さらに肉屋として働くかたわらブズキを演奏。「ピレウス四重奏団」の設立者で、「レベティコの総主教」と称される。

なぜならギリシャのレコード市場におけるブズキの確立は、かれの名前と結び付いているからである。かれはそのブズキ演奏の仕方としわがれ声によって、一九三〇年代のレベティコで余人を圧倒し、第一世代と「ピレウス様式」の最も重要なブズキ奏者であるばかりか、レベティコ一般の最も傑出した代表者の一人ともなった。かれの歌「フラゴシリアニ」は、こんにちでも不動の名声を得ている。一九五〇年代半ばからは音楽家として忘れられ、地方での不定期公演でどうにか生活するという時期が何年か続いた。こうした生活をついに変えたのが亡くなる数年前のレベティコ再発見だった。

［代表曲］「カラドゥゼニ」、「終身刑の囚人」、「おれは何時間でも水ギセルを喫う」、「フラゴシリアニ［シロス島のフランク娘］」、「囚人が監獄同士で挨しあう」、「おれたちはある晩、煙草を喫っていた」、「ペテンの上手い女」、「別れ」、「五〇〇〇ドラクマの札束」、「おまえの睫毛が涙で輝いている」、「おまえは両手で摑んだ（「枝の笞」とも）」、「トランプの札を置いてくれ、ジプシー女」、「毎晩だっておまえを待ってる」、「おれの複弦のブズキ」、「黒い瞳、黒い眉毛」、「世間は騙されてる」、「幼い身で婚約した」、「姦通した女」、「運の悪いやつ」、「ピレウスで過ごした年月」、「この世のレベティスはみな」、「食肉市場で」、「母さん、おれは殺された」、「おまえの嫉妬深い目」、「愚か者」、「なんてしつこい心痛だ」、「哀れなカヴラス、あなたはどこ」、「パリのブズキ」

エスケナジ、ロザ（**Eskenazy, Roza / Εσκενάζυ, Ρόζα**）［生］一九〇〇年ごろ、コンスタンティノープル［没］一九八五年、アテネ　おそらくスミルネイコで最も重要な歌手で、民族音楽でも強烈な存在感を発揮した。パナヨティス・トゥンダス［後述］の歌を数多く歌い、一九三四年からはマルコス・ヴァンヴァカリスの「ピレウス様式」による歌も数曲歌った。

カシマティス、ザハリアス（Kasimatis, Zacharias / Κασιμάτης, Ζαχαρίας）［生］一八九六年、スミルナ［没］一九六五年、アテネ　早くも一九一〇年には職業音楽家となり（歌とマンドリン）、スミルナで人気のあった楽団「ポリタキャ」の一員だった。一九二三年にアテネに来てからは、楽器をマンドリンからギターに替えた。スミルネイコや民族音楽の曲目も、レベティコやその後はライコの曲目もこなし、一九六五年に亡くなるまで途切れずに活動した。第一世代（たとえばヴァンヴァカリス）から第三世代（たとえばミツァキス）にいたる、レベティコの大家のほとんどと活動を共にした。かれ自身の歌はスミルネイコに属し、一九三〇年代初めにいくつかの曲がヒットした。

［代表曲］「可愛いイリニ」、「可愛い修道士」、「メフメト」、「ノティスのテケスで」、「あなたの言うことは聞かないわ」

カプラニス、コスタス（Kaplanis, Kostas / Καπλάνης, Κώστας）［生］一九二一年、ヒオス島［没］一九九七年、アメリカのカリフォルニア　理髪師になる技術を学んだが、ブズキ奏者や作曲家としての経歴を開始したのは、ドイツ軍による占領期にアテネに出てきてから。かれの歌は戦後の最盛期を代表するもので、こんにちそのうちの何曲かは、レベティコとライコの規範的な曲目の一部になっている。カプラニスは一九五〇年代終わりにギリシャを去って、アメリカに定住した。

［代表曲］「一人の物乞いが死んだ」、「おれたちは人も羨む仲」、「ピレウスの美しき人」、「今宵は楽しむぜ」、「おまえのせいで正しい道を踏み外した」

カリピス、コスタス（Karipis, Kostas / Καρίπης, Κώστας）［生］一八六五年、コンスタンティノープル［没］一九四四年、アテネ　歌手にしてギタリスト。一九二二年にアテネに出てきたときは、小アジアですでに相当の経歴があった。作曲家としてカフェ・アマン様式の最も有名な曲をいくつか書き、一九三〇年代半ばからはブズキ奏者とも活動を共にし、たとえば一九三七年にはイェニツァリスと活動を共にした。
［代表曲］「エレニ、可愛いエレニ」、「おまえなんか欲しくない」、「アルメニア人の娘」、「嘘でもいいから、そうだと言って」、「ぼくの可愛いカテリナ、きみのために」

カルダラス、アポストロス（Kaldaras, Apostolos / Καλδάρας, Απόστολος）［生］一九二二年、トリカラ［没］一九九〇年、アテネ　ギターもブズキも弾いた。一九四五年にアテネに出てきて、一九六五年までずっと活動した。かなりの数の歌を書き、多くが大ヒットを収めている。レベティコからライコへの移行期の傑出した代表者。
［代表曲］「月明かりのない夜が始まった」、「マンガスが外に出かけた」、「わたしは過去をほっとく」、「おまえがどんな女だろうと」、「ワインを一杯、持ってきてくれ」、「わたしの道を決めたのはあなた」、「異国の女」、「乾杯、レベティスたち」、「ベルベル人の地」、「これ以上もう待てない」

カルフォプロス、スピロス（Kalfopoulos, Spyros / Καλφόπουλος, Σπύρος）［生］一九二三年、ピレウス［没］二〇〇六年、ピレウス　歌とブズキを一九三九年から始め、ブズキの演奏は達人にまでなった。レベティコ第三世代の最も重要な代表者のほとんどと共演。ことに一九五〇年代後半からは数多くの作曲で知られ、かくしてレベティコというよりはライコの代弁者。
［代表曲］「愛する者のみが嫉妬する」、「ユルドゥズ［イスタンブールの一画］」、ボスポラスの空に浮かんだ満月」、「カウボーイ」、「ヴァンゲリツァ、ヴァンゲリツァ」、「夜が明けた」、「お利口な鳥」、「二つの瞳、わたしの

瞳」

キロミティス、ステリオス（Kiromytis, Stelios / Κηρομύτης, Στέλιος）［ケロミティス（Keromytis / Κερομύτης）とも］

［生］一九〇三年、ピレウス［没］一九七九年、アテネ　比較的裕福な家庭の出で、父親は手すさびにブズキを弾いていた。マルコス・ヴァンヴァカリスと知り合ったのち、一九二六年から職業音楽家としてブズキを弾きはじめる。キロミティスは、ヴァンヴァカリス、デリャス、バティス、マセシスに並ぶ、「ピレウスのレベティコ」の主要な代表者の一人。

［代表曲］「ヴァヴラ［ピレウスの一画］の穴」、「気取った娘」、「ペンデリ［アテネの北］の松」、「貴婦人のように装って」、「おまえが賢ければいいんだが」、「おれの唯一のなぐさめ」

クルヴァトス、イェラシモス（Klouvatos, Gerasimos / Κλουβάτος, Γεράσιμος）［生］一九一四年、アテネ［没］一九七九年、アテネ　一九三二年から一九六七年まで音楽家として活動。ブズキ演奏の達人。マノリス・ヒョティスやハリス・レモノプロスのような達人と、早くも戦前から活動を共にしていた。たくさんの歌を書いてその多くがヒットするとともに、レベティコの最盛期とライコへの移行期を特徴付けた。ステリオス・カザンヅィディスが歌手として偉大な経歴の最初の一歩を踏み出す手助けをした一人。

［代表曲］「わたしは燃える、わたしは燃える」、「タバコに火を付けてくれ」、「おまえは未成年の娘」、「わたしは朽ち木を踏んでしまった」

ゴンゴス、ディミトリス（Gkongos (Gongos), Dimitris / Γκόγκος, Δημήτρης）、「バヤンデラス」（Bagianteras /

Μπαγιαντέρας）というニックネームでむしろ知られる［生］一九〇二年、ピレウス［没］一九八五年、アテネ　比較的裕福な家庭の出身で、大学では電気工学を修めた。ブズキ奏者になる以前はマンドリンとヴァイオリンを学んでいた。ニックネームの由来は、一九二五年にイタリアのオペレッタで見た「バギアンテラ」［ハンガリー出身のカールマーン・イムレ作の「インドの踊り子《バヤデーレ》」］を、ブズキにアレンジしたのち付けられた、というのが本人の弁。一九四一年にドイツ軍の侵攻がもとで失明するが、一九六三年まで演奏を続け、さらに一九七〇年代から亡くなるまでのあいだも演奏をした。「プラキョティコ」に近いレベティコの代表者。
［代表曲］「タバコを喫う女」、「ハヅィキリャキオ［ピレウスの一画］」、「コウモリ」、「愛のない人生を一人で生きていく」、「漁船が出発する」、「わたしの理性は魔法にかかったように揺らめく」

スカルヴェリス、コスタス（Skarvelis, Kostas / Σκαρβέλης, Κώστας）、ニックネームは「牛の干し肉《パストラミ》」［生］一八八〇年、コンスタンティノープル［没］一九四二年、アテネ　若いころからすでにギターを弾いていたが、アテネに出てきた（一九一五年から一九二〇年のあいだと思われる）当初は、靴作りの職人をしていた。スミルネイコを曲目にする楽団で一九二三年からしばしば演奏。一九二八年に自分の歌の録音を開始、一九三〇年からは「コロンビア」レコードの芸術ディレクターの一人になり、十年間で数多くの歌を出した。これらの歌は一九三五年以降、当時の有名歌手だったヨルゴス・**カヴラス**（Kavouras, Giorgos / Κάβουρας, Γιώργος）がほぼ独占して歌った。カヴラスの声はスカルヴェリスの歌に比類のない音色を与えている。スカルヴェリスの膨大な量の作品は、コンスタンティノープルの要素があることが特徴で、なかでもハサピコスの特殊な扱い方からそれは窺える。
［代表曲］「あっち行け、マンガス」、「アメリカ人との遊び」、「可愛い肉屋さん」、「おれがワインを飲むと」、

「甘い口付け」、「おれは名高い職人」、「おれはどうしたらいい、おまえを愛してるんだ」、「可愛いイリニ」、「カフェ・アマンで」、「あんたは嘘吐き、パナヨティス」、「おまえは二年もおれをおだててた」

タタソプロス、イオアニス（Tatasopoulos, Ioannis / Τατασόπουλος, Ιωάννης［ヤニス（Giannis / Γιάννης）とも］）、ニックネームは「ディリンジャー」［生］一九二七年、クレタ［没］二〇〇一年、ワシントン　二〇世紀最大のブズキの達人の一人で、レベティコからライコへの移行期に、有名な歌もいくつか書いた。一九五〇年代半ばにアメリカに移住。

［代表曲］「明けの明星が甘美に輝く」、「来て、立ち上がって、踊って」、「おれの苦しみは耐えられない」

ダルガス、アンドニス（Dalgas, Antonis / Νταλγκάς, Αντώνης）、本名はディアマンディディス（Diamantidis / Διαμαντίδης）［生］一八九二年、コンスタンティノープル［没］一九四五年、アテネ　一九二二年以前からすでにコンスタンティノープルで職業歌手をしていて、スミルネイコ、なかんずくアマネス形式の歌の最も傑出した歌手の一人だった。ウティも演奏し、（一九三〇年からは）ギターも演奏した。カフェ・アマン様式の歌と並んで、数多くのカンダダや西ヨーロッパの特徴のある「エラフロライコ」も歌った。

［代表曲］「おまえに似た女なんてどこにいる」、「わたしの偉大なエレニ」、「ヤナカキスおじさん」、「ミス・ギリシャ」

チャウス、ヨヴァン（Tsaous, Giovan / Τσαούς, Γιοβάν）、本名はイオアニス・エイヅィリディス（Eitziridis, Ioannis / Εϊτζιρίδης, Ιωάννης）［生］一八九六年、コンヤ［トルコの都市］［没］一九四三年、ピレウス　若いころからすでに小アジア中で知られていたタブラス奏者で、スルタンだったアブデュル・ハミト二世の宮殿で演奏したこともある。一九二三年にピレウスに来てからは、仕立屋として雇われながら、数軒のカフェを経営していた時期もある。抜群の演奏能力——ギリシャに来てからはピアノやヴァイオリンまで習得した——からすれば当然の名声があったのに、売春婦のための演奏なんかしたくないという理由から、職業音楽家として酒場で演奏するのを死ぬまで拒んだ。ただし自分や他人が書いた歌の一連のレコード録音がある。たいていはアンドニス・

カリヴォプロス（(Kalyvopoulos, Antonis / Καλυβόπουλος, Αντώνης)［生］一九〇二年、スミルナ［没］一九五九年、アテネ）がその歌を歌った。たしかにチャウスが音楽に果たした貢献は量的には少ないが、レベティコ音楽のなかでは特別な地位を占めている。これは形式のうえでも内容のうえでも独特な歌詞——ヴァースの繰り返しを基本的に放棄したことは、当時の時代と文脈からして異例だったことを指摘しておく——のせいでもあり、歌の音楽構造のせいでもある。なにしろそのタブラス［202ページと注の31と71を参照］はブズキとは明らかに異なる独自なものだった。

［代表作］「ピレウスの五人のマンガス」、「エレニは亭主が留守だ」、「ドラペツォナ［ピレウスの一画］」、「おれはどうせヤク中」、「刑を宣告された男」、「魔術師の女」

ツァウサキス、プロドロモス（Tsaousakis, Prodromos / Τσαουσάκης, Πρόδρομος）［生］一九一九年、コンスタンティノープル［没］一九七九年、アテネ　おそらくは一九四〇年代終わり以降のレベティコとライコで最も抜きん出た男性歌手。かれの名前はツィツァニスの作品と密接に結び付いている。ツィツァニスの書いた数多くの歌を歌っているが、「曇り空の日曜日」の最初の録音で歌ったのもツァウサキスだった。

ツィツァニス、ヴァシリス（Tsitsanis, Vasilis / Τσιτσάνης, Βασίλης）［生］一九一五年、トリカラ［没］一九八四年、ロンドン　幼いころからすでに父親のマンドリンを演奏し、若いころはヴァイオリンのレッスンも受けた。このののちブズキに転向して新時代を築くことになった。一九三六年にテッサロニキに出てきたが、ここでの短い滞在後にアテネに移り、当初は大学で法律を学んでいた。同年に大学を退学して音楽家となり、最初のレコード録音を行なった。占領期はテッサロニキで過ごし、一九四六年にふたたびアテネに移り、ここで亡くなるまで音楽家として活動した。一九八四年にロンドンで短い入院ののち死亡。ツィツァニスは、レベティコばかりか、二〇世紀のギリシャのポピュラー音楽のなかでも卓越した人物で、文句なしに別格の存在。マルコス・ヴァンヴァカリスをレベティコの「総主教」と言うなら、ツィツァニスには「皇帝」という称号が相応しい。この途方もない地位は一面では作品のすさまじい量による。作られたときにとてもヒットして、レベティコ展開の画期となったばかりか、こんにちでもなお人気を博している、きわめて多くの歌がそこに含まれる。この間に社会の集合的記憶に刻まれ、ギリシャの文化的アイデンティティーの要素となった歌も多い。ただし作曲家として途方もなかったばかりか、独特な演奏をする才能あるブズキ奏者でもあり、タクシミの巨匠でもあった。かれは優れた歌手を見いだすのがとりわけ得意で、かなり程度でその歌手の教育を買って出たこともあり、女性歌手の場合はとくにそのことが当てはまる。これらの歌手はその点で経歴をツィツァニスに負っている。たとえばプロドロモス・ツァウサキス、タキス・ビニス（Binis, Takis / Μπίνης, Τάκης）、ソティリア・ベル、マリカ・ニヌが挙げられるが、これらはレベティコとライコの最盛期からは切り離せない名前である。

［代表曲］（本書で挙げる代表曲はどれも無理に数を絞ったもので、全体像を正しく反映していないおそれがあり、このことは以下に挙げるツィツァニスの曲でとくに当てはまる）「かれらはテケスに押し寄せる」、「なんで立ち寄ったか分かってくれ」、「異国の女」、「無電通信士」、「道楽者たち」、「きみは王女様気分だった」、「ア

レヴラスの店で」、「聖コンスタンディノの地で」、「おれが愛したのは人妻」、「トリカラのゼイベキコ」、「果てしないもの」、「あなたは相性が良くない」、「おまえの黒い瞳のために」、「アルホンディッサ［上品ぶった女］」、「パサリマニ［現在はゼアと呼ばれるピレウス半島の湾］の夜」、「ツィツァニスの結婚式」、「バクセ・ツィフリキ［テッサロニキの郊外］」、「麗しきテッサロニキ」、「こんなに早く起こしたのはなぜ」、「二人が別れた晩」、「岸辺、日没」、「おまえを酒場に連れて行けば」、「席に座って、ペニャ［弦をつま弾く音］を聴いてくれ」、「傷付いた男」、「ギリシャのドライヴ」、「キスに罪はない」、「曇り空の日曜日」、「手紙」、「貧しさよ、おまえはわたしにぼろを着せた」、「ツィツァニスのミノレ」、「おれは愛する瞳の報いを受ける」、「がめつい女」、「わたしは苦しむために生まれた」、「少しは我慢して」、「金で飾られた宮殿」、「恩知らずの女」、「あんたがタヴェルナが飲んでると」、「飲めや歌え」、「犠牲者」、「こんばんはイカすじゃないの！」、「いいぞ、おれの粗末なブズキ」、「硫酸」、「セラハ」、「アラビアの女たち」、「山々が谺する」、「火」、「きょう、あした、それとも今」、「工場」、「蟹さん」、「おまえを選んだんだ」、「気の触れたジプシー」、「両刃のナイフとなった愛よ」［この歌は作者がツィツァニスなのかハヅィダキスなのか争われている］

ヅゥアナコス、スタヴロス（Tzouanakos, Stavros / Τζουανάκος, Σταύρος）［生］一九二一年、ピレウス［没］一九七五年、アメリカ　一九四〇年の終わりごろにギリシャの音楽舞台に登場したときはブズキ奏者だったが、かれが認められたのは作曲家やその特徴的な「柔らかい」声の歌手としてであった。メロディーのしばしば洗練した歌（「豪華《ノーブル》なレベティコ」）の歌詞には、憂いがはっきりあるという傾向が認められる。メロディーと歌詞が作品に独自の性格を与えていて、大ヒットした数多くの歌もそうした歌に含まれる。

［代表曲］「こんばんは溜め息を吐いた」、「音楽家たち、演奏を止めて」、「別れのナイフは深く突き刺さる」、

「笑ってないで、泣かせたいんだから」、「あれほどの男を失って惜しい」、「あなたのわずかな愛」、「マハラジャ」、「だって神様もいるから」

ヅォヴェノス、コスタス（Tzovenos, Kostas / Τζόβενος, Κώστας）［生］一八九八年、アテネ［没］死亡した年と場所は不明　サンドゥリとチェンバロを演奏し、一九二五年から職業音楽家として活動。一九三〇年代の終わりに音楽業から退き、革製品の商売に転向した。一九三〇年代の混淆様式に分類される歌を書き、ヒットしたものもいくつかある。

［代表曲］「若い道楽女」、「マンソスのテケスで」、「ザビコスのテケスで」、「獄中の二人のマンガス」

デリャス、アネスティス（Delias, Anestis / Δελιάς, Ανέστης）、ニックネームは「アルテミス」とも「黒猫」とも［生］一九一二年、スミルナ［没］一九四一年、アテネ　スミルナの有名なサンドゥリ奏者の息子で、最初はギターを、次にブズキを演奏した。「ピレウス四重奏団」のメンバーの一人として、一九三〇年代のレベティコの重要な代表者だった。占領期の初めに痛ましくも麻薬中毒の犠牲となった。

［代表曲］「アテネの女」、「上着」、「密告者」ないし「おい、マンガス野郎、おまえのナイフ」、「コンスタンティノープルのハマム［浴場］で」、「ヤク中の嘆き」、「よくもやってくれたな、議長さんよ」、ニコス・マセシスを歌った「クレイジー・ニコス」

トゥンダス、パナヨティス（Tountas, Panagiotis / Τούντας, Παναγιώτης）［生］一八六七年、スミルナ［没］一九四三年、アテネ　かなりの年齢になって一九二三年にアテネに出てくる以前から、商人としてオスマン帝国内のアフリカやヨーロッパを広く旅し、形式のまったく異なるポピュラー音楽を知った。「家庭の楽器」マンドリン以外にも、種類のまったく異なる楽器を弾きこなした。これらの楽器を習得するのは苦ではなかったらしい。かくしてギリシャでは類を見ないほど視野の広い音楽の知識を自家薬籠中のものにした。長年にわたってレコード会社「コロンビア」の芸術ディレクターを務め（ギリシャのレコード生産開始のときから）、戦間期ギリシャのポピュラー音楽の展開に決定的な貢献をした。かれはヴァンゲリス・パパゾグル［後述］と並んで、スミルネイコの父と称することができるが、民族音楽やレベティコの展開にも貢献した。ギリシャの音楽風景におけるトゥンダスの際立った地位は、他の音楽家のアレンジに数多く加わったことだけで築かれたのではなく（第二次大戦勃発以前にレコード録音をしたほとんどの音楽家が、なんらかのかたちでトゥンダスと関係した）、自分の（ないしは自分の名前で出した）膨大な作品によって築かれたものでもある。

［代表曲］「真実の愛」、「可愛いハリクリア」、「女給」、「ヤクを持ってこい」、「火遊びをしている後家のために」、「おれは一人前の男になる」、「獄中の会話」、「ぼくの可愛いディミトルラ」、「二重に恋して」、「王女様がほしい」、「おまえは結婚するんだってな」、「バルバラ」、「ハシッシュ中毒の女」、「コカイン」、「ぼくの可愛いカナリアさん」、「カロンとの会話」、「お人形さん」、「誉れある労働者」、「コッキニア産のお人形さん」

ドラガツィス、イオアニス（Dragatsis, Ioannis / Δραγάτσης, Ιωάννης）、ニックネームは「オグドンダキス」（Ogdontakis / Ογδοντάκης）［生］一八八六年、スミルナ［没］一九五八年、アテネ　ヴァイオリン奏者で、一九〇四年に職業音楽家となり、アテネに出てきたのは一九二三年。さまざまな楽団で一九五二年まで演奏し、カフェ・アマン様式でも民族音楽でも名を成した。ヴァイオリンのずば抜けた達人で、仕事仲間の賛辞によると、トルコ音楽の旋法をことごとく操ったという。一九三〇年代にはレコード会社「コロンビア」で、芸術ディレクターの一人でもあった。
［代表曲］「ハシッシュ中毒のマノリス」、「ならず者」

ニヌ、マリカ（Ninou, Marika / Νίνου, Μαρίκα）、本名はマリカ・ニコライドゥ（Nikolaidou, Marika / Νικολαΐδου, Μαρίκα）［生］一九一八年、カフカス［アルメニア系の出自］［没］一九五七年、アテネ　元々は曲芸師で、一九四七年に家族と一緒にアテネに出てきて、「二人《デュオ》のニヌと二分の一」というアクロバットの出し物で、夫や子供と寄席《キャバレー》のショーに出演していた。ヴァシリス・ツィツァニスとの付き合いは一九四九年から始まる。ここから生じた共演期間は比較的短かったが、途方もない実りをもたらした。ツィツァニスとニヌは、仕事のうえでも私生活のうえでも息の合ったカップルだった。ツィツァニスの「ミューズ」としばしば呼ばれ、かれの最もヒットした曲のいくつかに着想を与えたと考えられる。ステージのために生まれ、自分の歌にとって理想の歌手だった、というのがツィツァニス自身の発言である（なかでも「両刃のナイフとなった愛よ」という歌がそうで、この歌はマノス・ハヅィダキスがのちに曲を付けて、メリナ・メルクリ［映画『日曜はダメよ』の主演女優］が歌っている［作者がツィツァニスなのかハヅィダキスなのかが争われている］）。だれにも真似できないその歌声でマリカ・ニヌはレベティコとライコを支える大黒柱となった。ニヌが早くに亡くなったことは、ツィツァニス個人の悲劇となったばかりか、ギリシャのポピュラー音楽にとっても大きな損失となった。

ハスキル、ステラ（Chaskil, Stella / Χασκίλ, Στέλλα）［生］一九一八年、テッサロニキ［没］一九五四年、アテネ　歌手としての短い経歴（一九四〇年代終わりから亡くなるまで）のなかで、レベティコの重要な代表者たちすべてと活動し、忘れがたい歌を残した。この音楽ジャンルから登場した最も重要な女性歌手の一人。

ハヅィフリストス、アポストロス（Chatzichristos, Apostolos / Χατζηχρήστος, Απόστολος）［生］一九〇三年、スミルナ［没］一九五九年、アテネ　幼いころからピアノとアコーディオンを学んでいた。一九二二年に難民としてピレウスにやって来た最初の何年かは、溶接工として働いた。ブズキ奏者や歌手としての活動は、一九三〇年代半ばに、マルコス・ヴァンヴァカリスや「ピレウス四重奏団」の脇役から始まった。一九三八年にスピロス・ペリステリスに感化されて、自分の歌のレコード録音を開始。一九五〇年代半ばまで何組かの楽団で、音楽家として順調な活動を続けた。晩年は当時のレベティコの代表者たちと同様、忘れられた存在だった。一九五九年に極貧のうちに肺癌で死去。ハヅィフリストスはツィツァニスやパパイオアヌとともに、第二世代の重要な代表者の一人で、数多くの歌がこのジャンルで最も有名なものに数えられる。なかでも特徴的なのはその甲高い歌声で、マルコス・ヴァンヴァカリスのしわがれ声と好対照になっている様子は、たぐいまれなほどである。戦後の作曲ではアプタリコスのリズムを多用しているが、このリズムはその当時、総じて後退しつつあったので、なおさら目立つ結果となっている。

［代表曲］「物乞いの嘆き」、「嘆いている娘」、「幼い母親」、「貧しさ」、「レベティスたち」、「素晴らしい女性」、「船頭」、「ちっぽけな石炭ストーブ」、「ひさし帽」、「破壊された生活」、「おまえにはいずれ苦しむ日が来る」、「嘆いている心」、「雨のなかを走る馬車」、「馬車の御者」、「夜はけっして明けるな」、「素敵な晩になる」、「車でファリロに出かけよう」

バティス、ヨルゴス（Batis Giorgos / Μπάτης, Γιώργος）［生］一八九〇年、ピレウス［没］一九六七年、ピレウス　カフェを数軒経営するかたわら、楽器店やダンス学校も一時期営んだ。かれはとりわけ抜きん出たユーモアで広く知られ、本物のピレウス気質の一人だった（「ピレウスの王者」というあだ名が付けられた所以である）。「ピレウス四重奏団」ではバグラマスを弾いた。
［代表曲］「ジプシーの女」、「おれはこっそりボートに乗った」、「ボイラーマン」、「オロポスの監獄」、「海綿採《スポンジ》り」

パパイオアヌ、イオアニス（Papaioannou, Ioannis / Παπαϊοάννου, Ιοάννης）［生］一九一四年、キオス（小アジア）［トルコ語でゲムリキ］［没］一九七二年、アテネ　難民の子としてギリシャに来て、若いころは建設作業員や沿岸漁業の漁師をし、ピレウスのサッカー・チームでゴールキーパーをしていた時期もある。この時期にマンドリンとアコーディオンを学んだ。一九三〇年代半ばになってようやく、おそらくは兵役中の一九三五年から一九三七年にブズキを習得。職業音楽家としての経歴は一九三七年に始まり、亡くなるまで活動を続けた。一九五五年からはツィツァニスとほとんど切れ目なく活動を共にした。一九五五年の「スーツケース」という歌で、ステリオス・カザンヅィディスが歌手としてレコード市場に出てきたときは、パパイオアヌが決定的な働きをした。第二世代に属しながらも、マルコス・ヴァンヴァカリス、ヴァシリス・ツィツァニスと肩を並べる、レベティコで最も重要な代表者の一人。膨大な量の作品のなかには、「カンダダ」やエーゲ海島嶼部の民族音楽の要素を取り入れた曲もある。
［代表曲］「ファリリョティッサ［ファリロから来た娘］」、「開けて、開けて」、「日の出まえ」、「おまえをデートで待っていると」、「ゼア港［ピレウス半島の湾にある］から」、「エロス」、「可愛い仕立屋さん」、「アンドレアス・ゼポス船長」、「可愛いエヴァンゲリカ」、「冥土のギリシャ人五人衆」、「かまわないで、かまわないで」、「おれはバカ話をしに出かける」、「カロンは漁に出た」、「看護婦」、「ペンデリの山中で」、「スーツケース」

パパゾグル、ヴァンゲリス（Papazoglou, Vangelis / Παπάζογλου, Βαγγέλης）、ニックネームは「キュウリ」［生］一八九五年、スミルナ［没］一九四三年、ピレウス　一九二三年にギリシャに来る以前から職業音楽家をしていた。スミルナでは、人気のあった楽団「ポリタキャ」のマンドリン奏者だった（ザハリアス・カシマティス［前述］やスピロス・ペリステリス［後述］も楽団員）。多方面に及ぶ作曲の質の点でも、取り上げた曲の多さという量の点でも、一九二〇年代のスミルネイコの特徴を決定付けた。パナヨティス・トゥンダスとともに、ギリシャにおけるこの方向の音楽の父と呼ぶことができる。

［代表曲］「水ギセル」、「尼僧」、「わたしをその腕に抱きしめて」、「ヴォロス生まれの女」、「路上生活の子供」、「水ギセルの声」とも「監獄で五年」とも、「掏摸女」とも「レモナディカ［ピレウスの一画］で」とも、「トランプいまさま師」、「おれがピロス［ペロポネソス半島南西の町］から戻ってみると」、「密輸業者」

パユムヅィス、ストラトス（Pagioumtzis, Stratos / Παγιουμτζής, Στράτος）、ニックネームは「怠け者」［生］一九〇二年、アイヴァリ［トルコのアイヴァルク］［没］一九七一年、ニューヨーク　一九一八年にピレウスに来て、最初は漁師として働いていた。「ピレウス四重奏団」の歌手で、画期的な歌を数々残した。医学的に見ても驚くほどの並外れた声量の持ち主だった。ツィツァニスはレベティコとライコで最も偉大な声と称した。ニューヨークの音楽酒場に出演中に、卒中で亡くなった。

ヒョティス、マノリス（Chiotis Manolis / Χιώτης, Μανώλης）［生］一九二〇年、テッサロニキ［没］一九七〇年、アテネ　音楽界の鬼才。きわめて若いころからブズキとギターに加え、ウティとヴァイオリンも学んだ。これらの楽器すべての演奏能力を並外れた達人芸の域に高めた。最初のレコード録音は早くも一九三七年に行なっているが（「金なんかには目もくれないぞ」）、戦後のレベティコとライコを特徴付ける第三世代のほうにむしろ属している。かれが第三世代に決定的な関与をしたことは間違いない。かれの名前は一九四〇年代終わりのレベティコの最盛期にも、レベティコがライコに移行して一九五〇年代に歴史的展開を終えたことにも結び付いている。こんにちでもブズキになくてはならない演奏技術の基準を、ヒョティスはこの楽器の演奏者として確立した。かれはそれまでは脇役的存在だった4コースのブズキを、一九五〇年代の終わりから用いるようになり、アンプを組織的に使った最初の人物でもあった。当時のヒョティスは、作曲にしばしば西ヨーロッパやラテン・アメリカのリズムを取り入れるばかりか、これに合わせて金管やボンゴを加えた楽団編成で、楽曲のアレンジも行なっている。これらの歌の多くは、ヒョティスとはカップルとして、仕事のうえでも私生活でも長年上手くいった相手、メリ・リンダ（Linta, Mairi / Λίντα, Μαίρη）、本名はマリア・ディミトラコプル（Dimitrakopoulou, Maria / Δημητρακοπούλου, Μαρία）が歌った。

［代表曲（レベティコ形式に属するもののみを挙げた）］「金なんかには目もくれないぞ」、「手すさび」、「わたしに今晩、口付けを」、「少しのコーヒー」、「マンガスよ、度が過ぎてるだろ」、「粗末な小屋」、「果てしない争い」、「おれの古くて小っちゃなブズキ」、「山には山が来ない」、「おまえは苦しみの種」、「ヅェミレ」、「粗末なブズキ」、「社会」、「日没」

フリシニス、ステリオス（Chrysinis, Stelios / Χρυσίνης, Στέλιος）［生］一九一六年、ピレウス［没］一九七〇年、アテネ　比較的恵まれた家庭の出身。生後すぐに視力を失ったが、ヴァイオリンを始めとして、ピアノ、ギター、リュート、マンドリンなど、数多くの楽器を習得した。一九二〇年代からはピアニストとして、寄席《キャバレー》や初期の無声映画館で働いた。一九三〇年代になってブズキとバグラマスも習得し、レベティコの歌を書きはじめた。一九五〇年から一九五六年まで、レコード会社の「コロンビア」で、音楽ディレクターまで務め、音楽家としての順調な経歴は、一九六〇年代初めまで続いた。これ以降は、レベティコや初期のライコの多くの代表者と同様、忘れられていった。フリシニスは作品の幅が広いため、レベティコやライコのどの「世代」に属すのか、分類するのが難しい。作品は「黎明期」のハシッシュの歌から一九五〇年半ばのライコにまで及び、さらに加えて数多くの民謡もある。

［代表曲］「昨夜、おれたちのテケスで」、「おれの水ギセルよ、なんでおまえは、火が消えてるんだ」、「早くに嫁いだエレニ」、「おれを破滅させた雌犬め」、「服を着たまま川のなかへ」、「島育ちの美しい娘たち」、「パシャだったらいいのに」、「追放された男」、「断崖絶壁の海岸で」、「ようこそ、わたしのしつこい貧しさよ」、「幸なき孤児」、「おまえは泣くとなんて美しくなる」

ペリステリス、スピロス（Peristeris, Spyros / Περιστέρης, Σπύρος）［生］一九〇〇年、スミルナ［没］一九六六年、アテネ　多方面に秀でた音楽家。若いころからすでにスミルナでマンドリンの達人として知られ、ポピュラー音楽を演奏する有名な楽団「ポリタキャ」で、第一マンドリンを担当した。一九二四年に難民としてアテネに来てからは、スミルネイコや民族音楽を曲目にしたさまざまな楽団で演奏。ピアノに加え、ギリシャのポピュラー音楽で用いられるすべての撥弦楽器、なかでもブズキを学んだ。ブズキの演奏は達人の域に達していたが、マンドリンを弾いていたことを窺わせる、独自の奏法を発展させた。一九三四年から亡くなる一年前の一九六五年まで、レコード会社「オデオン」のギリシャ支社で、音楽ディレクターを務めた。こうした役割からレベティコの展開に著しい貢献をし、音楽的な視野と演奏家としての能力に基づいて、アレンジに積極的に関わることが珍しくなく、歌がヒットするために必要な条件を整えた。一九三〇年代半ばの混淆様式《シンクレティズム》の中心的人物で、体制側にいる音楽家と「負け犬」の音楽家すなわちブズキ奏者を、仲介するような役割を果たした。作曲家としても自身の手になる数多くの作品がある。

［代表曲］「プラカ［アテネ旧市街の一画］の路地で」、「おれは第一級のタイプだ」、「リョシア［アテネ北部の郊外］生まれのヤヌラ」、「アンドニス、船乗りでならず者」、「マリア・マンダレナ」、「財布」、「パシャの大広間で」、「夜明けのミノレ」、「おまえの闘い方はずるい」、「雨が降る、雨が降る」

ベル、ソティリア（Bellou, Sotiria / Μπέλλου, Σωτηρία）［生］生年不明、ハルキダ（エヴィア島）［没］一九九七年、アテネ　こんにちではレベティコの並ぶ者のない象徴となっている。これはヴァシリス・ツィツァニスの共演者という、歌手としての抜きん出た経歴によるものでも、私生活によるものでもある。愛してもいない男との結婚を、若いときに両親から強いられ、夫からは頻繁に殴られた。ある日のこと自分の身を護るため、夫の顔面に硫酸をぶちまけ、結果的にその夫を殺してしまった。これがもとで実家から縁を切られた（殺人のかどで有罪判決を下され、禁固刑に服したという説もある）。一九四〇年に無一文の身でアテネに出てきて、さまざまな臨時職でまず糊口をしのいだ。それからしばらくしてギターを買い、小さなタヴェルナで演奏と歌の活動を始めた。こうした酒場の一軒で一九四七年、ツィツァニスの知遇を得た。かれはベルの歌の才能を認めてレコード録音に誘った。これが歌手としての並外れた経歴の始まりとなった。一九四八年には早くもレベティコで最も有名な歌手の一人になっていた。一九五〇年半ばまで切れ目なくステージに立ち、愛憎相半ばする関係を死ぬまで続けたツィツァニスや、（最初の師だったツィツァニスとの関係が悪化したときは）パパイオアヌと活動を共にした。一九六〇年代にいわゆる「エンデフノ・ライコ」やレベティコ再発見との関係で、歌手としての第二の経歴を開始した。この間に声が様変わりして、男のような特徴の低い響きになったが、こんにち広く知られているのはその響きである。ソティリア・ベルは博打にひどく溺れ、たびたび経済的困窮に陥ったことがあり、一九九七年に亡くなったときに無一文だったのも博打が原因だった。

ペルピニャディス、ステラキス（Perpiniadis, Stellakis / Περπινιάδης, Στελλάκης）［生］一八九九年、ティノス島［没］一九七八年、アテネ　歌手で作曲家。スミルネイコの重要歌手で、ヴァンゲリス・パパゾグル［前述］の歌をたくさん歌った。自分で書いてヒットした一連の歌もある。
［代表曲］「だれもが今じゃ策を弄す」、「二個のスイカを片手で」、「マンガスよ、正気に戻れよ」

マセシス、ニコス（Mathesis, Nikos / Μάθεσης, Νίκος）、ニックネームは「クレイジー」［生］一九〇七年、エギナ島［没］一九七五年、アテネ　作詞家にして風刺画家だった。マセシスは一九三〇年代初め、ピレウスの有名なマンガスで、当地のブズキ奏者を一人残らず知っていた。かれの仲介でマルコス・ヴァンヴァカリスは最初のレコード録音を果たした。マセシスはそれ以降、「ブズキの父」と自称するが、さらにのちには「レベティコの百科事典」と自称した時期さえあった。「クレイジー」というニックネームが付けられたのは当然かもしれない。戦前にレベティコの歌詞を書き、多くが大ヒットを収めた。
［代表曲］「猫」、「おれたちは水ギセルもろとも追われる身」、「クレイジー・ニコス［自分への賛歌］」、「おまえはコキニャから追い払われた」

ミタキ、イェオルギア（Mittaki, Georgia / Μηττάκη, Γεωργία）［生］一九一一年、アヴロナ（アッティカ）［没］一九七七年、アヴロナ　スミルネイコの最も有名な歌手の一人だが、歌える曲目は多くの民謡にも及び、さらにのちには多くのレベティコも歌った。一九三〇年代半ばから一九六〇年代初めまで、レベティコの展開史に併走する経歴だった。

ミツァキス、ヨルゴス（Mitsakis, Giorgos / Μητσάκης, Γιώργος）［生］一九二四年、コンスタンティノープル［没］一九九二年、アテネ　一九三五年に一家でギリシャに渡り、ヴォロスに落ち着いた。ここで若きミツァキスは、有名なブズキ奏者でタヴェルナの経営者でもあったミラノスから、ブズキを教わった（このタヴェルナの名前「ミラノのスカラ」は、ミラノのスカラ座のパロディーで、この店は二〇〇六年まで残っていた）。ミツァキスは（一九三七年から）テッサロニキにしばらく滞在したのち、一九三九年にアテネに出てきて、亡くなるまで音楽家として活動した。マノリス・ヒョティスと並ぶ、おそらくはレベティコの「第三世代」およびライコの最も傑出した代表者。ミツァキスは伝統的な一五音節のヴァースを捨てた先駆けの一人で、リフレインの多用を広めることに貢献した。作品の音楽的幅はとても広く、その多くがレベティコやライコの最も有名な歌に数えられている。大ヒットした歌の多くは、かれとの共演で経歴を開始したアナ・**フリサフィ**が歌った。［代表曲］「粗末な数珠」、「水ギセルのヘッドから煙が出てくれば」、「おれはもう昔のヨルゴスじゃない」、「船乗り」、「漁師のニコラス」、「ヨルゴスのいるところには金がある（ことわざ）」、「ピレウスは曇り」、「可愛い兵士」、「小さなタヴェルナ」、「なにもかも憂鬱」、「なんて小っちゃな楽器だ」、「マンガス、わたしが愛してることを喜びな」、「ヴァレンティナ」

モスホナス、オディセアス（Moschonas, Odysseas / Μοσχονάς, Οδυσσέας）［生］一九一〇年、サモス［没］一九九五

年、アテネ　歌手、ギタリスト、ブズキ奏者。アテネに出てきた一九三〇年から、職業音楽家としてレベティコの大家のほとんどと、なかでもイオアニス・パパイオアヌと活動した。
［代表曲］「わたしを毎日虐げるのね」、「異国の子供たち」、「去る者は疎し」

モンダナリス、イャコヴォス（Montanaris, Iakovos / Μοντανάρης, Ιάκωβος）、ニックネームは「ヤクミス」［生］一八九三年、アテネ［没］一九六五年、アテネ　一九一五年からさまざまな方向のポピュラー音楽に、職業音楽家として取り組んだ。携わった音楽が、スミルネイコ、レベティコ、西ヨーロッパの音楽の翻案に及び、演奏した楽器が、サンドゥリ、チェンバロ、ウティ、ギターだったことからも、音楽家としての幅の広さは一目瞭然である。レベティコの代表者のなかで最も音楽教育のある一人。
［代表曲］「意地悪な姑」、「アメリカ人」、「おまえなんかもう欲しくない」、「後家とマンガス」、「若い野菜売り」、「おれが死んだら」

ラフカス、ヨルゴス（Lafkas, Giorgos / Λαύκας, Γιώργος）［生］一九二四年、スパルタ［没］一九七二年、アテネ　歌手、作曲家、ブズキ奏者。音楽家としての活動期間は、アテネに出てきた一九四三年から、亡くなった一九七二年まで。レベティコやライコの歌を書き、ヒットした曲もいくつかある。
［代表曲］「真の日没」、「母さん、ぼくは病気だ」、「第一三房」、「ドアは閉めないで」、「偽りの社会」

ルクナス、コスタス（Roukounas, Kostas / Ρουκούνας, Κώστας）、ニックネームは「サミョタキ」［生］一九〇三年、サモス島のカルロヴァシ［没］一九八四年、アテネ　歌手で作曲家。一九二八年にアテネに出てきてからは、エラフロライコ［117ページ参照］を除く、ポピュラー音楽のすべての曲目を数多く録音した。レベティコばかりでなく、スミルネイコも民族音楽も歌った重要歌手。自分で書いて大ヒットした歌が数曲ある。

［代表曲］「可愛いエレニ」、「ピキノス（アテネの下町シシオにあった伝説的なタヴェルナの経営者）」、「警察官たち」、「今宵、ヴォタニコス［アテネの一画］で」、「可愛い運転手さん」、「昨晩、さいころ賭博してたとき」、「爆弾」［早くも一九四六年に日本への原爆投下を歌った］

訳者解説

ポピュラー音楽の歴史を振り返ってみると、爆発的と言ってもよい展開をしたものがある。たとえば二〇世紀初めのニューオリンズで興ったジャズは、戦前のスイングを経て戦後のモダン・ジャズへと洗練した。イギリスでは一九六〇年代半ばにアメリカの黒人音楽を吸収して、ビートルズなどによる「ブリティッシュ・インヴェイジョン」が巻き起こった。スカからロックステディを経てレゲエにいたるジャマイカの流れも、こうしたポピュラー音楽の爆発的な展開と言ってよいだろう。おそらくそうした展開は世界の各地にあったはずだ。たしかにポピュラー音楽の歴史では大々的に取り上げられないが、レベティコも二〇世紀のある時期に集中して展開したギリシャの音楽である。このレベティコを縦横無尽に論じてみせたのが本書である。ここでは訳者から見た本書の特徴を二つだけ挙げてみたい。

著者のゼレポス氏はドイツの大学に所属する歴史研究者である。ギリシャの近現代史が主な専門で、ウィーン大学やミュンヘン大学でも教鞭を執ってこられた。二〇一七年には大手のC・H・ベック社から、コンパクトながらも新しい視点を盛り込んだ『ギリシャ小史――国家の成立からこんにちまで』（Kleine Geschichte Griechenlands. Von der Staatsgründung bis heute）を出版し、ドイツ語圏の読者から高い評価を得ている。なぜドイツの研究者がギリシャ音楽の本をドイツ語で書いたのか、不思議に思われる方もいらっしゃるかもしれない。ドイツではトルコ系住民の影に隠れて目立たないが、日本にもあったような戦後の高度成長期には、南欧のイタリアやギリシャからも、たくさんの出稼ぎ労働者が当地に来ていた。たとえばトルコ人の八百屋さんやギリシャ料理のレストランを、ドイツでいまも見かけることがあるのは、こうした歴史的背景によるところがある。ゼレポス氏はギリシャのイカリア島出身の労働者をご両親とし、ハンブルクで生まれ育った移民二世の方である。だから本文の135ページでカザンヅィディスという歌手が、「中央ヨーロッパに渡った大量の労働移民にとっての象徴」で、「こんにちに至るまでほとんど聖人のように崇められている」と書かれている箇所は、ゼレポス氏が本書で一瞬だけ素顔を覗かせる場面である。ちなみに訳者がお聞きしたところ母語はギリシャ語だという。

　ただし本書で一貫しているのは、歴史学の訓練を受けた方ならではの、客観的で厳密な論の運び方である。「レベティコとはなにか？」という冒頭の問いをめぐって、ギリシャの独立から本書出版時までの歴史を押さえたうえで、この音楽にまつわるあらゆる相を一つ一つ解きほぐしていく。記述はその隅々まで徹底して注意深くなされ、主観的な物言いは極力避けられている。こうした書き方ゆえに読者には戸惑う部分もあるかもしれない。たとえばゼレポス氏は「相《アスペクト》」「観点《パースペクティヴ》」という言葉をよく使うが、これは視覚モデルを使って対象を多角的に見ているからで、対象が見方によって異なる様相を呈することを示唆している。ゼレポス氏と話をするときしばしば指摘されるのが、「それは……の観点だろ」ということで、これは一つの観点を絶対化しないことの表われである。さらにまたある種の音楽や音楽家を挙げるときゼレポス氏は、「方向」「方向性」という言葉もしばしば使っている。「ジャンル」というのは境界が恣意的だったり曖昧だったりして、「ジャンル」以前の音楽もあるということを考慮した言い方である。「西ヨーロッパの方向性の音楽家」というのは、「西ヨーロッパの音楽」を演奏する者とは限らない。

レベティコ初期の音楽家は自分たちの音楽を、「レベティコ」とは呼ぼうと思わなかった、という事実もそうした言い方に繋がっているはずだ。こうした姿勢が取れたのはゼレポス氏が、ギリシャ本国ではなくドイツという異国から、レベティコに取り組んでいるからだと思われる。

おそらくはギリシャにいたら対象や当事者に近すぎて、書きにくかったことも多々あったはずだ。レベティコは住民交換でトルコからギリシャに帰された難民が始めたという、日本のウィキペディアでも相変わらず見られる、レベティコ誕生をめぐる「神話」、かつてのレベティコを発掘した大御所である「再発見者」の功罪、軍事独裁への「抵抗の偶像」に祭り上げられたテオドラキスなどに、ゼレポス氏は臆することなくどんどん切り込んでいく。ある音楽のあり方をレコード録音の開始がこんなにも劇的に変えてしまったことなど、メディア史としての観点も取り入れられていて他ジャンルを考えるときの参考にもなる。こうした姿勢に一貫しているのは対象への「距離」の取り方で、これが訳者の挙げたい本書の第一の特徴に他ならない。レベティコにまとわりついてその魅力ともなっているイメージから、レベティコを学術的な考察によって解放するということ。これが本書でゼレポス氏が目指していることの一つである。

ゼレポス氏がそのさい依拠するのはギリシャ国内外の研究成果の数々である。なかでも訳者の音楽観を大げさでなくその根底から変えたのが、レベティコ初期の歌は「歌」ではなく「歌の使い回し」だ、というメルボルン大学のガウントレットの指摘だ（「歌の使い回し」という概念は原書では Liederzyklus（英語で言うと song cycle）となっていて、通常はシューベルトなどの「連歌歌曲」を指すが、これではまったく意味をなさないので訳を工夫した）。さらにはアウリーンとヴァイレスコーフの研究もレベティコ理解に修正を迫る。トゥンダスなど「混淆様式」の音楽家がきわめて職業的だったことを論証する研究である。これでは社会の周辺に追いやられた不遇を歌とハシッシュで紛らわせる「やくざ者」の音楽家というよりは、高度な技術を携えて各地を飛び回っている売れっ子音楽家兼プロデューサーである。こうした国外の研究家のなかにはギリシャ系の方もいるはずで、ゼレポス氏自身ももちろんそうした研究者の一人である。ガウントレットも後述するホルストもオーストラリアの研究者だが、オーストラリアには国としてはギリシャとアメリカ合衆国に次ぐ数の、メルボルンには都市としてはアテネとテッサロニキに次ぐ数のギリシャ系住民がいて、メルボルンではレベティコのフェスが毎年開かれている。こうした点に訳者はギリシャ・ディアスポラの一端を垣間見るような思いがする。これは余談になるがゼレポス氏の『ギリシャ小史』では、ギリシャ史で重要な役割を果たしたユダヤ人に限らず、ギリシャ国内の少数民族にも十分な目配りがされている。ドイツでギリシャ・ディアスポラの一人として生きる方ならではの観点であろう。

さらに本書の長所に挙げられるのが隅々にいたるまで具体的なその記述である。たとえばレベティコの魅力を英語圏にいち早く伝えた本に、ゲイル・ホルスト（現在はゲイル・ホルスト＝ウォーハフト）の『レベティコへの道——ギリシャの下層文化の音楽、愛と悲しみとハシッシュの歌』（巻末の「代表的資料」を参照）がある。ホルストの本はワールド・ミュージックがブームになる前夜の一九七五年に、あたかも当時高まりつつあったレベティコへの世界的な関心に応えるように、タイムリーに出されたという意味で見逃せない本である。ご多分に洩れず訳者がそもそもレベティコを知ったのは、中村とうよう氏が一九九〇年代初めに『ミュージック・マガジン』誌上で、さかんにレベティコを取り上げたのを読んでいたからだ。だがそれ以前にアジア経済研究所調査役の林武氏が、早くも一九七八年（！）にレベティコについて書かれた、「アテネの都市化と基層文化——「難民」とレベティカ」という論文がある。これは『一橋論叢』Ⅲ（特集 地中海世界）所収のとても地味なものだが、難民や都市化の問題とも絡めてレベティコの核心に肉迫している（インターネット上のリポジトリから閲読可）。さらに林氏は同年の岩波『世界』（五月号）にも、「レベティカの流れる巷——ギリシャの演歌とその周辺」という記事を寄稿されている。これら林氏と中村氏が大きく依拠している資料がまさに『レベティコへの道』だった（ギリシャ語に通じていた林氏はギリシャの文献も数点参照している)。英語で読めるレベティコのまとまった本と言えば、ホルストしかなかったというのが当時の実情だったのだ。

ただしその本では著者のパーソナルなギリシャ体験とそれへの思いが少なからぬ部分を占めている。ホルストはガウントレットも参照しているが「歌の使い回し」などの議論はなく、きっと基本的な情報は浩瀚なペトロプロスに依拠していたのだろう。たしかに本文が百ページほどなので単純な比較は不公平だが、これに比べて本書は具体的な記述がやはりどこまでも圧倒している。これはゼレポス氏がドイツでもギリシャでもブズキを演奏していたことにもよる。ブズキは趣味ではなく生計の糧でもあったとご本人からはお聞きした。だから本書第3部の「音楽編」では音楽家ならではの記述がとくに冴えている。これまでに訳者はレベティコ関係の研究書をいくつか見てきたが、博士論文などを元にした詳細な個別研究は見かけるとは言え、これほどまで緻密にその成立から最後までを歴史的に描き、これほど具体的にリズムから楽器までその音楽を記した類書を知らない。

だからと言ってその書き方はけっして無味乾燥というわけではない。ギリシャの首都になってから伐《き》られてしまったアテネの椰子の木の悲運、影絵芝居に出てくる「スタヴラカス」という滑稽な人物、あちこちで引用される音楽家の自伝や当時の様子を伝える文学、音楽家と聴き手が似た者同士であったりなかったりすることを示す画像、なによりも随所で適切に挙げられるレベティコの歌の歌詞。これはギリシャの文化史としても風俗史としても面白く、わたしたちは本書によってギリシャの人たちに、一歩も二歩も近づけるのではないだろうか? こうして少しは近くなったギリシャのイメージというのは、青い空と海に白い家並みというのとはまた違ったものになるだろう。おそらく読者には陳腐に聞こえるかもしれないが、あえて言えばそのような対象に向ける「愛」こそが、本書を貫く第二の特徴となっていると言ってよい。「距離」ゆえにその対象がなおさら恋しい「愛」と言えばよいだろうか? この本の「序論」の最後でゼレポス氏は大きな諦念とともに、「レベティコのもつ比類のない素晴らしさ」は、「一冊の本によって」は「再現」できないときっぱり断っている。これはまずレベティコそのものを聴いてほしいという願いである。だがそれと同時にゼレポス氏はその「素晴らしさ」を手放しで讃えている。こうしたレベティコへの「愛」こそが本書の根幹である。

きっと読者のなかにはこう思われる方もいるにちがいない。一九九四年に来日を果たしたハリス・アレクシウは出てこないし、日本でも人気のあるヨルゴス・ダララスは出てきても一回だけじゃないか？　たしかにその通りなのだが、なぜならゼレポス氏の言葉をそのまま借りれば、レベティコは「展開」がすでに終わった音楽だからだ。アレクシウもダララスもその展開が終わったあとに出てきた音楽家だ（両者にはレベティコに特化したCDやDVDがある）。ただしアテネのプラカ地区を歩いているとブズキの響きが聞こえ、夜のタヴェルナでは男たちがブズキの腕を競い合っている。レベティコを聴かせるアテネ大学近くの店に行ったときは、学生と思しき若いグループが隣のテーブルに陣取っていて、このなかの女性の一人がやおら立ち上がると、少しはにかんだ様子で音楽に合わせて踊りはじめた。テッサロニキの有名な老舗店に行ったときは、音楽が始まったのがなんと平日前の夜一二時近くで、談笑しながら聴いているグループもいれば、テーブルに突っ伏して歌の世界に没入しているお年寄りもいた。ゼレポス氏に連れていってもらったミュンヘンの店（ギリシャ料理のレストランである）は、現地ギリシャ人コミュニティーのちょっとした集会のようで、楽団の演奏が乗ってきてお客さんもほろ酔い機嫌になったところで、長老のような方がやはり一人で立ち上がって踊りはじめた。ギリシャで聴いた音楽家以上に若い人たちによる演奏で、長老は一人で踊っていたのだからたぶんゼイベキコだろう。こうした店は実は日本にもあって訳者も訪れたことがある。レベティコはすなわち「展開」が終わったあとも、ギリシャの国内外でいまも確実に息づいている。本書刊行後の二〇〇四年のアテネ・オリンピックでは、レベティコが開会式と閉会式にフィーチャーされ、二〇一七年にはユネスコの無形文化遺産にも登録されたが、こうしたオフィシャルな認知のされ方よりも、ギリシャの国内外で普段着で生きていることのほうがはるかに大事だ。

本書刊行後のレベティコの研究や環境についても補足しておきたい。この本でも少しだけ触れられているが、足りないものがそれでもまだあるとすれば、アメリカでのレベティコの展開だろう。移民が現地で旺盛に行なっていた音楽活動もあれば、ギリシャ本国の音楽家が遠征して行なったそれもある。たとえば中村とうよう氏によればギリシャ系の移民はすでに一八九六年に録音を開始し、マリカ・パパギカの録音数はブルース歌手のベッシー・スミス（一六〇曲ほど）の一・五倍に達していたという（オーディオブック『ギリシャ音楽入門』での指摘だが、ちなみにパパギカもスミスも同時代人である）。こうした移民の活動についても最近は研究が進んできて、『アメリカにおけるギリシャ音楽』という本格的な論集が、二〇一九年にミシシッピ大学出版から出されている。レベティコを聴く環境について言うと、ギリシャ側のCDリリースが二〇〇〇年前後に一服した一方で、YouTube 等には充実した投稿が増え（歌の情報や歌詞も提供されている）、本書で取り上げられている曲目のほぼすべてが聴ける。ギリシャではオンラインのデータベースやアーカイヴが整備されつつある。このところはイギリス（ＪＳＰレーベルからの一連のボックス・セットは驚異的な音質である）やアメリカからのCDリリースが目覚ましく、ヴィジュアルで詳細なライナーも添えたLPレコードでのリリースまである。

ここからは部分的に本書の内容からは少し逸れる話も若干してみたい。これまで訳者はドイツ文学研究の延長線上で東欧ユダヤの文化を追ってきた。この地のユダヤ音楽「クレズマー」の報告を訳者がまとめたのが十年前である。こうしてクレズマーを追っていく過程で少しずつ分かってきたのは、東欧ユダヤ人（「アシュケナージ」という）とギリシャ人は音楽的に共有するものがあったということだ。これはまずヨーロッパでの音楽活動について言え、本書でも取り上げられているハサポセルヴィコスというリズムは、クレズマーでもしばしば用いられるものである。ギリシャは独立以前はオスマン帝国に属していたから、ギリシャ独立以前も以後もトルコとバルカン地方に、共通の音楽的要素があったとしても不思議ではない。クレズマーとは直接の関係はないが、本書でも触れられているエスケナジやハスキルも含め、ギリシャ音楽にたいするユダヤ人の貢献の解明は、きっと今後の重要な研究課題となってくるだろう。

エスケナジやハスキルはアシュケナージではなく、一四九二年にスペインから追放されたユダヤ人、「セファルディー」をルーツにするユダヤ人で、テッサロニキは一九一三年にギリシャに統合される以前は、ユダヤ人が当地最大の民族集団だった（このあとムスリムとギリシャ人の順で続く）。こうしたユダヤ人の音楽は従来は半ば不可視化されてきた。だがそれもアムノン・シロアーやエドウィン・セルッシなど、イスラエルの研究者による学術的な調査が進み、ギリシャ側からは歌手のサヴィナ・ヤナトゥが、レパートリーに精力的に取り上げてきた。二〇一一年にはイスラエルの監督によって、ロザ・エスケナジのドキュメンタリー映画、『ぼくの可愛いカナリアさん』（My Sweet Canary）が公開されている。第二次大戦後にギリシャからイスラエルに移住したユダヤ人も多く、ヨルゴス・ダララスがイスラエルで何度か公演をするなど、レベティコは当地でも部分的に根強い人気がある。かつてのテッサロニキが、ユダヤ人とムスリムとギリシャ人の共生の地だったことを、観光資源として売りだそうというテッサロニキ市の政策は、ギリシャにも根強くあった反ユダヤ主義を、場合によっては覆い隠しかねない部分もあるが、ホロコーストも含めてギリシャにいたユダヤ人の歴史を見直そうとする機運は、それでもギリシャ国内外の動きから確実に感じ取れる。

ギリシャ人は移民先のアメリカでも一九三〇年代ぐらいまでは、東欧や南欧やトルコから来た別の移民と音楽活動を共にしていた。なかでもそれは移民が集住していたニューヨークでとくに行なわれた。一九世紀終わりから二〇世紀初めにかけて東欧や南欧から来た移民を「新移民」という。こうした移民の音楽家はまず大手のレコード会社で録音をしたが（移民的背景のある音楽家の録音を「エスニック・レコーディング」という）、自分たちと同じ出自の聴き手に特化した数々のレーベルがやがて設立される。たとえば大手での録音としてはマリカ・パパギカによるRCAビクターへの吹き込みがあるが、録音を担当したのは同社の音楽ディレクターだったナサニエル・シルクレットで、この人物はクレズマーの録音にも関わったユダヤ人だった。本書では扱われていないがアマリア・バカスという女性歌手（セファルディーでもアシュケナージでもなく、ヘレニズム時代からギリシャにいた「ロマニオト」というユダヤ人）は、ギリシャ語ばかりかトルコ語の歌まで録音している。なかにはルーマニア様式の曲を録音したギリシャ人の音楽家もいた。おそらく腕の立つ音楽家であれば民族の違いに関わらず行き来したのだろう。さらには「テトス」ことセオドトス・デメトリアデスは、ビクターの「外国語部門」のエクゼクティヴに登りつめ、一九二〇年代初めにギリシャを二度訪問したさいは、ギリシャ語だけでなくトルコ語やラディーノ語（セファルディーの言葉である）などの歌まで含め、当地の音楽家による演奏を現地録音している。この地域の国々がナショナリズムによる政策のため、外国語の音楽の録音を軒並み禁止していた時期にである（だがそうした音楽はラジオを通して国境を越えていた可能性が高い）。デメトリアデスと言えば、サーフ・ロックのディック・デイルがヒットさせて、英語圏では「ミザルー」（ギリシャ語では「ミシルル」）として知られる歌を、最も早い時期（一九二七年）に録音した歌手でもあり、この曲は東地中海沿岸一帯で共有され、アシュケナージの言語、イディッシュ語による録音もある（シーモア・レヒツァイトによる一九五〇年のもの）。

こうしたギリシャ人移民によるレベティコの展開は、注の77でゼレポス氏が的確に述べているように、「ギリシャ本国のそれとほとんど変わらなかった」のだが、だがそれでも民族横断的な音楽活動はあったのである。なにしろ

「ギリシャ本国」にもそれがあったことは、レベティコがまさに証明している通りで、「本国のそれ」と「変わらなかった」のだとすれば、アメリカにもそれはあったということになる。ただしそうした新移民の音楽活動は世界恐慌によって大打撃を受け、パパギカたちがニューヨークに構えていたレストランも閉店を余儀なくされた。このあとの新移民たちはギリシャ系に限らず、アメリカの文化へと急速に同化していき、かれらの音楽も基本的には自分たちの共同体のなかで、細々と営まれていくという道しか残されていなかった。

だがそれははたして本当にそうだったのかという疑問が生じてくる。これはポピュラー音楽の上っ面しか見ていない理解なのではないか？　クレズマーという音楽が一九七〇年代から次第に再浮上したということ、おそらくは無視しえないレコード売り上げからポルカのグラミー賞があったということ、フォーク・リヴァイヴァル後に「新移民」の音楽が見直されたということ。これらはすべていったいなにを意味しているのだろうか？　なにしろヨーロッパでも似たような動きはあるものの、ギリシャ本国以上に（！）レベティコのCDやレコードが、さかんにリリースされているのはアメリカである。レベティコは本書で言われているように、「決定的な最後の止《とど》め」がすでに刺された音楽である。だがそれは「展開」の相に限ったことにすぎず、ここでまた最後に繰り返し強調しておきたいが、レベティコはギリシャの国内外で新たな聴き手を獲得しながら、こんにちもなおしぶとく生き残っている。

この翻訳がなるにあたっては多くの方々からお力添えをいただいた。ごく一部の方のお名前しか挙げることはできないが、大熊ワタル氏（音楽に関する記述への幅広い監修）、菅原睦氏（ご専門のトルコ語についてご教示いただいた）、関口義人氏（出版の相談に乗っていただいた）、十日谷敦氏（ブズキ演奏家のお立場からの助言）、福田耕佑氏（ギリシャ近現代文学研究のお立場から、たえず相談に乗っていただいた）にお世話になった。なかでもテッサロニキの大学院でドイツ文学を研究しながら、日本語にも堪能なマリアナ・アレピドゥさん（とそのお祖母様）

には、発音から意味までギリシャ語のそれこそありとあらゆる点について、文字通り数え切れないほどの質問に答えていただいた。著者のゼレポス氏にはもちろん訳者からの数々の質問にたいして、こちらからの質問のたびにいつも詳細な説明をしていただいた。ただし間違いがあるとしたらそれはすべて訳者の責任である。さらにはアテネやテッサロニキで訳者を温かく迎えてくれた友人たちもいる。松山大学の総合研究所と図書館の皆さんにもお世話になった。これらの皆さんに訳者として心から厚くお礼申しあげたい。本研究の一部は、ＪＳＰＳ科研費ＪＰ１６Ｋ０２３５２（代表：黒田晴之）、ＪＳＰＳ科研費ＪＰ１８Ｈ００７８３（代表：岩谷彩子）の助成を受けたものである。

このたびの出版にあたっては風響社の石井雅社長に一方ならぬご協力をいただいた。これまでの日本における欧米中心のポピュラー音楽理解、欧米中心と言ってもギリシャのような「周辺」は蔑ろにされているそれを、微力ながらも改めたいという思いに終始応えていただいた。ここで訳者からとりわけ厚く感謝申しあげるしだいである。

ギリシャと言えば数年前からは多くの難民が命がけで向かう最初の目的地の一つとなってきた。なるほどレベティコが百年前近くにトルコから送還されたギリシャ人が始めたというのは神話である。テッサロニキは一九一三年までは歴としたオスマン帝国の都市だったし、ギリシャとトルコという隣同士の国を行き来した音楽家もいただろう。ただし本書の第５部「人物」を見るとトルコからの難民だった音楽家は少なくない。きっと現在の難民もまた自分たちの音楽を携えているのではないだろうか？

原注

（1）これら二つの表記のうち後者のほうがギリシャ語のスペルに沿っているが正確ではない。本書ではギリシャ語の単語や人名を転記するさい、基本的にＥＬＯＴ（Ελληνικός Οργανισμός Τυποποίησης）［ギリシャ標準化機構］の転記対応表に従うことにした。ただしそれは正書法と発音を無理に合わせた妥協の産物である。

（2）S. Gauntlett, „Rebetika. Carmina Graeciae Recentioris", Phil. D., 1978, S. 37ff. を参照。

（3）「レベティコ」という概念はすでに一九一〇年の録音から、歌の副題として使われていたという事実があるが、あくまでもそれは宣伝用の文句で音楽を含意しなかった。Πάνος Σαββόπουλος, „Περί της λέξεως «ρεμπέτικο» το ανάγνωσμα ... και άλλα", Athen, 2006, S. 11-45 を参照。こうした含意が明確に認められるのは（現在の管見によれば）、ヴァシリス・ツィツァニスによる「いいぞ、おれの粗末な《レベティコ》ブズキ」という題名の一九五〇年の歌である。この歌のなかで歌い手はブズキに語りかけて、第2詩節で「おまえはレベティスのメロディーで、おれの憂さをすべて追っ払ってくれる」と歌っている［この注は二〇二二年に修正］。

（4）Β. Καπετανάκης, „Το Λεξικό της Πιάτσας", Athen, 1950 を参照。

（5）N. Ανδριώτης, „Ετυμολογικό λεξικό της κοινής Νεοελληνικής", Thessaloniki, 1988 を参照。さらにはより詳細な E. Κριαράς, „Νέο Ελληνικό Λεξικό της σύγχρονης δημοτικής γλώσσας" と Γ. Μπαμπινιώτης, „Λεξικό της Νέας Ελληνικής Γλώσσας" も参照。ちなみに後者の二冊はスラヴ語系の言葉 rebenok を、レベティスの最も確かな語源としているが、あいにくその根拠は挙げられていない。

（6）Γ. Μπαμπινιώτης, a.a.O. を参照。

（7）ここに挙げた歌詞の訳は本書で挙げるすべての訳と同様、内容を伝えるという目的で行なったものにすぎず、たんなる直訳以上の歌うのにも読むのにも耐える質がある、と言えるものにはもちろんなっていない。歌詞に含まれる慣用表現、言葉による機知、詩情の適切な再現は、かくて放棄しなければならなかったし、たとえそれを行なったところで、言語にそなわる限界にぶつかって失敗するのが落ちで、結局は無駄骨に終わる無茶な企てとなるだろう。

（8）あまりにも多くの例があるが、「獄中の二人のマンガス」「ガキのころからマンガスになる定め」「ピレウスの五人のマンガス」「マンガスが外に出かけた」「ヴォタニコス［アテネの一画］のマンガス」を参照。

(9) Γ. Μπαμπινιώτης, a.a.O. も参照。

(10) Gunnar Hering, „Die politischen Parteien in Griechenland 1821 bis 1936“, Wien, 1992, S. 103, Anm. 251 を参照。

(11) E. Κριαράς, a.a.O. には「「マンガス」に属す非正規の闘士」とある。

(12) Καπετανάκης, a.a.O. を参照。

(13) 最初の意味は E. Κριαράς, a.a.O.、それ以降は Γ. Μπαμπινιώτης, a.a.O. にある。

(14) H. Πετρόπουλος, „Ρεμπετολογία“, Athen, 1990 を参照。

(15) H. Πετρόπουλος, „Ρεμπέτικα τραγούδια“, Athen, 1983, S. 12 [『レベティコの歌』]、ならびに Hering, „Die politischen Parteien ...“, a.a.O., S. 590 を参照。

(16) Ανδριώτης, a.a.O., S. 213 と S. 220 にある (becca-) morti と birbante の項目を参照せよ。

(17) Gauntlett, a.a.O., S. 190ff. を参照。

(18) これは一連の矛盾をもたらす結果となった。たとえばいわゆる「ニシオティコのレベティコ」がそうである(一九九七年のファリレアス兄弟レーベルの同名のCDを参照[タイトルは複数形の „Ρεμπέτικα Νησιώτικα“ となっている])。ある歌では教会と「生神女《パナヤ》[マリアのこと]」が題材となっている、とCDの編纂者は珍妙な断言をしているが、こうしたことはレベティコでは通常行なわれない。ここで歌っているのはコスタス・ルクナスで、かれはたしかにレベティコも数多く歌っている。ルクナスは職業音楽家として同業の歌手と同様、レベティコと並んでそれ以外の歌も歌えたし、たとえばこの場合は「ニシオティコ」も歌えたのではないかという推測を、CDのライナーを書いた者は遠ざけているような節がある。

(19) 西側の音楽が一九世紀のギリシャでイデオロギーの文脈に広がっていったこと全般については、A. Πολίτης, „Ρομαντικά χρόνια. Ιδεολογίες και Νοοτροπίες στην Ελλάδα του 1830/1880“, Athen, 1993, S. 88 ならびに S. 126ff. を参照。

(20) H. Πετρόπουλος, „Ρεμπετολογία“, S. 11 を参照。

(21) H. Πετρόπουλος, „Ρεμπέτικα τραγούδια“, a.a.O., S. 226f. から引用。

(22) この歌詞ではアウフタクト(一二行あるハーフヴァースのうちの五行の冒頭、さらにハーフヴァース内の四カ所)で、kai ないし ki という語[英語の and に相当]が頻繁に用いられていることに注意[本文では参考のため kai と ki とその訳語に下線と傍線を施した]。これは数百年前からギリシャの民衆文学に流布していた[レベティコ初期の歌詞は基本的に二行詩から構成され、二行詩は一五音節からなるハーフヴァースを二つ組み合わせるが、この詩形はビザンティン時代に遡る]。

(23) K. Χατζηδουλής, „Ρεμπέτικη ιστορία 1“, Athen, S. 85ff.(出版年不明)を参照。

(24) H. Πετρόπουλος, „Ρεμπέτικα Τραγούδια“, a.a.O., S. 149 を参照。この歌の作者は自分だとデリャスは言っているが、この参考文献の著者ペトロプロスは、デリャス自身が刑務所で聴いた歌だと主張している。

（25）この数字はおおよそのものでしかない。一九一二年以降にギリシャに到着した難民は考慮していない。ギリシャから追放されたムスリムの数は五〇万ほどと見積もられている。

（26）前掲書の S. 51-55。

（27）概説は新聞『日刊』（Καθημερινή）の日曜版『七日間』（Επτά Ημέρες）の一九九八年四月二六日付け第二～三面記事にある「ギリシャのディスコグラフィー」（Ελληνική Δισκογραφία）を参照。

（28）前掲記事の S. 15 を参照。Παναγιώτης Κουνάδης, „Η «περιπέτεια» του ρεμπέτικου“ には、歌手ごとに分類された数字が挙げられている。「カフェ・アマン」という言葉は、この音楽が演奏された音楽酒場を意味する――これとは対照的に「カフェ・シャンタン」（café chantants）では、曲目が西ヨーロッパのものに限定されていた。この時期は「カフェ・アマン様式」つまりは「スミルネイコ様式」が優勢だったと言っても、あくまでも条件付きでしかそうとは言えない。この方向の音楽のギリシャ国内におけるレコード生産は、「民族音楽《ディモティコ》」や西ヨーロッパ様式の楽曲に比べればはるかに劣っていた。一九三〇年代半ばに「レベティコ」（後述の「ピレウス様式《ピレオティコ》」も含む）が、レコード市場で占めていた割合として、クナディスは約三分の一という数字を挙げているが、これだけでもレベティコ流行を印象付ける証拠になっている。

（29）Χατζηδουλής, a.a.O., S. 101ff. を参照。ただしそこではマセシスが言い出しっぺだったような描き方で、マセシスはマッツァスと一緒に働いていたペリステリスの助けを借りて、ブズキを使ったレコードの録音をするようマッツァスを説得した、という話になっている。

（30）マルコス自身の発言では、これが初めてのレコード録音となっているが、かならずしも正しくはないように思える。一九三一年にすでに録音されている歌で、かれの名前で分類されているものが数曲、別会社のアーカイヴに残されている。Κουνάδης, „Εις ανάμνησιν ελκυστικών στιγμών“, a.a.O. S. 124 を参照（Aulin / Vejleskov, „Χασικλίδικα Ρεμπέτικα“, a.a.O., S. 17 も参照）。こうした事情があるとは言え、「カラドゥゼニ」は間違いなくかれの最初のヒットだった。

（31）Χατζηδουλής, a.a.O., S. 15 を参照。ペルピニャディスがマルコスを否定したのは、逆にヨヴァン・チャウスを高く評価していたからだ。チャウスもマルコスと同様にブズキ奏者だったが、かれの楽器はあらゆる旋法［本文172ページ以降を参照］が演奏できるよう調律されていた。この場合の「調律」とはフレットの設置も含めて考えなければならない［本文202ページ以降を参照］。なぜならペルピニャディスがはっきり言っているのは、カーヌーン［ギリシャ語では「カノナキ」］でも演奏可能な、ありとあらゆる旋法のことで、かくしてその数が百にもなんなんとする、扱いの難しいオスマンのマカームのことだからだ。このように特別に調律されたブズキは、マルコスも一度手にしたことがあるが、結局はすぐさま脇に払いのけてしまった。「だけどマルコスにヨヴァン・チャウスのブズキで、なにを弾かせようって言うんだ？　あいつは自分のブズキだってまともに弾けなかったんだぜ」。

(32) 前掲書 S. 22 ならびに S. 59 も参照。

(33) I・ペトロプロスはその『レベティコの歌』のなかで、この歌はトゥンダスが盗んだものだと主張し、この歌と中心的な部分で似ている古い歌詞（一九一八年）を指摘している。G・ホルスト［巻末「代表的資料」の「文献」を参照］が、この歌を作者不詳のものに分類し、成立を一九〇〇年としているのも、この指摘が理由になっていると思われる。さまざまな理由からそれはありえないと思われる。トゥンダスが古い歌詞の手本を引っ張り出した可能性は排除できないが、推敲されたヴァース構造（たとえば文の成分が増えていくというルールに従ったハーフヴァースの繰り返し）、ある視点から物語を歌うということ（明確に構造化された物語が語られる）は、高度な職業音楽家ならではの技を示していて、これはけっして作者不詳時代の伝統的なレベティコの特徴ではなく、トゥンダスの典型だったものである。このことは歌のメロディーの比較的複雑な編曲にも当てはまる。この歌の編曲には旋法の飛躍さえある。これはいわゆる「ピレウス様式」（たとえばマルコス・ヴァンヴァカリスの初期の歌を参照）にはまったく未知のものだった現象である。

(34) ペトロプロスの『レベティコの歌』によると、これが発端となって、当時のギリシャでも流行っていた、スペインを主題とする一連の歌が続いたという。スペイン人の元歌作曲者はペリステリスを著作権侵害で訴えた。一九三九年に行なわれた裁判でペリステリスは無罪となった。P・クナディスが編纂した『レベティコの作曲家』編の『スピロス・ペリステリスI』には、俗に「カルメン三部作」と称される歌が収録されている［このCDには「アンドニス、船乗りでならず者」と「アテネのカルメン」が、『パナヨティス・トゥンダスV』には「カルメンへの電報」が収録されている］。

(35) たとえば K. Χατζήδουλής 編纂の „Βασίλης Τσιτσάνης. Η ζωή του, το έργο του“, Athen, 1979, S. 22-25 を参照。

(36) たとえば M. Κωνσταντινίδου, „Κοινωνιολογική ιστορία του Ρεμπέτικου“, a.a.O., S. 139f.、および D. Kourzakis, „The Rebetiko essay“, S. 10f. (The Modes) in: www. forthnet.net/rebetiko ［現在は閉鎖］を参照。

(37) T. Σχορέλης, „Ρεμπέτικη Ανθολογία“, a.a.O., Bd. 3, S. 20f. を参照。

(38) K. Χατζήδουλής (Hrg.), „Βασίλης Τσιτσάνης. Η ζωή του, το έργο του“, Athen, 1979, S. 19f. を参照。

(39) Ιωάννης Παπαϊωάννου, „Ντόμπρα και σταράτα“, S. 47f. を参照。

(40) 「アルホンドレベティコ」という概念は、これよりも早い時期に現われていた、という事態もそうした曖昧な点の一つである。たとえばイヤコヴォス・モンダナリスが作曲した、一九三一年の歌「アルホンディッサ［上品ぶった女］」は、副題が「アルホンドレベティコ」となっている。この歌が「アルホンドレベティコ」と呼ばれるに至った文脈は、本文でスケッチしたことに通じる関係があったはずだ［きわめて一般化して言えば、戦前は「アルホンド」がレベティコを、戦後は「レベティコ」がエラフロライコ系の音楽を、宣伝するレッテルに用いられた」。

(41) これはやはり活況とも言うべきしろものだが、こうした方向の歌は戦前もときおり書かれていた。たとえばペリステリスの「ベドウィンの女」(一九三六年)、ディミトリス・セムシス(一八八三年～一九五〇年)の「おれの色っぽいアラビア女」(一九三六年)、デリヤスの「浴場内《ハマム》のハレム」(一九三六年)がそうで、これらは現在でもよく知られている。

(42) これを「革新」だと言うのは、一九世紀終わりにはすでに、4コース[四対八弦]のブズキもときにはあっただけに、不正確だということになる。ただしそれは完全に周辺的な現象であった。本書第3部「音楽編」の「楽器」を参照。

(43) これらの発言は H. Πετρόπουλος, „Ρεμπέτικα τραγούδια“, S. 233 と S. 279f. から。

(44) これは国際的な認知度が高くて特異な地位を占める歌を書いたテオドラキスにも言える。かれ自身もその代表的人物だったギリシャの左翼によって、反動的政治の権力構造との闘いの武器に用いられた体制批判の歌で、テオドラキスは才能を発揮して名を成したのである。一九六七年から一九七四年までの軍事独裁制の時期に、テオドラキスはその音楽によって抵抗の偶像に祭り上げられ、かくてまたその世界的な名声も築いたのである。かれがそうした政治的文脈がなかった場合でも、すなわち音楽作品だけでもその名声に達しえたか、このように問うことぐらいは許されなければならない。

(45) レベティコの曲で最長の録音は、楽器ソロの「テケスのミノレ」(一九三二年)で、4分をわずかに超える程度の長さである[アメリカで活動したイオアニス・ハルキアス(一八九八年～一九五七年)によるものである]。ちなみにそのような時間制限は当時の技術のせいではなく、レコード会社が要求した規格にすぎなかったように思われる。たとえば同じレコード会社が、アラブ地域でリリースした78回転レコードには、7分や8分の長さのものもあったし、10分の長さのものまであった。

(46) こんにちまで続くそうした複雑な問題の根深さは、T・スホレリスがみずからの編纂した歌集のなかの章、「アマネス」の冒頭に加えた説明(a.a.O., Bd. 1, S. 143f.)に、驚愕させられるようなかたちで現われている。ギリシャのアマネスと、トルコの「長々とした、単調で、東方の」アマネスは、実際は関係がないと書いているのだが、ある種の正当化をしようとしていることは明白だ。かれはそれどころか調子に乗って、「アマン」という言葉は、ギリシャ語の「おお《アハ》、母さん《マナ》」と「アーメン」のどちらかが語源だ、というとんでもない説まで述べている。ギリシャとトルコのアマネスを、先入観なしに聴き比べてみれば、トルコのもののほうが技術の点で質が高いことが分かる。

(47) レスボス島はエーゲ海最大の島として、地方的な民族音楽から都市型のポピュラー音楽まで、きわめて興味深い豊かな音楽的伝統を有している。こうした関係では、ニコス・ディオニソプロス(Nikos Dionysopoulos)が、エーゲ大学からの委託でクレタ大学出版から一九九八年に出版した、„Lesbos Aiolis. Songs and Dances of Lesbos“という書籍を挙げておきたい。このヴォリュームのある本には二枚のCDが付いている。

(48) おそらくは滅多にはない例外として、D・モルフェタスの歌「幼くして孤児になった者は」（一九四〇年）がある。ここではスピロス・ペリステリスがギターを弾き、当の変種に一致する拍子を数カ所で用いている［モルフェタスはペリステリスの別名のように思われる］。

(49) こうした展開で一際目立つ例外となっていたのが、アポストロス・ハヅィフリストスで、かれにはアプタリコスへの明らかな好みがあり、このリズムを使った数多くの歌を書いている。たとえば一九四六年の「貧しさ」、さらには一九四八年の「カロン」がそうした歌である。

(50) Δ. *Μανιάτης*, „*Βασίλης Τσιτσάνης. Ο ατελείωτος*“, Athen, 1994, S. 17-19、ここではとくに S. 19 を参照。

(51) この著者が組織的な列挙と分析を初めて提示した一九八七年の改訂版 *Χαράλαμπος Παγιάτης*, „*Οι λαϊκοί δρόμοι*“, Athen, 1992 を参照。

(52) たとえばいわゆる「新《ネオ》レベティコ」の有名な音楽家ヤニス・レベシスは、エヴィヅやラスト・マフルなる旋法に言及している（かれのCD、*Γιάννης Λεμπέσης*, „*Με ψυχή και με μεράκι*“, General Music, 2000 のライナー・ノートの S. 14 を参照。このCDに収録された歌の旋法はライナー・ノートに丁寧に列挙されているが、このなかにエヴィヅに相当する例は残念ながら見当たらない）。

(53) マルコス・ヴァンヴァカリス自身ですら、自伝のなかで九つの旋法しか挙げていない（*Αυτοβιογραφία*, a.a.O., S. 270ff.）。「おれたちはこの調律で「ドロモス」をなんでも演るんだよ。サバハ、ニアヴェンド、ヘヅャス、フサム、ヒウルディ、それにヘヅャスにいくらか似たピレオティコス。（……）ラスティ《ママ》、ヒヅャスキャル、ウサクっていう、別のドロモスもあったな」。かれは奇妙なことにその会話の続きで、これら以外の旋法（フセイニ、セト・アラバン、ネヴァ、スティイルフ・ヒヅャスキャル）のことを訊かれ、訊かれるたびに、知っているけど使ったことはない、と主張している。ただし本当に知っていたのか、知らないのを悟られたくなかっただけなのか、微妙である。なにしろそのインタヴューを行なった女性は、こうした事情に通じていることにかけては一流だった。

(54) この点については Π. *Κουνάδης*, „*Εις ανάμνησιν ελκυστικών στιγμών*“, a.a.O., S. 432ff. を参照。

(55) こうした説がまさに依拠しているのは、ギリシャの国民的神話の基礎ともなっている、全体としては疑わしい推測である。さまざまな分野で文化を欠いていたオスマンは、自分たちが征服したビザンティンの文化的模範を広い範囲で翻案した、というのがその推測である。たとえば同じような意味で Th・ヴォツォス（Th. Votsos）はこう書いている。「ならばレベティコはトルコに起源があるのか？ イエスでもありノーでもある。レベティコはまずもってトルコ起源ではない、なぜなら――承知のように――トルコ人は、かれらがビュザンティオン［こんにちのイスタンブール］にやって来たとき、独立した文化などなにも持っていなかったからだ。……だがその一方でレベティコに、このうえなく重い性格を与えたのはトルコ人で、これはその国民的な性格にも合致していた」。雑誌 Kassandra, Bd. 6/1996, S. 37-44、ここではとくに S. 38 を参照。

(56) この点で目立つ例外はマルコス・ヴァンヴァカリスのブズキ独奏「おれに逆らうな」(一九三八年)で、これはキウルディ旋法とニアヴェンド旋法のハサポセルヴィコスである。この曲に題名が付けられているのは異例で、歌詞が添えられる予定のメロディーだったのに、なんらかの理由でその予定が果たせなかったのだろう。

(57) 古い78回転レコード録音に付きものの傷音《スクラッチ》ですら、こうした理由から喜んで受け入れられている。傷音はレコードによる音楽体験の仕上げをする、というのがよく言われている理由である。たとえばK・ハヅィドゥリスなどは、自身の編纂した六枚組のCDシリーズ『レベティコの歴史』のライナー・ノートで、このことを傷音が残っていることの根拠にしている。おそらくはデジタル化で音質が改善できたはずなのに、悪いままにしていることの言い訳であろう。

(58) 民族音楽との比較をしたI・ペトロプロス『レベティコの歌』S. 20ff. を参照。この前置きの部分で説明したあとに歌集が続く。たしかに一五〇〇曲以上の歌の歌詞［この本に収録されている］は、録音されたレベティコの全レコードの一断面にすぎないとは言え、テーマに重点を置いているという点では、意義があると見なすことができる。

(59) Μάρκος Βαμβακάρης, „Αυτοβιογραφία", a.a.O., S. 258 を参照。

(60) S. Gauntlett, „Rebetika. Carmina Graeciae recentioris", a.a.O., S 192 を参照。

(61) Κέντρο Έρευνας και μελέτης Ρεμπέτικου Τραγουδιού, „Το ρεμπέτικο τραγούδι No 3. Παραδοσιακά τραγούδια ηχογραφημένα στις Η.Π.Α. τις πρώτες δεκαετίες του αιώνα", 1984 を参照。

(62) M. Βαμβακάρης, „Αυτοβιογραφία", a.a.O., S. 258f. を参照。

(63) これは島嶼部の伝統音楽にも当てはまるが、本土側のそれには当てはまらない。これもレベティコが前者と密接な関係があったことの証拠である。

(64) かれの歌はハーフヴァースにせよ個々の音節にせよ、繰り返しが一切ないという点で目立っている。かれの全作品を網羅する、ファリレアス兄弟のレーベルから出たLP、„Γιοβάν Τσαούς" を参照。

(65) こうした現象にとくに基づいて、アウリーンとヴァイレスコーフは、ハシッシュの歌を文献学的に分析し、ハシッシュの文脈内で成立した歌と、この文脈の外で成立したものとを区別している。前者には本文で挙げたもの［「これをやりな、スタヴロス」］も含まれるが、かれらは前者を「ピレウス様式」に分類し、後者を「スミルネイコ様式」に分類している。これら両者の方向性の違いは、細分化の異なるヴァース構造、女性のテーマ化、麻薬の摂取という主題を歌っているかどうか、といった相に及んでいる。Aulin / Vejleskov, „Χασικλίδικα Ρεμπέτικα", a.a.O., S. 145ff. を参照のこと。

(66) H. Πετρόπουλος, „Ρεμπέτικα τραγούδια", a.a.O., S. 156 を参照。

(67) Ρόζα Εσκενάζυ, „Αυτά που θυμάμαι", a.a.O., S. 259 を参照。

(68) この楽器は保存されていて、現在はアテネの旧国会博物館にある。

(69) これは『トリフィリア年鑑』(Τριφυλιακόν Ημερολόγιον) 所収の記事である。トリフィリアはメッシニアの地方自治体。この記事は H. Πετρόπουλος, „Ρεμπέτικα τραγούδια", a.a.O., S. 227 に転載されている。

(70) Μάρκος Βαμβακάρης, „Αυτοβιογραφία", a.a.O., S. 260ff. を参照。

(71) おそらくその発言が無条件に事実に合致するわけでないことは、ステラキス・ペルピニャディス(前述)の報告から明らかで、ペルピニャディスによるとマルコスは、ヨヴァン・チャウスの楽器を手にしたことがあるが、かれらしい振る舞いですぐ脇に払いのけてしまったという。この楽器も「ブズキ」と呼ばれていたが、同時代の者たちの一致した発言によると、普通ではない楽器だったようで、タブラスにむしろ相当するものだった。

(72) Μάρκος Βαμβακάρης, „Αυτοβιογραφία", a.a.O., S. 262 を参照。かれが名前を挙げているのは、マネタスとかヨルゴス・スクルティスといった演奏者だが、4コースのブズキを演奏した者は、おそらくそれ以外にもいただろう。

(73) 「カラドゥゼニ」とか「アラピエン」といった名称の意味は、これだというようには特定できないが、調律がどのようにされていたかを示している。この関係で興味深いのは、マルコス・ヴァンヴァカリスが自伝で行なっている注釈である (a.a.O., S. 269)。こんにち使われているブズキの調律を生み出したのはだれかと訊かれて答えている。「だれかいたってことは間違いない、D-A-Dの調律を考え出したやつが、だけどそいつにはお目にかかったことがない。……きっとそいつは音楽家で、楽譜の読み書きができたんだろう」。——ここで言っている意味でマルコスは自分を、音楽家としては理解していないのだが、だとしたらどのように自己理解していたのだろうか?

(74) Ρόζα Εσκενάζυ, „Αυτά που θυμάμαι", a.a.O., S. 83 を参照。

(75) Μάρκος Βαμβακάρης, „Αυτοβιογραφία", a.a.O., S. 268 を参照。

(76) A. Πολίτης, „Ρομαντικά χρόνια", a.a.O., S. 97 に引用されている A. Κοραής, „Αριστοτέλους Πολιτικών τα σωζόμενα", Paris, 1821, S. 116 を参照。

(77) こうした関連でとても示唆に富んでいるのが、Journal of Modern Greek Studies, Vol. 13, Nr. 1, Mai 1995, S. 125-138 所収の論文、Ole Smith, „Cultural Identity and Cultural Interaction: Greek Music in the United States, 1917-1941" である。なかでもその論文の著者が指摘しているのは、アメリカ合衆国には数のうえでも大きなギリシャ系移民の集団がいたのに、ヨーロッパの他の国の出身者とはきわめて対照的に、ブルースの展開に関わったギリシャ出身の音楽家は、一人もいなかったということである。ギリシャ系移民は自分たちの音楽文化を守りつづけ、かれらの音楽の展開はギリシャ本国のそれとほとんど変わらなかった。

図版一覧

Derselbe, „Το ρεμπέτικο και η Θεσσαλονίκη“, Trikala, 1999

英語文献

Gauntlett, Stathis, „Rebetika. Carmina Graeciae recentioris. A contribution to the definition of the term and the genre rebetiko tragoudi through detailed analysis of its verses and the evolution of its performance“, Diss. Oxford, 1978

Holst, Gail, „Road to Rembetika“, Denise Harvey, 1975

Petropoulos, Elias, „Rebetika. Songs from the Old Greek Underworld“, London, 1992

Smith, Ole L., „Cultural Identity and Cultural Interaction: Greek Music in the United States, 1917-1941“, in: Journal of Modern Greek Studies, 13/1, Mai 1995, S. 125-138

ウェブサイト

https://www.rebetiko.gr/（英語とギリシャ語）

https://www.forth.net/rebetiko（現在閉鎖）

https://stixoi.info/（ギリシャ語だがレベティコの歌の最大のアーカイヴとなっている）

代表的資料

文献

ギリシャ語文献

Αδαμίδου, Σοφία, „Σωτηρία Μπέλλου. Πότε ντόρτια πότε εξάρες", Athen, 1998

Αλεξίου, Σώτος, „Βασίλης Τσιτσάνης. Η παιδική ηλικία ενός ξεχωριστού δημιουργού", Athen, 1998

Αναστασίου, θεόφιλος, „Παιδάκι με ψυχή και ζηλεμένο. 329 τραγούδια του Βασίλη Τσιτσάνη", Trikala, 1995

Αρσένιος, Λάζαρος, „Η κατάπτωση στην Ελληνική Μουσική. Κατάπτωση κοινωνική και εθνική", Larisa, 1979

Aulin, Suzanne / Vejleskov, Peter, „Χασικλίδικα Ρεμπέτικα. Ανθολογία – Ανάλυση – Σχόλια", Kopenhagen, 1991

Βαμβακάρης, Μάρκος (Angeliki Vellou Keil / Αγγελική Μπέλλου-Κάιλ, Hrg.), „Αυτοβιογραφία", Athen, 1978

Γενίτσαρης, Μιχάλης (Gauntlett, Stathis, Hrg.), „Μάγκας από μικράκι. Αυτοβιογραφία", Athen, 1992

Γεωργιάδης, Νέαρχος, „Ρεμπέτικο και πολιτική", Athen, 1993

Δαμιανάκος, Στάθης, „Η κοινωνιολογία του ρεμπέτικου", Athen, 1976

Εσκενάζυ, Ρόζα, „Αυτά που θυμάμαι", Athen, 1982

Καπετανάκης, Βράσιδας, „Το λεξικό της πιάτσας. 3η έκδοση", Athen, 1989

Καραντής, Τάσος, „Νίκος Μάθεσης. Ο θρυλικός τρελάκιας του Ρεμπέτικου", Athen, 1999

Κουνάδης, Παναγιώτης, „Εις ανάμνησιν στιγμών ελκυστικών. Κείμενα γύρω από το ρεμπέτικο", Athen, 2000

Κωσταντινίδου, Μαρία, „Κοινωνιολογική Ιστορία του Ρεμπέτικου", Thessaloniki,

Λιάτσος, Δημήτρης, „Οι πρόσφυγες της Μικρασίας και το ρεμπέτικο τραγούδι", Athen, 1985

Μανιάτης, Διονύσης, „Βασίλης Τσιτσάνης. Ο ατελείωτος", Athen, 1994

Μαστρολέων-Ζέρβα, Μαριγούλα, „Οι παλιοί ρεμπέτες", Athen, 1990

Νιρβάνας, Παύλος, „Όσα φέρνει η ώρα", Athen, 1925

Παπαϊωάννου, Ιωάννης (Χατζηδουλής, Κώστας, Hrg.), „Ντόμπρα και σταράτα. Αυτοβιογραφία", Athen, 1982

Πετρόπουλος, Ηλίας, „Ρεμπέτικα τραγούδια", Athen, 1983

Derselbe, „Τα μικρά ρεμπέτικα", Athen, 出版年不明

Derselbe, „Το άγιο Χασισάκι. Δέκα-οκτώ κείμενα για τον υπόκοσμο", Athen, 1991

Derselbe, „Ρεμπετολογία. Εικοσιτέσερις (sic.) παράγραφοι μονότονης φλυαρίας", Athen, 1991

Σχορέλης, Τάσος, „Ρεμπέτικη Ανθολογία", 4 Bde., Athen, 1977-1981

Τασούλας, Μανουήλ, „Σεβάς Χανούμ. Ιστορία μιας τραγουδίστριας", Athen, 1992

Χατζηδουλής, Κώστας, „Ρεμπέτικη Ιστορία 1. Περπινιάδης-Γενίτσαρης-Μάθεσης-Λελάκης", Athen, 出版年不明

Derselbe, „Βασίλης Τσιτσάνης. Η ζωή του, το έργο του", Athen, 1983

Χριστινόπουλος, Ντίνος, „Ο Βασίλης Τσιτσάνης και τα πρώτα τραγούδια του (1932-1946). Πρώτη καταγραφή", Thessaloniki, 1994

Derselbe, „Τσιτσάνης και Τρίκαλα. Ομιλία στο πνευματικό κέντρο του Δήμου Τρικκαίων στα Β' Τσιτσάνεια 1998", Trikala, 1999

曲目一覧

曲目一覧

曲目一覧

曲目一覧

ギリシャ語は縮小辞がとても豊富で、「可愛い」「幼い」「小さい」などと訳したが、あくまでもそれは便宜的なもので、人称代名詞も歌手の性別によって、「わたし」や「おれ」に変わる可能性がある。さらにはネット上のものと異なるタイトルもある。本文で歌詞や説明が続くような箇所は**太字**にした。

254

タクシミ　taximi　ταξίμι　*19,* ***145-147****, 149, 176-177, 197, 223-224, 240*

タタソプロス、イオアニス　Tatasopoulos, Ioannis　Τατασόπουλος, Ιωάννης　*108, 124, 169,* ***238***

タブラス　tambouras　ταμπουράς　*202, 204, 208, 239, 274*

ダラブカ　darabouka　νταραμπούκα　*74*

ダララス、ヨルゴス　Dalaras, Giorgos　Νταλάρας, Γιώργος　*196*

ダルガス、アンドニス　Dalgas, Antonis　Νταλγάς, Αντώνης　*46, 94, 148-149,* ***238***

短調　*26, 84, 92, 97, 121, 148, 171-172, 174, 177-178, 206*　ミノレも見よ

タンブール　tambur　*201-202, 211*

チャウス、ヨヴァン　Tsaous, Iovan　Τσαούς, Γιοβάν　*86, 188,* ***238-239****, 269, 274*

チャミコス（ツァミコス）　tsamikos　τσάμικος　*42*

長調　*74, 92, 109, 172, 177, 194, 206*　マヅォレも見よ

チリバシス　tsiribasis　τσιρίμπασης　*29, 38*

ツァウサキス、プロドロモス　Tsaousakis, Prodromos　Τσαουσάκης, Πρόδρομος　*108-109, 194,* ***239****, 240*

ツィツァニス、ヴァシリス　Tsitsanis, Vasilis　Τσιτσάνης, Βασίλης　*15, 26, 33,* ***95****, 96,* ***97-98****,* ***106****, 107,* ***108-112****, 114, 116, 119, 121, 125, 127, 134-135, 139, 144, 146, 154, 159, 164, 166, 170, 177, 188, 194, 239,* ***240-241****, 244-247, 250, 267*

ツィビディス、ヨルゴス　Tsibidis, Giorgos　Τσημπίδης, Γιώργος　*124*

ツィフテテリ　tsifteteli　τσιφτετέλι　*66, 84, 147, 149, 161,* ***165-166****, 167,* ***168-169****, 177*

ヅゥアナコス、スタヴロス　Tzouanakos, Stavros　Τζουανάκος, Σταύρος　*108, 124,* ***241-242***

ヅゥラス　tzouras　τζουράς　*22, 78, 199, 215-216*

ヅォヴェノス、コスタス　Tzovenos, Kostas　Τζόβενος, Κώστας　***242***

『ディゲニス・アクリタス』（叙事詩の作品名）　Digenis Akritas　Διγενής Ακρίτας　*202*

ディプロペニャ　diplopenia　διπλοπενιά　*75-77, 93*

ディモティキ（言語）　dimotiki　δημοτική　*39*

ディモティコ（民俗音楽、民謡）　dimotiko　δημοτικό　*35,* ***115****, 117, 120, 269*

テオドラキス、ミキス　Theodorakis, Mikis　Θεοδωράκης, Μίκης　*136, 271*

テケス　tekes　τεκές　***12****, 31, 58, 75-77, 95, 143, 146, 163, 181, 192-193, 215, 234, 240, 242, 249, 271*

デフィ　defi　ντέφι　*81, 91*

デリャス、アネスティス　Delias, Anestis　Δελιάς, Ανέστης　*46, 54, 77-78, 86-87, 165, 236,* ***242****, 268, 271*

デルヴィシ　dervisi　ντερβίσι　*30, 186*

テルジヴァシアン、ゾゼフ　Terzivasian, Zozef　Τερζιβασιάν, Ζοζέφ　***210****, 211*

トゥンダス、パナヨティス　Tountas, Panagiotis　Τούντας, Παναγιώτης　*80, 160, 163, 197, 233,* ***242-243****, 247, 270*

ドラガツィス、イオアニス　Dragatsis, Ioannis　Δραγάτσης, Ιωάννης　***243-244***

ドロモス／ドロミ　dromos / dromi　δρόμος / δρόμοι　*171, 174, 272*

トンブリス、アガピオス　Tompoulis, Agapios　Τομπούλης, Αγάπιος　*81*

索引

以下に挙げる索引と曲目には、表記に揺らぎのあるものもあることを、あらかじめお断りしておく。「レベティコ」のように頻出する語は、ページをあえて挙げないことにした。なかでも重要な箇所は**太字**にしてある。

著者紹介
イオアニス・ゼレポス（Ioannis Zelepos）

1967年ハンブルク生まれ。ベルリン自由大学で博士号を、ウィーン大学で教授資格（東ヨーロッパ史と近現代ギリシャ学）を取得。これまでにミュンヘン大学などで教鞭を執ってきたが、現在はボーフム大学で主管研究員として、数々のプロジェクトを率いる。著書に『レベティコ――ある下層文化の履歴』（Romiosini, 2001)、『ギリシャ小史――国家の成立からこんにちまで』（C.H.Beck, 2014)、共編著に『さまざまな像の世界、世界のさまざまな像――オスマン期以降の南東ヨーロッパの国際都市における過去の現在』（Peter Lang, 2010)、『南東ヨーロッパにおける歴史的遺産としての古代とビザンティン（19世紀から21世紀まで)』（Südosteuropa-Jahrbuch, 2019）など。

訳者紹介
黒田晴之（くろだ　はるゆき）

1961年東京生まれ。早稲田大学大学院文学研究科博士課程単位取得退学。松山大学経済学部教授。1996年にドイツ語学文学振興会奨励賞受賞。著書に『クレズマーの文化史――東欧からアメリカに渡ったユダヤの音楽』（人文書院 2011)、共著に『規則的、変則的、偶然的――大久保進先生古稀記念論文集』（朝日出版社 2011)、共訳書にハヌシェク『エリアス・カネッティ伝記（上巻・下巻)』（ぎょうせい 2013)、ヤーン『岸辺なき流れ（上・下)』（国書刊行会 2014）など。

ギリシャの音楽、レベティコ　ある下層文化の履歴

2023年1月20日　印刷
2023年1月30日　発行

著　者　Ｉ・ゼレポス
訳　者　黒田　晴之

発行者　石井　雅
発行所　株式会社　風響社

東京都北区田端 4-14-9（〒 114-0014）
03(3828)9249　振替 00110-0-553554
印刷　モリモト印刷

ISBN 978-4-89489-343-6 C1073